"教育的理想在于使所有的儿童都成为幸福的人。"

—— 苏霍姆林斯基

跑跳笑乐教育

—— 让孩子们享受一种幸福的教育生活

皮远文 著

团结出版社

UNITY PRESS

图书在版编目（CIP）数据

跑跳笑乐教育 / 皮远文著 . -- 北京 : 团结出版社 ,2023.5

ISBN 978-7-5234-0142-2

Ⅰ . ①跑… Ⅱ . ①皮… Ⅲ . ①中小学教育 – 教学研究

Ⅳ . ① G632.0

中国国家版本馆 CIP 数据核字 (2023) 第 078127 号

出　　版 : 团结出版社

　　　　　（北京市东城区东皇城根南街 84 号　邮编：100006）

电　　话 :（010）65228880　65244790

网　　址 : www.tjpress.com

E-mail : 65244790@163.com

经　　销 : 全国新华书店

印　　装 : 长沙市精宏印务有限公司

开　　本 : 240mm×170mm　　16 开

印　　张 : 21

字　　数 : 200 千字

版　　次 : 2023 年 8 月第 1 版

印　　次 : 2023 年 8 月第 1 次印刷

书　　号 : ISBN 978-7-5234-0142-2

定　　价 : 98.00 元

序　言

　　一名大学的哲学教师，为一名中学教师的著作写序，是因我和作者同乡，他的著作诞生于我曾经在那里生活过的山区小镇，一个叫甘溪滩的地方。也因为作者是我表妹的中学老师，表妹请托于我，当然要尽心尽力。但这些充其量是诱因，而非根本原因。我之所以愿意写作这篇序文，更是因为作者倡导"让孩子们享受一种幸福的教育生活"，书中对于幸福教育的阐发引起了我的共鸣。《跑跳笑乐教育》看似一本通俗的教育指南，但其实是很有见地的教育理论作品。

　　说到"幸福"，人们往往直接理解为快乐。这种幸福即快乐的观点，是十九世纪功利主义哲学的基本主张，也是当下流行的看法。幸福的本质是快乐，而快乐在于趋利避害，在于以最小的成本获得最大的收益。若从这个角度来看，幸福其实更多地体现在物质层面，而非精神层面。相较而言，精神层面的"幸福"更接近幸福的本质。寻找幸福，从精神层面来说，在于发扬灵魂的德性，实现每一个人的潜在才华和自我价值，这是一种相对于功利主义而言更为古典，也更切合人性的观点，它强调在物质层面的幸福之外，人还有属于自身的灵魂和自我。《跑跳笑乐教育》正是基于这样一种幸福观，力图将"让孩子们享受一种幸福的教育生活"理论化、实践化，是教育理念的一股清流。

　　作为一名从教三十多年的乡村教师，作者远文先生十分熟悉当前基础教育的现状。教学之余，广泛涉猎教育理论著作，不断地对家庭教育、学校教育和社会教育进行深入的反思。远文先生看到，当下教育最大的弊端在于其功利主义，家长望子成龙、望女成凤，以孩子能考个好大学为目标，只要游离于这个目标，家长就会心急如焚。学校则以升学率为"生命线"，学校工作的重心无不受升学率的牵掣。这种状况，在乡村教育中，表现尤为突出。这种教育模式之下，孩子们的个性消失了，即使是考上大学的孩子，其人格、情商往往表现出一定的局限性。尤其是近年来，青少年"内卷焦虑"、抑郁症、"空心病"患者数量急剧增加。这些都是让远文先生忧心忡忡的现象。

对于功利主义的教育观念的批判与反思，是作者写作此书的初衷。也因此，我推荐读者们首先关注本书的最后一章，因为这一章中明确讨论了教育的最终目的。这个目的当然不只是为了获得考试成绩，而是要"学会生存，获取幸福"。当然，有关幸福的话题会涉及到复杂的哲学议题。但有一点是明确的，眼下大家认为的幸福生活不过是物质上的富足，精神生活似乎变得可有可无。甚至有一种观点流行，只要有了钱财，便可打发无聊的生活。倘若这样的话，教育的目的就当然是竞争式的，教育的目的就只能致力于培养获得财富的能力。显然，远文先生并不这样看，尽管他并未陷入到有关幸福的哲学讨论中，但在字里行间，我们还是可以读到他对于幸福的不一样的理解。他说求知不是"一时之事"，而是"一世之事"，因此需要"终身学习"；他尤其强调"学会做人"，这里提及到了要做一个真正的人，就是要做一个"有精神的人"，一个能够"使自己的精神控制自己身体"的人，要做一个"完整的人"。我很感佩远文先生的哲学直觉，幸福显然在成功的物质生活之外别有追求，唯有精神幸福才是真正的幸福。

将精神幸福作为幸福的核心要义，显然要强调完整人格的培养，而这是应试教育不能达到的。在《跑跳笑乐教育》中，教育的目的最终被锁定在了"让孩子一生幸福"，也就是使孩子成为一个真正精神幸福的人。这就要求学校不能将升学率作为学校工作的"生命线"，不能将考试视为教育的法宝，家长也不能将考分当做学生的命根，社会也不把"清北"录取人数作为评价学校教育质量的标准。这些话从一位普通乡村教师的笔下写出来，令我感动而吃惊，因为这意味着要与当下的教育趋势摆脱距离，而保持独立思维。不仅如此，这也意味着，教育应该以孩子为中心，不是以孩子的单独某一方面的技能的培养为中心。

教育不能是应试教育，也不仅是职业教育或职业教育的预备，而是一种着眼于人格的教育，或者说"全人教育"。只有这样的教育，才能使孩子们感觉到是一种真正为他自己的教育，孩子们才会从中感到快乐。读了《跑跳笑乐教育》的第四章我才真正理解，远文先生在此讲述的"跑跳笑乐教育"是指什么，他所言的并非是要使教育变得轻松，在轻松中掌握教师想要传播的知识与技能，而是要让孩子们所接受的教育真正与孩子相关，让孩子感受到自身身上的潜力，让孩子感受到家庭、学校和社会对于他的尊重，这是一种尊重个性的教育，是让孩子的优秀个性得到自由的发挥。我想，这是远文先生在潜意识中坚守的一项教育原则。

因此，孩子才是教育的主体，教育不是教师们的灌输，也不是教师们用某种标准实施考核。只需要稍微翻阅一下《跑跳笑乐教育》全书目录，就可以看到，每一章每一节都渗透着对于孩子们的关心。每一章的标题中的"让"字，毋宁是将孩子们从功利主义的教育中释放出来。"让"就是赋予孩子们自由，帮助他们找到一种属于自身的学习方式，帮助他们去发现自身具有的潜能。从这个角度，然后再来看《跑跳笑乐教育》这本书中的那些教育技术性的介绍和讨论。例如，有关思维导图、科学记忆方法，以及若干操作性方法的讨论，这些内容写得十分详尽，甚至有繁琐之感。如果脱离教育的目的来谈论这些方法，这些方法就会显得刻板。但我们在此务必注意，这些方法都是着眼于孩子自身的学习方法和学习能力的培养，这是一个来自基层的、有着几十年教育经验的一线教师的经验之谈。这些具体的甚至略显琐繁的措施，尽管可能有人会提出异议，但却是目前能采取的最可行的办法之一。因此，值得我们认真对待，并根据自家孩子的特征加以适用。

　　作为一个非专业、但具有一定的常识和判断力的阅读者，在此我特别想要提醒读者认真阅读《跑跳笑乐教育》的第三章。这一章给我留下了深刻的印象，甚至可以说，它是全书最为重要的部分。没有这一章，前面两章的一些论述就会显得武断，最后一章的论述就显得空洞。为什么这样说？不妨简单地看看第三章的章节目录，这一章由六节构成，前五节的标题中都是"认识孩子"四个字。具体的认识内容包括不同的性别特征，不同的内心世界，不同的气质类型，不同的学习方式，不同的潜能特长。在这里，我们才能真正领会到，教育不是一项抽象的事业，而是要面对具体的孩子，这里所谓的具体的孩子，乃是具有个性的孩子。教育不是用一种统一的模式来打造孩子，就如同铁匠打铁一般，让不同形状的铁进入熔炉，按照统一的磨具打造。教育不是这种意义上的工匠的技艺。教育的过程不是要打造，而是要塑造，而且是一种自主的塑造。教师的作用只是引导，因此教育乃是一门艺术。认识孩子是教育过程中的重中之重，只要认识了孩子，才能知道他可以在什么地方得到提升，才能知道他能接受什么和以什么方式接受，只有这样的教育，才是符合孩子的本性的教育。只有这样的教育，才真正称得上尊重孩子，让孩子从中既能够有所收获，也能够感受到幸福的教育。否则，按照统一的标准打造出来的孩子，看起来符合了要求，达到了打造者设定的目的，但孩子身上所具有的那些奇特的、能够让我们看到人性的杰出之处的种种天性就被彻底打磨干净，孩子于是就变成了我们实现自身意图的工具。

《跑跳笑乐教育》对于教育的讨论具有立体化的特征，既关注家庭教育，也关注学校教育，更没有遗忘社会教育的维度。多维度地观察当前中国的教育，是教育的实践者和研究者们必须意识到的问题。教育一定是多方面共同努力的结果。因此，教育对于孩子们的培养绝不简单是孩子们是否接受教育的问题，孩子们可以通过教师的引导获得学习方法，获得具体的知识，但孩子们的心态以及自信心、责任心、上进心、意志力、自控力、抗挫力的培养，却在很大程度上又是家庭、学校和社会共同塑造的。将孩子作为教育的主体，使之要尊重孩子，认真对待每一个孩子，但这绝不是说，家长、老师和社会只是凌驾在孩子之上的驯兽师。《跑跳笑乐教育》中提出了许多对于家长、老师和社会的要求，特别强调成功的教育一定是孩子、家庭、学校和社会良好互动的结果。成功的教育不仅是孩子受到教育，家长和社会也要接受良好的教育。

不知道远文先生在提出上述观点的时候，头脑中是否有某种哲学原则在做指导。但他所提出的教育智慧却又是笃定且扎实的。因为篇幅，我不想再举出更多的例子作为例证，只想提醒读者注意其中的一节，这就是第三章第六节。远文先生在此节提出"用农民的常识做教育"，这句话听起来平常，于我而言却有着深刻的意味。远文先生来自于乡里，今日中国的教育，乡村教育显然是最重要的部分，甚至中国教育的基础，就是乡村教育。活跃在城市的教育专家们，也有不少来自于乡村，是在乡村中成长起来的。农民这一身份，是绝大多数中国人的身份。我们在很多时候，认为农民的道理落后，甚至伴随现代工业的兴起，我们漠视农耕以及基于农耕的种种观点。我们对于当今教育的思考，乃至对于许多社会事务的思考，多是援引西方学问。不是说西方学问不可以吸收，而是我们在很大程度上罔顾了中国大地上的学问。

远文先生写到：

"农民都知道，水田适合种水稻，旱地适合种蔬菜，沙土适合种西瓜，南山适合栽果树，北山适合植山竹，这叫'因地制宜'，是农民的基本常识；……每个孩子都是独立的个体，气质不同、智能有别，学习方式不一样，用同样的教育方式方法去教育各个不相同的孩子，肯定会有孩子跟不上。因此，教育提倡'因材施教'，这是教育的常识"。

又说：

"一个农民家庭，大儿子是种地瓜的，产量多叫丰收。二儿子是种水果的，水果口感香、甜、脆，品质好才叫丰收。三儿子是养花的，花香鲜艳叫丰收。什么是丰收，评价的标准不一样是学校教育的常识"。

这些话对于我这个从农村进入城市的从事高等教育工作的知识分子提供了深刻的教益。在我看来，《跑跳笑乐教育》第三章第六节是全书中最精彩的部分。远文先生在此无意中透露出了他的教育智慧的来源，教育要贴近常识，一种自然的常识，一种自然生长的常识。优秀的农民和园艺师都懂得这常识。我们很早的时候就将老师比作园丁，将孩子们比作花朵，但我们却很少去真正了解园丁如何对待自己的花朵。远文先生是万千优秀园丁中的一位，他用轻松的笔触写出了一本园丁手册。优秀的园丁总是为自己的花圃中长出各种各样的花草而高兴。如果花圃中只有一样的花，一样的草，这断然不会是一位好园丁的作品。

最后还值得提及的一点是，远文先生从事基础教育三十多年，又是资深心理咨询专家，也许正是心理咨询的专业背景，让他看到了幸福对于人生的意义。教师职业的身份，则促成了他对幸福教育的探讨和研究。书中不少地方将心理学的研究和教育学的研究结合起来，使《跑跳笑乐教育》理论化，实践化，令人印象深刻，也为相关的论证增加了可信度。

　　写到这里，该收笔了。翻阅完《跑跳笑乐教育》，我觉得很熟悉远文先生，尽管我实际上并没有见过他，但我们分享了共同的理念，很让我有一点同道中人惺惺相惜之感，这也是我用此番篇幅写作序言的原因。甘溪滩集镇地处湖南西北山区中间的河谷地带，自古便是沟通湘鄂川黔的交通要道。镇街沿河道而建，商贸发达，是周边几十里经济最为繁荣的区域。此地在外求学创业者众多，在各个领域都有贡献，使得本地信息灵通，并不因山区集镇而显得闭目塞听。近年来听说有"雷家大院"，这是一个古色古香的建筑群，出自本地几位在外求学创业有所成就的人文雅士之手，常引来不少周边游客。远文先生的这部作品就诞生在这样一个山清水秀、物资丰饶、人杰地灵之地。在阅读之中，我偶尔也能感受到书中洋溢的当代中国的丰饶乡镇正在逐步弥漫开来的自由气息，我希望远文先生的这本书能够找到更多的共鸣者以及践行者。

2023 年 8 月 17 日于中山大学康乐园

黄 涛

目　录

第三章 让孩子们笑起来

第四章 让孩子们乐起来

第一章
让孩子们跑起来

学习不是孩子生活的全部，但是孩子成长的重要支撑。会学习的孩子才会常常收获学习幸福感。

坚持认真原则、一致原则，把握学习环节，运用科学方法，形成良好的学习习惯与学习品质，孩子的学习就由会"走"变成会"跑"。

一、影响孩子学习的因素

小调查：您的孩子有以下的学习问题吗？请动笔做出选择：

序号	问题行为表现	选择
A	没有学习兴趣，只要父母提出学习就反感	（ ）
B	学习不主动，必须在父母的监督下才学习	（ ）
C	没有学习目的，不知道为什么学习	（ ）
D	错字错题多次在作业或考试中反复出现	（ ）
E	写作业磨蹭，时间长，效果不理想	（ ）
F	上课不专心听讲，总喜欢做小动作	（ ）
G	学习就是完成作业，除作业外没有内容可学	（ ）
H	特别马虎，很容易粗心出错	（ ）
I	注意力不能集中，学习时总容易走神或发呆	（ ）
J	记忆力差，很短的一篇文章背诵起来都挺难	（ ）
K	在父母监督下能坚持学习，父母走开就玩自己的	（ ）
L	学习没有自信，碰到学习困难就放弃	（ ）

请写下您选择的序号（　　　　　　　）可以多选

您的孩子还有不同于上面的问题吗？如果有请写在下面：

在上面的小调查中，如果您的选项主要集中在 A、B、C 中，说明您的孩子学习问题主要在"爱不爱"学习方面。对孩子的学习情感、态度和价值观培养还有待加强。常言道：兴趣是最好的老师。孩子如果对某事某物产生了浓厚的兴趣，他一定会对这件事或物有比较深厚的感情，爱它，接纳它，也会很专注地投入到这件事情之中去。"没有学习兴趣，只要父母提出学习就反感"，说明孩子对学习还没有感情。"学习不主动，必须在父母的监督下才学习"，说明孩子对学习的认识还不到位，学习态度不端正。孩子对"学习是我的职责"体会不深，责任心有所欠缺。"没有学习目的，不知道为什么学习"，这是当前很多孩子的通病。在当今多元价值取向时代，无论你学习是为了什么，总该有一个明确的学习目的。没有明确的学习目的，就像"没有目的地的旅行"，学习是不会成功的。笔者建议您认真学习本书的第二章，或许能给您有所启示。

如果您的选项主要集中在 D、E、F、G、H 这五项中，孩子的学习问题出在"会不会"学习方面。学习过程是由多个环节组成的，每个环节都有适当的要求，要求如果没有做到位，必然会出错误。学习是有科学方法的，方法没有掌握，当然也会出问题。为什么有的孩子考试总喜欢犯低级错误？家长和老师多次帮助孩子订正的知识错误，为什么还反复出现在作业和考试答卷中？因为我们的孩子没有养成认真订正错误和收集整理错题的习惯。学习行为和学习习惯是孩子"会不会"学习的基础。解决孩子"会不会"学习的问题，相信您会在本章节的学习中找到方法。

选项 I、J、K、L 这四项，是有关孩子学习能力方面的。您应该高度相信孩子的学习基本能力是具备的。特别是低年级的孩子，学习能力基本一样，智力水平也相差无几。随着年级的升高，知识储备便有了差距，个性品质的差异也会显现，学习行为和习惯对能力产生影响，孩子们的学习能力的优劣便呈现出来。譬如孩子的自信心不足问题，作为孩子的个性品质就会对学习能力产生巨大影响。遇到学习上的难题，孩子缺乏战胜困难的自信心，往往就遇难而退。长此下去，学习能力得不到锻炼，自然比其他同学要差些，学习成绩也就会落后。孩子学习"能不能"的问题，在本书中多处涉及，需要我们父母理解"教育新思维"，更新教育观念，遵循"教育新原则"，从早抓起，从生活着手，循序渐进，螺旋上升培养孩子的学习能力。

如果您的孩子在学习上的问题比较多，上述十二个学习问题的行为和表现，或多或少在自己孩子身上都能找到，也不要着急。这本书就是解决以上这些孩子学习上的问题的。

影响孩子学习的因素很多，来自于各个方面，有家庭的，有学校的，也有社会的。家庭教育是一切教育的前提和基础。良好的家庭教育环境和优秀的家庭教育文化，对孩子的学习与健康成长会产生巨大影响。就当前我国家庭教育的状况来看，影响孩子学习的因素大部分还是来自我们的各个家庭。

时代进步，社会发展，家庭教育的重视程度愈来愈高。但是，当今世界什么都在变，什么也都会有。多元价值并存，多元文化融合，对我们的思想观念和生活方式产生巨大的影响。在家庭教育方面，一些传统的教育思想观念和方式方法仍然在发挥作用。譬如：传统观念强调读书是很辛苦的事情，孩子必须要刻苦学习才会取得令人满意的成绩。时至今日，我们还能向孩子们提倡刻苦读书吗？中国在农耕时代，孩子们边参加生产劳动边读书，绝大部分孩子还要承担起很多家务事情，只有上学读书才轻松些，有快乐和幸福的感觉。大多数孩子喜欢读书，不认为读书是很辛苦的事情，厌学的孩子少之又少。可是现在，孩子们除了上学就没有做什么事情，孩子们自己的很多事情也让"好"妈妈们给包办了。在孩子们心底只有读书最苦。现在的孩子读书也确实最辛苦。学校为了提高升学率给学生增加了不少的学习任务和压力，家长也害怕自己孩子输给其他孩子，送补习班、特长班，增加课外辅导资料等。孩子们已苦不堪言，家长们还在给孩子灌输"书山有路勤为径，学海无涯苦作舟"的传统思想。孩子已经把学习和"苦"产生了神经链接，只要父母提出读书学习，孩子马上就产生"苦役"来临的感觉。孩子们长时间在这样一种心理状态下读书学习，还会有学习快乐的感觉吗？当前很多孩子厌学就是在这样一种家庭教育环境下产生的。时移世易，时代在变，社会在变，孩子们的思想也发生了重大变化。在过去，家长们常说的"读书改变命运"孩子们能欣然接受。现在继续给孩子们讲这个道理，似乎很难让孩子们信服。所以总是给孩子讲道理的教育方法已不适合现在的孩子。批评教育是教育过程中不可或缺的手段，不可不用，不能常用。当孩子出现某方面问题的时候，我们的家长除批评教育以外似乎再也没有什么好的办法。长时间、多次数的批评、指责和抱怨，问题得不到解决。孩子反而更厌学了，自信心也没了，等长到十三、四岁的时候也就叛逆了。溺爱是教育的大忌，当前又有几个孩子不是沉溺在爷爷奶奶爱，外公外婆爱，爸爸妈妈爱，亲戚朋友爱的漩涡之中呢？由此所产生的包办代替，过分呵护，不当满足，没有约束和特殊待遇，让我们的孩子缺乏独立，独断专行，孤独内向和唯我独尊，责任意识差，生活、学习行为习惯不好。溺爱的孩子怎么会学习好呢？有很多家长发现孩子出现学习上的问题，不找原因去想办法解决，就直接送补习班或请家教。结果是孩子越来越不爱学习，越补课成绩越差，以致问题多多，积重难返。也还有少数家长不愿担当协助孩子学习的重任，以不会辅导现在的孩子学习为由，把孩子从学校接出来就直接送到家教辅导班去完成家庭作业，导致孩子在学习上产生依赖思想，上课不专心听讲，遇到学习难题不自主解决，反正在家教辅导班有老师帮忙。在家庭教育方面存在的诸多问题，便成了影响孩子学习的一些重要因素。

当前的学校教育也存在一些问题，影响孩子的学习。一是重教学轻教育的问题。多年的课堂教学研究与多种课堂教学模式的推广，让大多数教师的教学能力得到很大提高，而教育能力还存在不足。什么是教育？叶圣陶先生说过，教育就是培养良好的习惯。在始终还没有走出应试教育怪圈的今天，学校教育真正把教育重心落实在学生良好习惯的培养上，还只是一个口号，一个发展方向。何况孩子良好的学习习惯培养不是学校和老师单方面就能完成的，需要家庭教育的有力配合。良好学习行为和习惯是孩子"会不会"学习的一个重要方面。二是重教法轻学法的问题。新课程改革把"关注学生的学习过程"、"重视学生学习方法的培养"写入了新课程标准，显然就是要纠正在教学过程中重教法轻学法的问题。这些年来，有关学法的研究成果少之又少。学生如何自主学习，如何选择适合学生自己最有效的方法学习在我们学校里还很不成熟。学校教师在指导学生科学学习上力不从心。孩子学习方法不正确，尽管努力学习了，效果却不满意，势必让孩子在学习道路上受挫，这样孩子的学习热情会慢慢降温，并可能发展到厌学。三是孩子个性品质培养重视不够的问题。每一个孩子都是不同的个体，有着不同的气质类型，不同的学习方式，和不同的潜能与特长。老师面对全班几十个孩子，真正落实因材施教也实属不易。但面对少数有学习问题的孩子实施因材施教还是能够做到的。自信心欠缺的孩子教师多鼓励，多安排一些比较容易办到的事情让孩子去做，设定一定的学习目标让孩子去实现，孩子的自信心就会大增。自控力不够的孩子，教师多关注，多提醒，家长多配合，按训练计划慢慢去有意识地培养，问题也会逐步得到解决。意志力不坚的孩子，在遇到学习困难时，老师要给予较多的积极心理暗示，鼓励勇气，推一把，扶一程，通过一段时间的帮助，孩子的意志力会有所改进。抗挫力不够的孩子可以让孩子多参加一些有对抗竞技的体育活动，在竞技中锻炼孩子的胜败心态，正确面对失败，如何在失败的心境中站立起来。孩子们的个性品质是孩子"能不能"学习的重要方面，也是影响孩子学习的重要因素。

社会教育对孩子们的学习也产生一定的影响。"不输在起跑线上"的教育学术观点吸引望子成龙、望女成凤的家长，让孩子们忙上学、忙补课、忙特长培训，疲惫在起跑线上。不良社会现象侵蚀孩子们纯洁的心灵，影响孩子们的正确价值观形成。从而影响孩子们的学习热情、兴趣和动力。

总之，影响孩子学习的因素很多，来自于家庭教育、学校教育和社会教育的方方面面。就学习本身而言，孩子学习"好不好"，取决于孩子对学习"爱不爱""会不会"和"能不能"三个方面。

具体有哪些因素请您关注下表。

影响孩子学习的因素		
爱不爱	情感	是否热爱学习，对学习是否感兴趣
	态度	是否认真、积极、主动
	价值观	是否学习目标具体、目的明确。是否有远大的理想
会不会	行为和习惯	是否注重学习的过程和每一个学习环节。是否养成良好的学习习惯
	科学方法	是否掌握正确的学习方法。是否找到适合自己的最有效的独特学习方式
能不能	智力水平	记忆力、注意力、观察力、想象力和思维力是否得到运用和发展
	个性品质	自信心、责任心、上进心和意志力、自控力、抗挫力是否形成和均衡发展
	知识储备	自然知识、社会知识和文化知识是否得到相应提高

二、"爱""会""能"之间的关系

孩子学习"爱不爱""会不会""能不能"是影响孩子学习因素的三个方面。每一个方面发挥不同的作用，产生不同的影响。但它们都不是孤立存在的，而是相互促进，相互影响。

一个孩子如果不爱学习的话，他能学习好吗？一定不能！一个孩子如果不会学习的话，他能学习好吗？一定不能！一个孩子智商非常低，不能学习的话，他能学习好吗？也一定不能！

一个孩子不爱学习，时间一长，会导致孩子越来越不会学习，学习能力越来越差；一个孩子不会学习，时间一长，会导致孩子越来越不爱学习，学习能力越来越差；一个孩子不能学习，没有学习能力，时间一长，也会导致孩子越来越不爱学习，越来越不会学习。

如果反过来思考：一个孩子爱学习，会学习，他的学习能力会越来越强；孩子学习能力越来越强，越来越爱学习，他就会不断钻研学习方法，使得自己越来越会学习；孩子非常会学习，学习能力又很强，他就会在学习上产生自信，从而越来越爱学。越爱学越会学就越能学，越爱学越能学就越会学，越会学越能学就越爱学。

我们成人工作也是这样：我们非常爱工作，也具备工作能力，但我们不会工作，工作能出成绩吗？在企业里，很多人非常喜欢工作，也具备工作能力，但缺少工作方法，工作成绩就不尽如人意；我们非常爱工作，我们也会工作，但我们不具备基本的工作能力，我们能有工作成绩吗？在企业里，爱工作，会工作，但身体条件很差，不能坚持工作，工作成绩就不尽如人意；我们非常会工作，具备很强的工作能力，但我就不想工作，工作能出成绩吗？在企业里，很多人都具备工作能力，也非常会工作，但"浑身是铁不打钉"，"做一天和尚撞一天钟"，这样的人根本就不能创造工作业绩。

再举个例子：一个人爱踢足球，会踢足球，但就跑不动，能把球踢好吗？一个人会踢足球，也有踢球的能力，但不爱踢球，能把球踢好吗？一个人爱踢足球，又有踢球能力，就是不会踢，上场以后死命奔跑，不得要领，能把球踢好吗？

因此，一个孩子只有爱学习、会学习、能学习三方面均衡发展，才可能成为学习优秀的孩子。也就是说决定孩子学习好不好的因素取决于孩子是否爱学习，是否会学习，是否能学习。三个方面互相促进，相互影响，缺一不可！缺少其中任何一项，都会影响最终的学习结果。

此时您也许会问："爱""会""能"三个方面，对孩子学习产生的影响哪一方面更大些？或者是说哪一方面最关键呢？

2500多年前，伟大的思想家、教育家孔子说过："知之者不如好之者，好之者不如乐之者"。"知之者"就是知道怎样学习的人，指会学习的人。"好之者"就是喜爱学习的人，学习感兴趣的人。"乐之者"就是以学习为乐的人。他把读书人分成金

字塔形的三个层级，每一个层级就是不同的学习境界。一个人只有先成为了"知之者"，才能成为"好之者"。只有成为"好之者"，才能成为"乐之者"。"乐之者"是学习的最高境界。真正以学习为乐的人是比较少的，当然也是学习很成功的人。

由此可见，要想孩子爱学习，首先还得让孩子会学习才行。会学习比爱学习更重要。即：学习方法比学习兴趣重要。

教育新思维一：学习方法重于学习兴趣

如果您怀疑这一思维的正确性，请您去观察和思考这一教育现象。小学一、二年级的孩子，学习成绩都很好，语文、数学双科也都在九十多分以上。孩子们的学习成绩似乎没有多大差别。到了三、四年级，孩子和孩子之间，成绩开始有了距离和差别。等到了五、六年级，为什么班上的孩子就有了上、中、下三等？差别如此之大呢？成绩慢慢变得落后的孩子是智力下降了吗？还是突然间变得不爱学习了呢？我查阅多年的家庭教育指导咨询记录，大多数来访的孩子父母，都反映过同样的问题，都说他们的孩子很聪明，在小学一、二年级的时候学习成绩很好，三、四年级时还能跟得上。到了小学高年级，孩子身上的问题越来越多。我认真比对每个咨询案例，发现成绩落后的孩子学习行为不够好，身上存在很多不良的学习习惯。更重要的是这些孩子没有形成相对稳定的、适合自己的学习方法。相较之下这些孩子的学习能力也相对较弱。其实也有部分孩子学习态度认真，也很努力的。纵观这些孩子前后的变化，我们发现学习有问题的孩子都不会学习，好行为、好习惯没有养成。还没有成为一个学习上的"知之者"，他又怎么可能成为"好之者"，甚至是"乐之者"呢？

因此，我认为"爱不爱"是学习的基础和前提，"会不会"是学习的关键，"能不能"是学习的保证。

测一测。看看您孩子的学习属于哪一类。

序号	学习行为表现	选择
A	我的孩子很聪明，就是不积极主动学习。家长盯一段时间，成绩就会好些。	（ ）
B	我的孩子学习很认真，也很努力。积极主动，每天都学的很晚，就是成绩不理想。	（ ）
C	我拿孩子真没办法。正着说不行，反着说没用。就是不学习……	（ ）
D	我的孩子各方面都好，家长、老师和同学们都喜欢他（她）。没什么问题。	（ ）

如果您的选择是 A，说明孩子的学习能力没有问题。在辅导孩子学习时，请多在"爱不爱"上做文章。建议您研读本书第二章；如果您的选择是 B，说明您的孩子爱学习，也有很强的学习责任心。请多多辅导孩子的学习，在"会不会"上下功夫。建议您研读本书的第一章；如果您的选择是 C，您的孩子可能不爱学习，也不会学习。在个性品质上存在的问题更大。建议您从培养孩子的自信心着手，来慢慢引导和激发孩子的学习兴趣。再从日常生活中寻找良机，多沟通，多体验，培养孩子的学习责任心和上进心。还要有计划、有步骤的培养孩子的意志力和自控力。最重要的还是家长要从改变自身的心态开始，努力改变自己。您就耐心地读完这本书吧！会给您很多新的教育思维，在教育方式和方法上有很多帮助；如果您选择了 D，恭喜您。您的孩子在学习上可能没有多大问题。多鼓励孩子，继续发扬，争取更优秀。

三、认真原则——把握学习的各个环节

　　情景回放：小明今年 6 岁。一天傍晚，他在外面玩了整个下午，开门回来，见饭菜都已上桌，就直接走上餐桌准备吃饭。这时妈妈大声说："怎么又忘记了？吃饭前先洗手。"小明很听话，立即放下碗筷，到洗手间去洗手。没有一分钟，小明再次回到餐桌上正准备吃饭。妈妈发现小明的手背上还有污渍，立马横眉叱责："怎么洗手的？叫你洗手时要认真，说过一千次了，还记不住。重新去洗！"小明被震住了，慢慢放下筷子，又回到洗手间。

　　这样的场景很多家庭都演绎过。为什么 6 岁大的孩子了，还不会洗手？甚至很多成年人也没有学会洗手。2003 年抗"非典"时期，中央电视台曾播出过一档节目，教全中国人洗手。这档节目不是在作秀，也不是在卖什么噱头。因为也就是这档节目我也才真正学会洗手。知道了洗手有打开水龙头、把手淋湿、打洗手液、漂洗、清洗、关水龙头、擦干等七个环节。每一个环节还有不同步骤与要求。譬如漂洗，第一步：手掌对搓，往返 5 次；第二步：十指交叉搓，往返 5 次；第三步：手掌手背交叉搓，左右各 5 次；第四步：手掌手腕交叉搓，左右各 5 次。我反思为什么现在才学会洗手，因为妈妈没有教过我这样洗手，妈妈只教过我吃饭前认真洗手。"认真"二字也听过无数次，就是不知道怎样才叫认真。"认真"二字的含义是通过这档电视节目弄明白的。

　　毛泽东有一句名言："世界上怕就怕认真二字，共产党就最讲认真。"其实很多中国人嘴上喜欢讲认真,但究竟什么叫认真,还真不知道。父母、老师教育孩子最喜欢讲"认真",总拿"认真"二字要求孩子,认真学习,认真听讲,认真写作业,认真考试。可孩子始终没有明白什么叫认真,怎样做才叫认真。

什么叫认真?词典上解释为:严肃对待,不马虎。这样解释给孩子听,孩子肯定是云里雾里。对孩子怎么说认真呢?譬如教孩子认真洗手,妈妈不妨把孩子叫到洗脸盆边,对孩子说,妈妈今天教你认真洗手。妈妈边示范边说,认真洗手,要做七件事情(上述的七个环节,这样说孩子听的懂些),每一件事情要做好这么几步才能完成。孩子的模仿能力特强,跟着妈妈做一、二遍,孩子就学会洗手了。下次孩子洗手时,妈妈站在身边观察,及时纠正。坚持一段时间,孩子认真洗手的习惯也就养成了。从中体会到了什么叫"认真"。

从洗手这件事,我们体会到"认真"二字的含义,就是在做某一件事情时,把做事的每一个环节按要求做到位,最后结果达到标准。以后如果要解释"认真",这样说:把事情的环节做到位,按要求把事情做好,结果达到标准。

"认真学习"是我们大多数家长和老师挂在嘴边常要求孩子的。那怎样学习才叫认真学习呢?

学习有九大环节,每一个环节有具体的步骤和要求。这是我们家长和老师必须知道的。

制订学习计划:古人说过,"凡事预则立,不预则废。"不管是什么工作单位,每年都有工作计划。企业每做一件事要有企划书,学校有学年教育工作计划,教师有学科教学计划,班主任有班主任工作计划。我们孩子的学习也应该有学习计划。不然孩子的学习会没有目标,学习起来就像无头苍蝇——瞎撞。如此重要的学习环节,家长和老师没有引起高度重视，孩子没有养成制定学习计划的习惯，对孩子的学习影响是很大的。如何培养孩子养成制定学习计划的学习习惯，请看第二章第三节，有详细介绍。

改错：孩子学习肯定会出错，没有不出错的孩子。如果同样的知识点错误反复出现，特别是在考试试卷中多次出现，那就是学习有问题的孩子。家长和老师定会责备孩子学习不认真，反复纠正的问题都没有记住。解决这个学习问题很简单，给孩子准备一个学习工具——错题本，将作业本上的和考试试卷上的错题抄录下来，无论知识点大小，大到一道题，小到一个字都不可忽略。错题重做一遍，写在错题旁边。错字给予订正。改错的时间安排尽可能在学校，作业本和考试试卷发下来的第一时间。坚持半年，孩子的习惯养成了，学习成绩定有很大的提高。

作业：写作业是孩子学习的必要环节。五个步骤缺一不可。

第一步：准备。首先是孩子的生理准备。要喝水，防止写作业时口渴造成注意力不集中而影响学习。适当吃点水果，补充大脑工作所需要的葡萄糖，让大脑给力。还要洗手，上卫生间，避免孩子以上卫生间为借口耽误学习时间或分散学习精力。其次是心理准备。孩子写作业前家长千万别因孩子某件事情没有做好而批评、指责孩子，避免给孩子制造恐慌、烦躁、委曲、抱怨等不良情绪。需要批评教育的等孩子作业完成后再进行沟通。此时家长能说点孩子感兴趣的事，适当调节一下情绪，缓解一下学习压力是再好不过的事情。再次是必备用品准备。一是书桌上无关的东西清理完毕，任何一件无关的东西都有可能使孩子学习分心；二是只准备当次作业所需要的文具和书籍课本。

第二步：回忆。给孩子准备一刀16K的白纸，我们称之为"回忆纸"，是一种学习工具。孩子写作业前应该完成的一个学习步骤。一是边回忆边写画当天课堂上学习的知识内容，孩子自己检验一下听课效果。如生字新词，英文单词，古诗文，数学公式等。回忆不起来的打开课本看看，再写写画画记忆一下，有利于知识点的及时巩固；二是把当天学习的课文通读一遍，数学例题看一遍，回忆一下老师课堂上讲的话语，还可以看看听课笔记，了解所学知识的重点、难点，如果有不懂的问题可以向父母请教，及时消灭遗留问题。"回忆"这一步骤是为下一步打下基础的。

第三步：写作业。有的孩子喜欢边抄题边看书来写作业，其实是很不好的习惯。要把作业当考试，先抄题，再把书放在一边，然后再做题，检验当天的学习情况。通过努力做不出来的题目，如果父母有能力辅导，而且方法正确的话，可以适当点拨当场解决。其实最好的办法还是让孩子把它抄在暂存本上，第二天孩子自己想办法去解决。这样可以培养孩子的"学习是我的职责"的责任感，同时还可以培养孩子独立解决问题的能力。

第四步：检查。试题做完了，要仔细检查。把作业当考试，题做完了也要仔细检查。这是必须养成的习惯。家长切不可替代，这是孩子自己学习上的事情。

第五步：家长签字验收。孩子在低、中年级，是孩子学习习惯和学习责任心养成的关键时期，家长签字验收的目的是督促孩子养成良好的学习习惯。因此，在签字验收时，家长签是否独立完成，用了多长时间。也可以简单写一、二句鼓励性的评语，表达家长对孩子写作业是否满意的心情，孩子会受到鼓励和教育。此时大多数家长容易犯的错误就是喜欢挑毛病，大肆指责字写的不工整，这里没有做好，那里又做错了，等等。传递给孩子的是负面情绪。这就如我们成人通过努力完成一项工作一样，没有夸奖，没有鼓励，就等于工作没有做好。孩子通过努力完成作业，内心需要肯定、赞赏和鼓励。如果孩子得到的却是批评、指责和抱怨，长时间没有收获到成功的感觉，会厌恶作业，抵抗作业的。建议家长们做好签字验收这项平凡而伟大的工作。

　　预习：一、二年级的孩子不提倡课前预习，因为低年级的孩子是凭好奇心学习的，如果孩子预习了课文，精彩的故事内容孩子已经略知一、二，好奇心大大降低，老师讲课时就缺少吸引力了。从三年级开始，要注意培养孩子课前预习的学习习惯。为什么呢？因为中、高年级的孩子是凭兴趣学习的。孩子通过预习，会在课本中找到他感兴趣的东西，带着兴趣去听课，不是更喜欢更专注吗？如果您的孩子正在中、高年级，上课时很容易分散注意力，您不妨这样试试：孩子作业做完了，您鼓励他看看明天老师将要讲的课文和数学例题，或者鼓励孩子把课文试读一遍。如果生字词较多，家长给予辅导。再对孩子说，内容精彩吗？你感兴趣吗？对感兴趣的地方有不明白的问题吗？如果有，就把它记在暂存本（学习工具）上。明天带着暂存本去听老师讲课，看看老师讲的内容是不是和你感兴趣的内容一样。你不明白的问题看老师讲不讲，如果老师没有讲，你就举手发问提出来，老师一定会夸你是一个爱动脑的孩子。如果孩子这样做了，一定在课堂上专心听老师讲课。老师的表扬，同学们赞许，一定会大大鼓励孩子天天坚持预习，在预习过程中开动脑筋，发现问题，探索问题。预习习惯养成了，孩子上课也就不再分心了，思维也活跃了，探究问题的能力也随之提升。预习要按读、找、记三步骤去做到位。读：把课文或即将要学习的内容通读一、二遍；找：找出感兴趣而不懂的问题一、二个（高年级的孩子可以找4、5个）；记：就是记录在暂存本上，便于带到课堂上，带着问题听讲。

　　上课：上课是学习最重要的环节，忽视这一环节，孩子学习肯定有问题。发现问题没有解决，孩子学习肯定好不了。注意力是孩子上好课的关键能力，如果孩子注意时间太短，老师的讲课内容丢三落四，孩子不懂的问题会越积越多，孩子最终会在学习的道路上落伍。老师都会强调上课要"五到"，即心到、眼到、耳到、口到、手到。也会组织一些互动活动来让孩子们注意力集中起来,但始终有大约 30% 的动觉型孩子是很难做到的。如果您经常听到老师反映孩子上课有分心问题,那必须引起高度重视。除注意培养孩子预习习惯外,多和授课老师沟通,经常去学校随堂听课,了解孩子的真实情况,针对每一个问题想办法解决。上课时注意力分散,喜欢东张西望,手脚不停做小动作的孩子属于动觉型学习方式的孩子,是孩子与生俱来的生理特点,完全改变是不可能的。只有用不同的教育策略才会达到教育效果。关于动觉型学习者的学习问题和教育策略在本书第三章有详细介绍。

复习:复习是巩固知识的关键环节,也是孩子考试获胜的法宝。如果孩子没有养成定时复习和考前复习的习惯,知识肯定掌握的不够牢固,考试也就没有理想成绩。小考前没有养成复习的好习惯,就不可能掌握有效的复习方法,大考前复习就忙于应付,不得要领,效果不好,考不出好成绩。孩子怎样科学有效地复习,请看本章第 5 节。

考试:考试不能单纯理解为检验学习效果的手段,其实是很好的学习环节。通过考试,孩子会了解到自己掌握知识是否全面,是否牢固,薄弱面在哪里,便于今后学习调整自己的学习着力点;通过考试,培养孩子应用知识能力和解决问题的能力。考题一般具有综合性和实践性,需要整合前后各阶段所学知识和各个学科的所学知识,应用所学解决生活中的实际问题,获取知识价值。考题设置有一定的坡度和难度,解决问题的思维方法和克服困难的意志力也能得到培养;通过考试成绩,孩子也能发现自己努力学习的程度,学习是否用功给予一个评价,来调整自己的学习态度;通过考试成绩,可以激发孩子的学习热情与动力。考的好的孩子,会得到老师、家长的表扬与鼓励,以及同学们的羡慕,孩子会产生学习快乐感、成就感与幸福感,会加倍努力学习,获得更大快乐,形成学习的良性循环。考的不好或不满意的孩子,老师、家长正确对待考试,理解孩子,帮助分析原因,从多方面肯定孩子的努力和进步,孩子也能体会到学习的乐趣。家长和老师如果能科学运用"登门槛效应"(详见第三章第 2 节),协助孩子制定适合孩子通过努力能达到的学习目标,下一次考试孩子实现目标了,同样能获取考试成就感,增强学习自信心,激发学习热情和动力。

考试没有技巧,更没有捷径。只有孩子平时努力学习,认真学习,把基础打扎实,知识掌握牢固而全面,应用能力和解决问题能力得到培养,考试就会获胜。俗话说:"艺高人胆大"。真正有本事的孩子,是不怕考试的,是没有心理压力的。前面讲到的"把作业当考试",如果孩子平时把作业当考试了,考试时孩子自然会把考试当作业去完成。考试的方法自然也就掌握了。

记忆和思考:记忆与思考是孩子学习的重要环节,它们贯穿于整个学习过程中。科学记忆和良好的思维习惯是孩子"会不会"学习的重要表现,影响孩子智力水平的发展,是孩子"能不能"学习的体现。本章的 4、5 节专题讲述。

"认真"就是把事情的环节做到位,按要求把事情做好,结果达到标准。"认真学习"当然就是把学习的九个环节做到位,每一个环节按科学的要求、步骤和方法做好,结果就是形成良好的学习习惯。孩子只有这样学习才算是认真学习。

因此,《跑跳笑乐教育》首先提出的教育原则就是认真原则。

教育新原则一:认真原则

认真原则——老师、家长在指导孩子学习时,不能把"认真"二字挂在嘴上来要求孩子,应该把着力点放在每一个学习环节的科学指导上。

讲步骤,讲要求,讲方法。必要时老师、家长要示范,甚至手把手地教。

老师、家长只有把握学习的各个环节,悉心指导,让孩子掌握科学的学习方法,会使用各种学习工具,养成良好的学习习惯,孩子的学习才少走弯路,在学习的道路上"跑"起来。

《论语·尧曰》有言:"不教而杀谓之虐"。意思就是指事先不教育人,一犯错误就加以惩罚,谓之虐待。当孩子学习犯错时,还是做其它什么事情您不满意时,您总是认为孩子不认真,批评、指责孩子,甚至惩罚孩子,您认识到是在虐待孩子吗?在做事的环节和方法上事先指导过孩子吗?温馨提示:无论是在孩子学习的指导上,还是生活教育的方方面面,家长或老师都要遵循认真原则,把教育的过程做具体,做到位。

小调查:您孩子有下列的学习工具吗?

类别	学习工具	选择 有打√无打 ×
学习环境	独立的书房	( )
	学生用书桌椅	( )
	电脑	( )
	书柜	( )
学习方法	错题本	( )
	暂存本	( )
	回忆纸	( )
	记忆卡片(小纸条)	( )
	思维图	( )
	计划表	( )
学习文具	新华字典	( )
	钢笔、铅笔、水彩笔	( )
	直尺、圆规、三角板	( )
	车笔刀、涂改液	( )

以上这些学习工具都是孩子学习必备的,如果您的孩子还没有,建议您去准备吧!

四、掌握科学记忆的方法

培根说："知识就是记忆"。锡德尼说："记忆是知识的唯一管库人"。

记忆是孩子学习的重要环节，它贯穿于学习的整个过程。会学习的孩子边"记"边"忆"，会"记"会"忆"，"记""忆"结合，学习的效果很好。不会学习的孩子只"记"不"忆"，当堂课所学知识只记一次，以后既不回忆，也不运用，对知识的掌握肯定不够牢固，学习的效果自然也就不理想了。有些父母抱怨孩子是"过水丘"，所学知识忘记的一干二净，原因也许就是在这里，只"记"不"忆"。

孩子在做作业前，先拿出回忆纸，在纸上写写画画，回忆一下当天在课堂上学习到的知识点，就是"忆"的过程。孩子如果能在睡觉前，拿出记忆卡片，浏览一下当天所记的知识内容，再闭目所想这些知识点，让知识点再一次留在大脑里，这是非常有效的记忆方法，对每一个孩子都是十分管用的。这是有科学依据的。

孩子对以前学过的知识能够回忆起来，就是保持住了，如果回忆不起来或回忆错了，就是遗忘。保持和遗忘是一对冤家对头。德国心理学家艾宾浩斯（Hermann Ebbinghaus）对遗忘现象做了系统的研究，他用无意义的音节作为记忆的材料，把实验数据绘制成一条曲线，称为艾宾浩斯遗忘曲线。这条

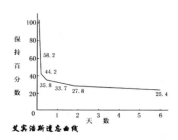

艾宾浩斯遗忘曲线

曲线一般称为艾宾浩斯遗忘曲线，也称艾宾浩斯保持曲线，它的纵坐标代表保持量。曲线表明了遗忘发展的一条规律：遗忘进程是不均衡的，在识记的最初遗忘很快，以后逐渐缓慢，到了相当的时间，几乎就不再遗忘了，也就是遗忘的发展是"先快后慢"。遗忘的进程不仅受时间因素的制约，也受其他因素的制约。孩子最先遗忘的是没有重要意义的、不感兴趣的、不需要的学习内容。不熟悉的比熟悉的遗忘的要早。在学习过程中，对一种内容达到一次完全正确地背诵后仍然继续学习，叫做过度学习。适当的过度学习可以使学习的内容保持得更好。研究结果表明，适当限度的过度学习比刚能背诵的效果好，但如果超过这个限度，其保持效果不再增加。如学习四遍后恰能背诵，则再学习两遍效果最好，但再学习效果则适得其反，对人的身心造成危害。

这条曲线告诉人们在学习中的遗忘是有规律的，遗忘的进程不是均衡的，不是固定的一天丢掉几个，转天又丢掉几个的，而是在记忆的最初阶段遗忘的速度很快，后来就逐渐减慢了，到了相当长的时候后，几乎就不再遗忘了，这就是遗忘的发展规律，即"先快后慢"的原则。观察这条遗忘曲线，你会发现，学得的知识在一天后，如不抓紧复习，就只剩下原来的33.7%。随着时间的推移，遗忘的速度减慢，遗忘的数量也就减少。有人做过一个实验，两组学生学习一段课文，甲组在学习后不久进行一次复习，乙组不予复习，一天后甲组保持98%，乙组保持56%；一周后甲组保持83%，乙组保持33%。乙组的遗忘平均

时间间隔	记忆量
刚刚记忆完毕	100%
二十分钟之后	58.2%
一小时之后	44.2%
八至九个小时后	35.8%
一天后	33.7%
两天后	27.8%
六天后	25.4%
一个月后	21.1%

值比甲组高。

根据这一遗忘规律，本人设计了一种科学记忆的方法，在很多孩子中间做过实验，效果很好，特向各位读者推荐。

学习卡片记忆法

家长给孩子准备很多类似名片大小的卡片纸，把在课堂上学习到的知识，老师要求孩子必须记住的那些知识点，如所学的生字词、英语单词、古诗词、数学公式和其它学科需要识记的知识要点等，抄写在卡片上，让孩子随身携带。把握下面八个时间节点，每个节点拿出来浏览一次，进行巩固复习记忆。

第一次：当堂课下课后（或 20 分钟后）拿出来浏览一遍，记忆一次。

第二次：午休时（或 1 小时后）拿出来再浏览一遍，记忆一次。

第三次：晚上做作业前（或 5—8 小时后），孩子在回忆纸上把卡片上的内容写画一遍，尝试着写下来。不能回忆起来的内容再浏览一下卡片，记忆一次。

第四次：睡觉前（或第二天早晨起床后）再尝试回忆一遍，不能回忆起来的内容再浏览一下卡片，记忆一次。

第五次：一周后，也就是在双休日时间内，把一周来每天做的卡片上的内容回忆一遍，不能回忆起来的内容再浏览一次，选择重点内容记忆一次。

第六次：一月后，在双休日时间内，选择自己最佳的记忆时间，把这一个月制做的所有卡片，在回忆纸上分学科写画一遍，不能回忆起来的内容再次浏览卡片，有重点的再记忆一次。

第七次：期中考试前（或三个月后），在双休日时间内，选择自己最佳的记忆时间，把所有的卡片拿出来，分学科再浏览一遍，已经记住的内容一晃而过，部分内容尝试回忆，不能回忆起来的内容记忆一次。

第八次：一年后，选择暑假的某一天，将这一年所制作的卡片边浏览，边整理。分类整理结束后收藏起来，留作日后学习资料妥善保管。

著名的"艾宾浩斯遗忘曲线"理论，美国科学家们评价说："如果说内燃机的发明把人类从繁重的体力劳动中解放出来，记忆系统将把人类从学习过程中繁重的脑力劳动中解放出来。这场人类脑力的革命，将让大脑突破其生理极限运转，大大超越人类现有的学习速度，从根本上改变人类传统学习方式。"这套学习卡片记忆法，是以"艾宾浩斯遗忘曲线"为理论基础，结合我国孩子学习过程特点进行设计的，对于任何学习内容的记忆都是行之有效的，可以极大地提高记忆效率，收到事半功倍的记忆效果。

学习卡片作为记忆工具，做起来似乎有些繁琐，其实制作卡片是一个很好的学习过程。所有的知识抄录在卡片上是不现实的，必须有所选择。孩子在选择的过程中，会开动脑筋去确定所学知识的重点、难点与记忆的必要性。这本身就是孩子对知识的一个处理过程，对自身学习能力的一种提高。

孩子运用学习卡片记忆法，是一种良好的学习习惯训练过程。孩子养成了这种及时复习巩固的学习习惯，为"会学习"打下了扎实的基础。老师、家长帮助孩子养成这种学习习惯，会对孩子日后学习和工作发挥十分重要的作用。

大量的科学实验都已经证明每一个孩子都不是一样的，有着各自的特性。最佳的记忆时间区域可能有所不同，最好的记忆方式也不一样。动觉型学习者在制作卡片的过程中记忆效果最好，也许这种记忆方法就是孩子最好的记忆方式。听觉型学习者不喜欢看卡片，对父母念卡片内容，边听边记情有独钟。因此，灵活运用学习卡片记忆法，选择最佳的记忆时间和最适合的学习方式，找到属于自己的"艾宾浩斯记忆遗忘曲线"也就相当重要了。

记忆是学习的重要环节，贯穿学习或工作的全过程。培养孩子的记忆能力，必须从选择最适合的记忆方法着手。学习卡片记忆法，只是最简单、最好操作的记忆方法之一。归类记忆、对比记忆、图表记忆、想象记忆、联想记忆等都是很容易掌握的记忆技巧，图像记忆法、思维导图记忆法是当今学术界公认的最好的记忆方法。孩子如何选择最适合自己而有效的记忆方法，首先要了解这些记忆法，并且有比较深切的体验，这项学习任务是孩子很难独立完成的，需要教师适时指导，更需要父母的大力协助。

建议父母读《超级记忆法》这本书。（1. 崔中红 . 超级记忆法 . 中国纺织出版社 2016.8）

动手做一做：学习卡片的制作和使用方法

材料准备：香烟盒若干，水彩笔一套，剪刀，旧鞋盒 3--5 个。

方法：1、将香烟盒展开，选择空白部分剪成名片大小的卡片；

2、卡片由孩子随身携带，把必须记住的知识点用水彩笔抄录在卡片上。不同的知识内容用不同的颜色区分开来。

3、在旧鞋盒上标明学科，称之为分类整理盒。

4、每晚睡觉前使用卡片后，将卡片放在枕边或书桌上，便于早晨浏览一遍。然后放在分类整理盒里。

5、每月学习结束后，将各学科的卡片用橡筋圈打捆。三个月后将打捆的卡片再拿出来记忆一遍。一年后将学习卡片拿出来边浏览边整理，然后收藏。

五、思维导图帮助孩子形成良好的思维品质

小游戏：和孩子比一比，看谁算得更快。（适合小学四年级以上的孩子）

24点游戏：4、4、10、10四个数字，用加、减、乘、除或括号的形式运算，得数24。看看您和孩子各需要多少分钟，又是怎样思考的。

也许您比不过孩子，是我们比孩子笨吗？

本杰明·富兰克林（BenjaminFranklin）是18世纪美国的实业家、科学家、社会活动家、思想家、文学家和外交家。他是美国历史上第一位享有国际声誉的科学家和发明家。他一生中很少做错事，人们一直怀疑他就是"神"。读过他的自传的人才知道他很少做错事的秘密。富兰克林有一个很重要的思维习惯，就是在思考该不该做某件事情的时候画思考图。先在一张白纸上写出某件事情，从这件事引出两个分支，一个分支为"做"，另一个分支为"不做"。再在"做"的后面写出做这件事所得到的所有好处，在"不做"的后面写出做这件事可能得到的所有坏处。最后再通过比较好处与坏处的多少来确定该事情是做与不做。做事前通过这样的理性思考，还有可能把事情做错吗？

富兰克林所画的思考图，就是后来英国教育家托尼·巴赞发明的"思维导图"。

思维导图的创始人托尼·巴赞（TonyBuzan），他也因此以"大脑先

生"闻名国际，成为了英国头脑基金会的总裁，身兼国际奥运教练与运动员的顾问，也担任英国奥运划船队及西洋棋队的顾问。他又被遴选为国际心理学家委员会的会员，是"心智文化概念"的创作人，也是"世界记忆冠军协会"的创办人，发起心智奥运组织，致力于帮助有学习障碍者，同时也拥有全世界最高创造力 IQ 的头衔。

思维导图的英文名叫做"Mindmap"，台湾地区把它翻译成"心智图"。托尼·巴赞发明思维导图有这么一段经历：他在上大学时和许多大学生一样，最希望获得好成绩拿到奖学金。于是就一直寻找一种可以少花力气却又成绩优秀的学习方法。大学生的学习内容很多，做学习笔记是最主要的学习方法。巴赞就选择了笔记作为提升学习成绩的突破口。通过采用与众不同的做笔记的方法，巴赞将自己的学习效率提升了 100%，从而部分地实现了自己的愿望——他拿到了不错的成绩和奖学金。大学毕业后，他找到了一份收入很低而不是很满意的工作。从而不得不选择了一份兼职工作——家教。在从事家教工作期间，巴赞把自己在大学时代研究的笔记方法做了更进一步的完善，并把这种笔记方法教给他的学生们。新的笔记方法不但拥有了颜色，还拥有了与传统笔记截然不同的结构和形式。根据学生的实际学习情况，巴赞还对笔记进行不断的调整，就演变成今天风靡世界的思维导图。

思维导图能风靡世界，得益于巴赞的一位学生家长。学生家长在英国 BBC 电视台工作，他的孩子在巴赞的帮助下取得了非常优异的成绩，这让家长很好奇巴赞所使用的教学方法。在初步了解了巴赞的思维导图后，他向自己的工作单位建议，为巴赞的思维导图做一期 10 分钟的节目。事情的发展更出乎意料。在制作节目的会议上，巴赞现场为所有工作人员画了一张有关节目制作的思维导图。BBC 的负责人被这张图彻底征服了，他建议把专题节目做成 10 期的系列节目，并要求托尼·巴赞出一本相关的书。

托尼·巴赞开始研究心理学、神经生理学等科学，渐渐地发现人类大脑的每一个脑细胞及大脑的各种技能如果能被和谐而巧妙地运用，将比彼此分开工作产生更大的效率。以发散性思考为基础，受渔网、河流、树、树叶、人和动物的神经系统、管理的组织结构等的启发，思维导图的整个架构逐渐形成。托尼·巴赞也开始训练一群被称为"学习障碍者"、"阅读能力丧失"的族群，这些被称为失败者或曾被放弃的学生，很快的变成好学生，其中更有一部分成为同年纪中的佼佼者。

1971 年，托尼·巴赞开始将他的研究成果集结成书，慢慢形成了发散性思考和思维导图的概念。思维导图是大脑放射性思维的外部表现，是表达发散性思维的有效的图形思维工具，它简单却又极其有效，是一种革命性的思维工具。思维导图运用图文并重的技巧，把各级主题的关系用相互隶属与相关的层级图表现出来，把主题关键词与图像、

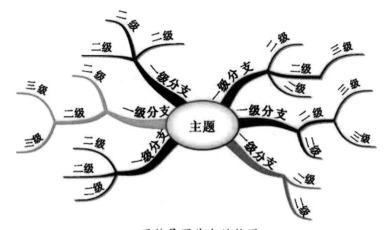

思维导图基本结构图

颜色等建立记忆链接，思维导图充分运用左右脑的机能，利用记忆、阅读、思维的规律，协助人们在科学与艺术、逻辑与想象之间平衡发展，从而开启人类大脑的无限潜能。

　　思维导图是一种将发散性思考具体化的方法。我们知道发散性思考是人类大脑的自然思考方式，每一种进入大脑的资料，不论是感觉、记忆或是想法都可以成为一个思考中心（主题），并由此中心向外发散出多个关节点（一级分支），每一个关节点代表与中心主题的一个连结，而每一个连结又可以成为另一个中心主题（关键词），再向外发散出多个的关节点（二级分支）……呈现出放射性立体结构，而这些关节的连结可以视为人的记忆，也就是每个人的个人数据库。譬如孩子学习了《小数》这章节内容，就可以画这样一张思维导图（图例一），关键知识点之间的连接线会引导孩子进行积极主动思考，快速系统地整合知识，为知识融会贯通创造了极其有利的条件。画思维导图的方法恰恰是发散思维的具体化、形象化，有利于孩子形象思维、发散思维能力的培养。

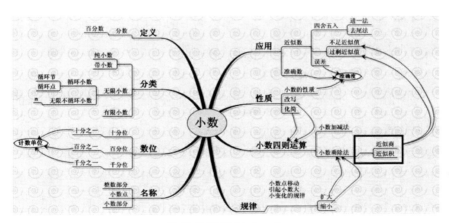

思维导图图例（一）

思维导图是什么？

上述介绍可知，思维导图不仅是一张图，而且是一种高效率地表达思维轨迹的思维工具，也是人们生活和工作的工具。随着人们对思维导图的认识和掌握，思维导图可以应用于生活和工作的各个方面，包括学习、写作、沟通、演讲、管理、会议等，运用思维导图带来的学习能力和清晰的思维方式会改善人的诸多行为。

如今，思维导图的使用者已经超过了 2.5 亿人。上世纪 90 年代，思维导图传入中国，在外资企业中广泛应用。作为学生可用的思维工具和学习工具，培养孩子们的形象思维、发散思维、创新思维能力，成倍地提升学习效率，在英国、美国、澳大利亚和新加坡等国家的教育领域有广泛应用，在提高教学效果方面成效显著。目前，我国的少数学校也正在普及推广，已经初见成效。

思维导图到底有多神奇呢？让我们先来完成上面的小游戏。我们可以假设算出 24 的最后一步分别是加、减、乘、除，然后用 4 和 10 去代，看看需要满足什么条件，再看剩下的 3 个数能不能满足这个条件，比如说最后一步是加法，那么 4+20=24，剩下的 3 个数 4,10,10 能不能把 20 算出来；或者 10+14=24，那么剩下的 4,4,10，能不能把 14 算出来。如果能算出来，就找到了正确答案，如果算不出来，就按最后一步是减法、乘法和除法来试算。

图例（二）所示，最后一步用减法、加法和乘法也不能得出 24 的最后结果。只有用除法，$24=（10 \times 10-4）\div 4$ 才是本题的正确答案。参与这个小游戏，您如果是这样思维的，恭喜您，您的思维是开阔的，也就是说您的思维是发散思维，左右脑结合运用的结果。如果您没有这样思维，做出这道题肯定需要很长的时间，同样也就说明您的思维已经形成定势了。这是因为您长期使用左脑思维，形成的逻辑思维习惯的结果。

如果我们的孩子在老师和家长的指导下，学习用思维导图来思考问题，解决类似上面小游戏的数学题也就不难了。孩子的形象思维、发散思维能力和良好的思维习惯

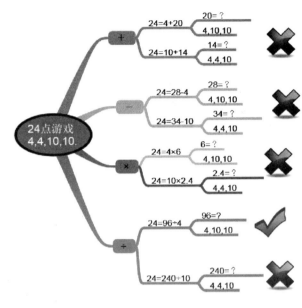

思维导图图例（二）

一定得到充分培养，从而具有超人的解题和学习能力。发散思维是创新思维的基础，培养孩子的创新精神和能力也就不再是空谈。

思维导图的神奇之处不仅于此，它还可以帮助孩子成倍地提高学习速度和效率，更快地学习新知识与复习整合旧知识，增强理解和记忆能力。譬如孩子学习了《分数》这章内容，把这章内容所有的知识点图文并茂地展现在一张图上（图例三），分数的概念十分清楚，知识点之间的联系一目了然，建立在理解透彻的基础上。大脑科学研究成果表明，人脑对图像的加工记忆能力大约是文字的1000倍。记忆这张思维导图比记忆整章的文字内容容易得多，巩固知识效果好。特别是在复习的时候，只需要温习这张图，抓住关键词去联想，检测理解和掌握的程度，还没有掌握的知识点再看看课本就可以了。

无论哪一门学科，哪一本教材，每一个单元就是一个知识板块，一

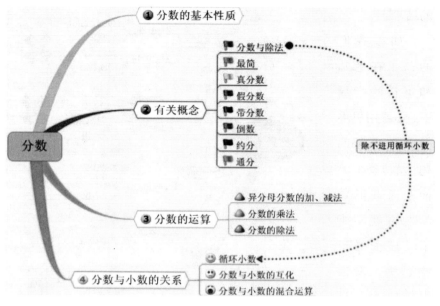

思维导图图例（三）

个知识集合，都可以制作成一张思维导图。一本书或几本书就可以化作薄薄的五、六张图纸，甚至还可以浓缩在一张更大的思维导图上（如图例四）。让孩子贴在自己的卧室里，每天坚持利用几分钟的时间看看，不断加深理解和记忆，复习起来容易很多，效果很好，成倍地提高学习效率。

　　由于小学生有形象思维占优的特点，从三年级开始学习绘制思维导图是很有优势的。孩子上了初中，逻辑思维能力增强，思维导图的绘制更是得心应手。等到孩子上高中时，庞大的知识体系需要思维导图进行整合。各个学科知识的综合运用更需要思维导图系统化。当孩子面临大量的复习内容时，思维导图将发挥神奇的魔力，伴随孩子走向学习的成功与快乐。

　　友情提醒：学习绘制思维导图，详细了解思维导图的特点和绘制方

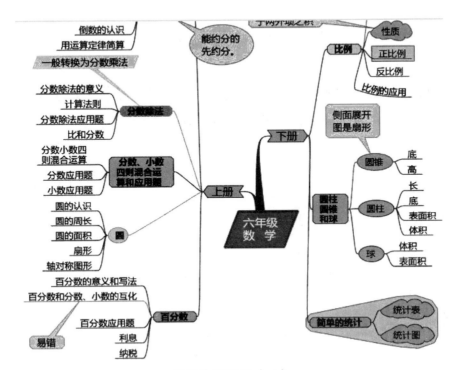

思维导图图例（四）

法，建议您阅读《画出好成绩——通过思维导图提升分数》，电子工业出版社，杨大宇著。

动手做一做：请您将本节学习内容绘制成一张思维导图。

六、一致原则——培养孩子良好的学习习惯，让孩子的学习"跑"起来

小测评：您孩子的学习习惯养成的怎样？认真仔细观察后再选择。

序号	十二个良好的学习习惯	好	较好	不好
A	认真书写。书写工整，不潦草，不马虎	（　）	（　）	（　）
B	快速作业。作业不磨蹭，速度快，效果好	（　）	（　）	（　）
C	独立自主学习。学习不需要家长提示或监督	（　）	（　）	（　）
D	及时改错。发现错误，及时抄写在错题本上	（　）	（　）	（　）
E	有意记忆。有一套适合自己的有效的记忆方法	（　）	（　）	（　）
F	专心致志。注意力集中，听讲专心，学习专注	（　）	（　）	（　）
G	提前预习。新课前预习，预留问题在暂存本上	（　）	（　）	（　）
H	注意复习。定时复习，有自己的复习方法	（　）	（　）	（　）
I	规划学习。制定学习计划，按计划落实学习	（　）	（　）	（　）
J	发散思维。喜欢提出问题和质疑，想象丰富	（　）	（　）	（　）
K	勤于动笔。喜欢写日记，乐于做学习笔记	（　）	（　）	（　）
L	广泛阅读。喜欢阅读课外书籍	（　）	（　）	（　）
请写下您选择的序号好：（　）较好：（　）不好：（　）				
您的孩子还有不同于上面的或比较独特的学习习惯吗？如果有请写在下面：				

　　A、B、C、D、E、F、G、H 这八个学习习惯属于基础型，孩子学习好必须养成的学习习惯。I、J、K、L 这四个学习习惯属于提高型，如果孩子养成了这四个良好的学习习惯，一定会形成比较独特的学习品质，在学习的道路上会走的很远而成功。通过这个小测评，您发现孩子学习习惯的优缺点了吗？

（一）良好习惯培养的重要性

　　恰科是法国一位大银行家。他年轻时，立志在银行界谋职。一开始，他就到一家最好的银行去求职，结果连连碰壁。但恰科痴心不改，继续追求。后来，他再次来到这家银行，直接找到董事长，然而，他与董事长一见面，就被拒绝了。这已是第 52 次遭到拒绝了，当恰科失魂落魄地走出银行时，看到银行大门前的地面上有根大头针，他弯腰把大头针捡了起来，以免伤人。第二天，恰科意外地收到了银行的录用通知书，他还以为自己是在做梦呢！原来，昨天，就在恰科蹲下身子来捡起大头针的时候被董事长看到了，董事长认为，如此细致认真的人，是难得的银行人才，所以，改变主意决定雇佣他。

　　无论做什么事，都非常认真，这是恰科从小就养成的好习惯。

　　北京某外资企业招工，报酬丰厚，要求严格，一些高学历的年轻人过五关斩六将，几乎就要如愿以偿了。最后一关是总经理面试。总经理说："我有点急事，你们等我 10 分钟。"总经理走后，踌躇满志的年轻人围住了老板的大办公桌，你翻看文件，我看来信，没有一人闲着，有的自己看完后还传着看。10 分钟后，总经理回来了，宣布说："面试已结束，很遗憾，你们都没有被录取。"这些年轻人大为不解："面试还没开始呢！"总经理说："我刚刚离开期间你们的表现，就是面试。本公司不能录取随便翻阅领导人文件的人。"年轻人全傻了。因为从小到大，没有人告诉他们这一常识，更谈不上习惯养成。

这两个事例说明习惯不同，人的机遇就不同。

播种行为，收获习惯；播种习惯，收获性格；播种性格，收获命运。爱默生说："习惯是人的思想与行为的领导者。"培根认为："习惯是一种顽强而巨大的力量，它可以主宰人生。"习惯决定着一个人生活的方方面面，决定着一个人究竟能成为什么样的人。心理学家詹姆士说："我们从清晨起来到晚上睡觉，99%的动作，纯粹是下意识的、习惯性的。穿衣、吃饭、跳舞，乃至日常谈话的大部分方式，都是由不断重复的条件反射行为固定下来的千篇一律的东西。"可见，说到底，是习惯主宰着你，主宰着你的人生。良好的生活方式，良好的习惯是保证孩子健康成长的基石。苏联著名教育家乌申斯基说过："良好的习惯是人在其神经中所存放的'道德资本'，这个资本会不断地增值，一个人就会毕生享用它的利息。坏习惯则是道德上无法偿清的债务，这种债务能够用不断增长的利息去折磨人，使他最后的创举失败，并使他达到道德破产的地步。"也就是说，你如果养成好的习惯，你会一辈子享用不尽它的利息；要有了坏习惯，你会一辈子都偿还不了它的债务，这就是习惯。所以说，命好不如习惯好。

习惯是人最主要的、最稳定的素质。任何一种能力都是养成好的习惯的结果。良好习惯的养成，是一个人完整品德结构发展中质变的核心。良好习惯是健康人格之根，是成功人生之基。成功与失败的最大分野，来自不同的习惯，好习惯是开启成功之门的钥匙，坏习惯则是一扇向失败敞开的门。

教育新思维二：养成良好的学习习惯比掌握知识更重要

现代教育家叶圣陶先生说："教育是什么？往简单方面说，只需一句话，就是要养成良好的学习习惯。"德育就是要养成良好的行为习惯，智育就是要养成良好的学习习惯，体育就是要养成良好的锻炼身体的习惯。习惯就是素质，而素质总会顽强地通过习惯表现出来。从培养良好习惯入手，是对孩子进行素质教育的最佳途径。影响孩子学习的因素很多，但绝大部分因素都与学习习惯相关。如果孩子学习方面有问题，绝大部分原因可以在学习习惯上找到根源。孩子学习"会不会"，就是看学习的各个环节中习惯养成的好不好。因此，孩子养成良好的学习习惯对孩子的学习起到举足轻重的作用。

当今社会，是信息、知识大爆炸的时代。知识流量呈现几何级数增长，科学技术日新月异，新知识、新成果层出不穷。到1995年，知识的量每5年翻一番，到2020年，世界的知识量每73天增长一倍。今天已知的科学的信息量相当庞大，科学知识正以史无前例的速度增长。任何人要跟上它都是不可能的。霍金在1998年白宫千年晚会上发表讲时曾说，如果科学知识仍然以现在的发展速度增长的话，到2600年，如果你将新书依次摆放的话，你要以每小时90英里（144公里/小时）的速度行走才能跟上新书出版的速度。即使是世界上最博学、最聪明的科学家也无法记住所有的科学知识，更不用提科学知识本身就是进行新旧更替，人们在不断提出新的、更为合理的认识。

那么在这个知识爆炸的时代，应当如何学习才能适应知识爆炸的时代的挑战呢？

中国有句古话叫"授人以鱼不如授人以渔"，说的是传授给人既有知识，不如传授给人学习知识的方法。道理其实很简单，鱼是目的，钓鱼是手段，一条鱼能解一时之饥，却不能解长久之饥，如果想永远有鱼吃，那就要学会钓鱼的方法。既然将所有的科学知识传授给孩子已既无可能又无必要，就不如教孩子学会学习，培养孩子养成良好的学习习惯，让孩子终身爱学习、会学习、能学习。

（二）培养孩子良好学习习惯的秘诀

奥地利心理学家洛伦兹经过长期地调查研究证实，3-12 岁是形成良好行为习惯的关键期。因为这个时期，孩子求知的欲望强烈，容易接受成人的引导和训练。12 岁以后，孩子已经形成的习惯再去矫正，就困难得多，训练的强度也要更高一些。夸美纽斯说过："一切存在美的东西其本性都是在软弱的时候容易屈服，容易形成，但是到了长硬以后就不容易改变了。"孩子年龄小，如同炼好的铁水，可以铸成各式各样的形状，但是等铁水凉了变成了大铁块，再想改变形状就难得多了。如果孩子小时养成了坏习惯再来改造，将付出太多的代价。因此，培养孩子良好的学习习惯要抓住关键期，通过引导兴趣，启发自觉，确定规范，严格要求，示范指导，持久训练，加强监督和评价，方可实现。

习惯的培养是一个长期的过程，一个好习惯的养成需要一个醒悟 —— 改变 —— 反复 —— 巩固 —— 稳定的过程。所以，刚开始，不要着急，要从小事做起，一点一滴地坚持，只要不动摇，朝着一个方向不停止，坚持行动（最好是连续性的），就有了习惯的雏形，再一点点坚持，习惯就成熟了。正像著名教育家曼恩所说："习惯仿佛一根缆绳，我们每天给它缠上一股新索，要不了多久它就会变得牢不可破。"

秘诀之一：引导兴趣　启发自觉

兴趣是最好的老师。培养孩子良好的学习习惯，要从孩子感兴趣的学习内容和形式入手，良好的学习习惯会在孩子喜欢学、乐于做的过程中水到渠成。有一位经验丰富的小学低年级李老师，发现从幼儿园升入小学的新生不能一下子适应小学的要求，其最明显的特点是：注意力易分散，上课不能专心听讲。针对这一情况，李老师在学生入学后，着手培养学生定心坐、定心听的习惯。他先向学生传授儿歌："上课听讲要五到，五个器官不能少。别人说话专心听，边听边记动脑筋。读书写字姿势正，回答问题声音响。"然后带领学生反复朗读、吟诵。儿歌形式的要求，很快会在学生的脑中留下深深的印象，使他们懂得专心听讲是学习的重要保证。继而李老师又通过组织学生"演一演"、"比一比"等多种孩子感兴趣的游戏活动，及时地发现特别认真的学生，作为群体的榜样。"这位小朋友听得真认真！""看，他的读书姿势多标准！"利用学生的榜样示范作用，积极引导，使学生们端正地坐好并认真地听讲。

学生模仿性强，情绪变化大，有很大的可塑性。课堂上，李老师用诸如"谁的眼睛看老师！""我的眼睛看老师！"等方式引起学生的注意。每次，李老师都对有进步的学生，用发放小奖品、口头表扬等方式进行奖励，对他们身上的优点在班里进行表扬。同时，将情况及时反馈给家长，鼓励学生自觉保持。

利用两分钟预备的时间，组织小干部带着大家念念儿歌，不断地加深理解，达到巩固复习的目的，帮助学生尽快养成良好的听课习惯。

经过一段时间的强化训练，学生们基本都能专心听讲。如有个别学生走神时，李老师只要用强化训练的儿歌一提醒，学生就会条件反射地将思绪收回到课堂上。专心听讲的学习习惯,就这样在一次次的强化训练中逐渐形成。

也有这样一位智慧的妈妈,孩子上了三年级,是培养孩子预习习惯的良好时机。妈妈要求孩子完成家庭作业后预习,可孩子就是不听。妈妈给孩子讲了很多次道理,孩子就是听不进去。后来,妈妈想了一个孩子感兴趣的方法,引导孩子乐于去做。她抓住孩子喜欢听故事的特点,对孩子说:"老师明天会给你们讲一个很好听的故事,而这个故事就在你的课本里。如果你能把这个故事中不懂的地方找出来,记在本子上,老师给你们讲完后,你能提出问题,老师一定会表扬你,说你是一个爱动脑筋的孩子。同学们也一定会很羡慕你的。"孩子听后马上去看课本中的故事,并找出有疑问的地方,画上了横线。在暂存本上记下了两个问题。事情果然不出所料,在第二天的课堂上老师表扬了孩子。孩子兴高采烈地回家向妈妈报告了这个喜讯。这时,妈妈因势利导说:"你看妈妈没有骗你吧!这就是预习的好处,给你带来了学习的快乐。"当天晚上,孩子作业完成后,积极主动地预习了语文和数学。后来一段时间,妈妈参与到孩子的预习中来,协助孩子查字典,在网上查资料,拟定不懂的问题,孩子十分喜欢上了预习。并逐步认识到了预习作为学习环节要养成良好习惯的重要意义。

自觉是治疗的开始。任何人想改变自己,首先要从改变认知开始。认知是心理过程的基础,它直接影响着情感及行为的取向。认知决定行为,行为决定结果。坚定的行动必须源于深刻的认识和觉悟。孩子习惯的培养和矫正的首要环节,就是唤醒孩子,解决认识问题,使他们明理,产生行为的需要,产生自觉、主动的意识。

习惯培养应当遵守一个重要原则,就是在习惯培养和矫正的过程中,应当以健康人格为核心目标,注意观念、认识与情感的培养,使孩子对每一个习惯都知其所以然，从而知之、信之、践之。古语说得好："知之愈明，则行之愈笃。"行为科学研究表明，人不会持续不断地做自己都不知道为什么要做的事情。坚定的行动必须源于深刻的认识和觉悟。辩证唯物主义告诉我们，外因是变化的条件，内因是变化的依据，外因只有通过内因才能起作用。教育要解放成长者的内部力量，促进自发性成长。习惯培养要深入人心，真正让孩子觉得养成好习惯或矫正不良习惯是自己的需要。人的自觉性从要素构成上说，它体现为人的需要、动机和目的。需要是人的发展的动力源泉，而动力的实际发挥，还必须使需要转化为动机和目的来直接推动。当人产生明确的需要，并强烈地激起人的活动意向时，需要便转化为各种水平的动机。恩格斯曾指出："就个别人说，他的行动的一切动力，都一定要通过他的头脑，一定转变为他的愿望的动机，才能使他行动起来。"动机又是和目的联系在一起的，由动机所引起的行动的预期结果就是目的，由目的制约着人的行动。人的需要、动机、目的等意向性总和便构成了人的自觉能动性。

启发孩子的自觉性，教育者要注意从激发需要、强化动机、明确目的三个方面来进行。

习惯的养成是一个知、情、意、行并存的过程。可以通过体验法，让孩子"知"的过程，不仅来自于成年人的教育，还来自于孩子的亲身体验，这是孩子认知的重要来源。也可以通过说理法，通过事例传递，发问引导，换位思考等多种方式，动之以情，晓之以理，逐步使孩子明是非，辨曲直，懂美丑，知善恶，学榜样。明白为什么那么做就错；明白怎么做才正确；明白做错了应该怎样改正；明白做对了应该怎样保持；明白好习惯的好处、意义、作用，不良习惯的坏处、危害、影响；明白为什么要培养或矫正这种习惯。

比如，有的孩子写字非常粗心潦草，教育者应该对他讲清写字粗心潦草的危害。可以用一些生活中由于写字不认真而造成重大损失的实例使孩子有所触动。有的人参加重要的会议做记录，可由于字太潦草，回头整理时连自己都不认识了；有一位医生由于粗心把"氧化钠"错写成"氧化钾"，而造成一小孩丧命；苏联宇宙飞船由于计算时点错了小数点使航天飞机机毁人亡，等等。通过这些事例教育孩子，字要写正确、规范，使他们懂得养成良好的写字习惯是非常重要的。

教育者在启发孩子的自觉性时，要动之以情，晓之以理，要简练、深刻、情真、意浓、明理。要善于以自己充沛的热情和坚定的信念去唤起孩子情感上的共鸣，激起思想上的波澜，从而转化为他们内心的信念。晓之以理要富有感染性，要对孩子充满关心和帮助。正如俄国教育家别林斯基说："充满爱的语言，使无可反驳的劝说好似熊熊烈火发出光和热，听到这种语言，心中感到暖洋洋的，会让人心情舒畅；但缺乏爱的语言，就会把颠扑不破的真理，搞成冷酷的、僵化的训诫。"晓之以理最忌讳"放空炮"、"唱高调"、"唠叨"、"模式化"、"大道理"，脱离实际，不符合孩子年龄特点和心理认知水平，不能触及孩子的精神和心灵。著名教育艺术家黄家灿认为："理是可以治病的良药，情是药外带着香甜味的糖衣。无情，理难以下咽；无理，情就失去了存在的意义，只有两者紧密结合才能增强教育效果。"

重塑认知，强化认知，启发自觉的方法还有：学习法——阅读培养某方面习惯的书籍或文章；榜样法——以身作则，树立远近、正反榜样，启发、激励孩子；记格言警句法；立座右铭法；与拥有好习惯的人交朋友；积极自我暗示法；做某习惯的专题研究法、演讲法、辩论法和讨论法。这些方式方法都能很好地改变或强化孩子的认知，启发自觉性，从而增强行动的热情与信心。

秘诀之二：确立规范 专项矫正

培养孩子良好的学习习惯，首先是确立规范。即确立具体的行为规范，把习惯要求内容具体化。

捷克著名教育家夸美纽斯主张，好习惯的培养"最好是心理还很清新，没有形成错误观念，没有养成坏习惯时就开始，否则将是麻烦的"。这段话提示我们，对孩子良好习惯的培养必须越早越好。如不趁其"心理上还很清新"时培养好习惯，而让其自发地形成不良习惯，要想改正过来，就十分困难费事了。比如，孩子写字姿势一旦形成了弯腰驼背的习惯，家庭作业一旦形成了马虎了事的习惯，即使花费几倍精力也难以在短时间内纠正，有些人甚至会保持终生。

习惯培养和矫正的最好策略就是不要让孩子养成不良习惯后才开始。教育者教育孩子时要进行"养成教育"，最好不要出现事后"矫正教育"的情形。这样就要求教育者做到确立规范，醒示在前，什么可以做，什么不可以做，要约法三章，让孩子行事有章可依。确立规范最好和孩子一起商量，共同制定，这样孩子执行起来就更有积极性和主动性。当然规范不能事无巨细，要抓大放小，对重要的行为及道德重点把握。通常情况下应设有两类规范：一、好的行为规范，即要培养的良好习惯，它包括道德、学习、生活、卫生等方面。如尊敬长辈，热爱劳动，文明礼貌，作业认真、高效，及时复习、预习，天天坚持体育锻炼，阅读课外书等。二、避免产生不良行为习惯，对这类行为要做到警示在前。如撒谎、骂人、偷东西、玩过的玩具不收拾、马虎、拖拉、看电视超时、迷恋电子游戏、逃学、打架、不遵守作息时间、任性等都要有相应的惩罚规定，使孩子懂得什么是禁区，什么不可以做，让孩子一开始就不要染上这些不良习惯。

对孩子确立规范一定要具体化。无论是哪方面的养成教育，都需要教育者给孩子的行为规定一个目标，或者是要求。这个要求尽可能地具体，使孩子能够看得见，摸得着，这样才能有利于孩子理解、掌握和执行。如果教育者只告诉孩子要认真学习、孝敬父母、抓紧时间，而不告诉孩子怎样才算认真学习，怎样去孝敬父母，抓紧时间的窍门是什么，那么孩子可能就不知道从何做起。所提出的要求必须明确而不含糊，具体而不抽象，要尽量让孩子看得见、摸得着，要具体、形象、直观，具有操作性。这样孩子才能学得会、做得到、记得牢。

例如：如何培养良好的作业习惯？从孩子小学起，父母就会强调让孩子养成良好的作业习惯，但往往到孩子小学毕业，有很多孩子都没有养成这一习惯。首先一个重要原因就是，孩子根本不知道什么才是良好的作业习惯，他们根本不知道应该怎么做。父母培养孩子良好习惯启发孩子自觉性之后，紧接着第二步必须对所要养成的习惯进行确立明确具体的规范，这样才具有可操作性、可度量性。良好的作业习惯应包含以下几个内容；1.按时准时——按计划作业；2.先复习再作业——弄懂，学会，掌握，做作业时不要再出现翻书找答案的情况；3.认真仔细——仔细审题、解题，书写认真，不马虎，清楚规范；4.速度要快——讲究效率，在认真仔细的基础上，速度要快，效率要高，不得出现拖拉现象；5.把作业当考试——不抄袭，不对答案，以自己独立思考为主，问别人为辅，要有钻研精神；6.自我检查——父母不能代替或帮助检查，为了培养孩子自我检查的习惯，父母看后，只说有错误，但不能告诉错在哪里，错了几处，这样孩子必须从头认真检查，慢慢地孩子才能养成自我检查的习惯；7.错题订正——研究分析，反省总结为什么错，是什么原因造成的，以后应该怎样才能避免，并且把错题写在错题集中。

这样的规范要求具体明确，孩子可学、可行，并且操作性强，考评有依据。

确立规范，要随着孩子成长而不断地变换主要内容，因为孩子的不同成长阶段，成长的内容任务不同。如1-2年级的孩子，应该以培养他专心听讲，写字姿势正确，按时完成作业的良好习惯为重点；到了3-6年级，就可以在此基础上提出上课前先预习，作业整齐、规范、细心、迅速的要求，以使孩子在小学毕业前养成"先预习，后听课；先复习，后作业；先作业，后检查"等好的学习习惯。

教育有三个层次或者说三种境界：第一种境界是打预防针，抓早抓好，预防成功，达到无为而治；第二种境界是狠抓初犯，抓小抓紧，把问题扼杀于萌芽状态；第三种境界是问题已经形成，要通过个案研究，专项矫正。

孩子成长过程中出现的问题、缺点、弱点及不良习惯，教育者要想帮助孩子有效地解决这些问题，首先要对这些问题及不良习惯进行个案研究，深究根源，要真正弄清楚是什么原因导致孩子出现这种状况。这是有效解决问题和矫正不良习惯的前提和基础。比如，孩子成绩老是上不去，父母要通过自己的观察了解、与孩子沟通和与老师交谈等方式，找出孩子成绩为什么徘徊不前的原因；又比如孩子没有上进心，解决这一问题之前首先要弄清楚孩子为什么没有进取心。教育者不要只看到孩子出现问题的结果，最主要的是看问题背后的原因，要研究问题的症结所在。根源不除，问题还会不断出现。同时教育者也要反思自己的教育方式方法，从自身找原因，问题在孩子身上，根源很有可能在教育者身上，孩子的问题是不是自己不正确教育方式方法的结果。自己的原因找到以后，要反思总结，调整改变自己的不科学教育方式方法，以免再犯，同时用正确的方式方法实施科学有效的教育。

解决自身问题之后再从孩子身上找原因,这样结合起来,通过认真仔细地研究才能找出导致孩子出现问题的真正原因。每个问题和每种不良习惯的形成都有其内在和外在的原因,在纠正时,要明确孩子的问题或不良习惯的根源,对症下药。否则,问题或不良习惯不但不能被改正,反而会愈加严重。

例如,同样是动作慢、磨蹭,原因却有很多种:有的孩子是对学习没有兴趣;有的是时间观念淡薄;有的是个人性格所致;有的是对教育者的消极对抗;有的是因为懒;有的是统合能力失调;有的是对所学知识没有掌握好、理解透;有的是注意力不集中;有的是读、写、算的能力较弱,等等。为此教育者首先要查明是哪些原因导致了孩子动作慢、磨蹭。因为每种原因所采用解决问题的方法和措施是不同的。比如有的要培养孩子学习的兴趣;有的要加强孩子的时间观念;有的要完善孩子的性格;有的要教育者反思自己的教育方式方法是否科学,是否是导致孩子出现问题的成因;有的要从劳动训练着手;有的要采用相应的方法训练孩子眼、脑、手等感官统合能力;有的要让孩子养成先复习再作业的习惯;有的要对孩子注意的持久性、抗干扰性和集中性进行相应的训练才行,有的要加强读、写、算的能力提升训练,等等。原因不同,措施方法也就不同,不能一概而论。对不良习惯及问题进行针对性的原因研究是有效解决问题的前提。

秘诀之三:示范指导　专项训练

示范指导有三层意义:第一是通过示范、指导教会孩子怎么做;第二是教育者要以身作则,身教重于言传;第三是为孩子树立可供学习与效仿的榜样。

在培养习惯时,必须要示范,做具体指导,确保第一次行为动作就规范、正确。孩子小，缺乏起码的经验，根本不知道该怎么做，如果不经具体的示范和指导，是很难形成良好习惯的。示范指导的目的就是明确无误地教会孩子知道怎么做。这一环节的核心是严格要求，确保行为正确。

初上学的孩子，上课听讲和读书时的坐姿，握笔写字的姿势，需要老师和家长示范。怎样查字典，怎样使用作图工具，画思维导图等需要边示范边指导。在示范指导过程中，必须注意以下几点：

1. 要求明确具体。行为训导是引导孩子按照规范化的要求去操作，所以教育者在讲解和示范时，要求不能抽象，必须具体明确，使孩子能模仿，学得会，做得到，记得牢。教育者在示范前，要先把内容要求讲清楚，示范时要让孩子能看清楚动作的全过程，同时要边示范、边讲解，帮助孩子领会、把握行为训练的规范化要求，特别要注意的是每个步骤的细节、要领及容易出错的地方，要交代清楚。

2. 指导要因人而异。根据孩子不同的年龄，不同的性格，采取不同的方法。指导要根据孩子的个性采取灵活的、有效的方法。有个孩子动作慢，经研究分析是因性格所致，教育者就要从性格训练着手，而另一个有同样毛病的孩子，原因却是因为懒，教育者就要从劳动训练着手。每个孩子的坏习惯不同，指导的方法也不同，教育者在运用示范指导时可以运用举一反三的指导方法，让孩子根据生活实际，选用最恰当的行为方式去做，这样就能做到示范指导规范而不机械。

3. 形式生动而有趣。在示范指导时要创设各种生动有趣的情景，引起孩子的有意注意，激起他们学习的欲望。如：培养孩子使用英语口语交流的习惯，教育者可以模拟各种不同场景，如商场购物、请人帮忙、接听电话等，选用小品表演或演练的形式。有些示范指导还可以与故事、童话、儿歌、音乐等形式结合进行，让孩子在愉快、生动有趣的氛围中接受行为训练，从而达到事半功倍的效果。

　　有很多习惯是无意中养成的，隐性因素发挥了潜移默化的作用。对于习惯培养来说，身教尤为重要。习惯大多是在琐碎小事中和日常生活中培养的。父母给孩子树立一个好榜样，就是对孩子进行无声的习惯培养。以身立教，以行导行是习惯培养中的一种非常行之有效的方法。如果父母的习惯不好，要想孩子培养出好习惯是不太容易的。马克思说："你可以用各种行之有效的方法去影响孩子，可最好的方式还是你的行动。"教育者要创设良好的行为环境，尽量少给孩子不良行为出现的机会。

　　孩子的模仿能力非常强，他们从所能看到、听到的一切现象进行模仿、学习，所以家长与孩子相处时，要时刻注意自己的言行，要做出好的榜样。父母是孩子的一面镜子，如果想给孩子一些好的习惯，就要在生活中做出好的榜样。

　　树立榜样是培养和矫正孩子习惯的一个重要环节。英国著名教育家洛克在论述榜样的重要作用时指出："务必接受一个毋庸置疑的真理，无论给儿童什么样的教训，无论每日给他什么样的聪明而文雅的训练，对他们的行为能发生最大影响的依然是他周围的同伴，是他看护人行动的榜样。"他还说，"最简明、最容易而又最有效的办法是把他们应该做或应该避免的事情的榜样放在他们眼前，一旦把他们熟知的人的榜样给他们看了，同时说明这些榜样为什么漂亮或丑陋，那种吸引或阻止他们去模仿的力量，是比任何能够给予他们的说教都大的。"榜样具有形象性、真实性、自律性和感染性，提供可供孩子学习和效仿的榜样，可以启发自觉，让孩子产生强烈的自我要求。比如，孩子由于贪玩而不能做到当天的功课当天完成，教育者可以告诉他，列宁读书时为学好功课而自觉放弃他最喜欢的下棋、滑冰活动，以此来引导孩子以列宁为榜样，模仿列宁认真读书的习惯，从而帮助孩子养成"当天功课当天完成"的良好习惯。教育者还可以推出学生中有良好学习习惯的典型，交流优秀学生的学习经验等，以榜样的力量启发孩子的自觉性。

针对孩子的不良习惯或缺点、弱项，除了要作相应的指导外，最主要的还是要采用专项训练来解决实际问题。应该指出的是专项训练不但是不良习惯矫正的根本方法，而且是孩子成长过程中缺点、弱项转化为优点、强项的根本方法。教育者只有掌握运用这一方法，才能行之有效地进行"补短"教育，孩子才能和谐成长。

赛斯·亨利说过："一条锁链最脆弱的一环决定其强度；一只木桶最短的一片决定其容量；一个人素质最差的一面决定其发展。"这句话就是古老的"木桶理论"的演绎。一只桶能装多少水是由最短的那块木板决定的。如能加长"短板"，这肯定比造一只新桶容易得多，水桶的容量就能大幅度地提高。木桶理论启示我们：任何一个事物（包括学习与成长），只要存在效能不足的问题，就必定存在某种"短板"。只要找到"最短的那块木板"是什么，集中精力和资源去解决这一薄弱环节，事物的整体效能就能明显地提高，甚至跃上一个新台阶。

顾盼刚上小学时看图写话写不好，每次看图写话，顾盼只有干巴巴的一两句。是孩子想象力差，还是词语缺乏？怎么解决呢？父亲顾昔今一时束手无策，于是请教班主任老师。俞老师建议他让顾盼收看中央一台的《神州风采》，后改为《科技博览》中的看图看景解说，并把主要内容记下来。于是顾昔今和女儿每天一起收看该栏目。开始时他们一起记也记不全，就先用录音机录，然后复放，让女儿记。经过相当长一段时间训练，女儿的速记能力提高了，也不需要录音机帮忙了，而看图写话的能力也大大加强。至此看图写话成了她的一种轻松活儿，到开始写作文时，顾盼也就没有出现什么太多的问题，进了初中后，她的作文更是常常作为范文在班里朗读，而这都得益于当年的这一专项训练。

葛竟在学习上有一个很大的毛病，就是马虎。到了三年级，算术中的计算题多起来，她因为马虎，几次考试成绩都没有得满分，有时将除号写成减号，有时将"5"写成"8"……经过摸索，妈妈发现纠正她计算马虎的缺点不能光靠讲，更重要的是要靠练来解决。于是妈妈就准备了一个本子，专门用来做计算训练，每天出 10 道题让她做，出一个错，补做 10 道。这样坚持了一个学期，果然奏效，并且一举两得，不仅马虎的毛病减少了，而且计算的速度也加快了。

葛竟上小学之前已经认识了两三千字，并且喜欢看文字故事书，这对她的智力发展有很大的好处，也增长了不少知识，但也养成了一些不太规范的习惯。上学后，学校老师对写字、词语分析、造句、写作文都有一定的要求，要求规范化，妈妈注意按照学校的教学要求，让葛竟把不规范的地方纠正过来，如写字倒插笔。一年级入学，老师教了写字笔画的顺序，可是孩子习惯描画式的写字，不管怎么入笔，把字写对就行。例如"国"字，先画个"口"，再往中间填个"玉"；"禾"字则先写好一个"木"，再把上面的一撇像帽子一样地盖在上面；"叼"和"叨"两个字更是照猫画虎，提、撇不分，把两个字完全混淆了。发现这些毛病以后，妈妈买来几个田字格本，看着她按正规笔顺写下字头，接着依次各写一行。这样每天一页，一学期下来，写了五六本。后来，不仅笔画写对了，还达到了练字的目的。

对于孩子的学习和成长要弱在哪里补在哪里，而且补的时候要真正补上去，让孩子真正弄懂弄通，不留夹生饭。

只有练习和经验才能纠正缺点，而且要获得所需要的各种技能，还需要长期练习。只要坚持不懈地改进、训练，就有可能后来居上，积小胜为大胜。我们现行的教育强调"扬长"而忽视"补短"。孩子学习与成长过程中教育者要做到知短、补短、除短三管齐下，才能让孩子和谐持续地发展。要在求知、做事、共处、做人中做到缺什么补什么。弱什么，训练强化提升什么，进行及时补短教育。但需要注意的是，提高整体水平，增强发展后劲，孩子在学习成长的过程中，存在的问题肯定不止一个，要想取得良好的效果，应该坚持一段时间只集中解决一个问题的原则，以免孩子无所适从，反感抵触。

教育使人知，训练使人会。因为改变行为习惯，必须要通过严格反复训练才行，才能够形成新的好的习惯。

教育者需要注意的是：只要涉及习惯和能力问题的，只有通过反复训练和反复实践来解决，光说是没有用的。唠叨、训斥，除了破坏亲子关系或师生关系外，毫无意义。像说"下不为例"、"屡教不改"更是没有道理。因为教育者采用的方法是不科学的，是错误的。这种教育方法根本就不能矫正这一不良习惯。如孩子注意力不集中，你就是说10遍、20遍，甚至100遍都无补于问题的解决。解决这一问题是需要具体的措施和方法的，需要教育者在专项研究的基础上对孩子进行注意的集中性、注意的持久性和注意的抗干扰性，进行系统地反复训练才行。

没有改变不了的习惯，只有不想改变的习惯。习惯是可以改变的，只要不断重复与之对应的新的好的行为，就能建立新的好的习惯来取代原有的不良习惯。

马克·吐温说过："没有什么是训练做不到的，也没有什么是训练所不能达成的，训练能化野性为驯良，使粗野变柔和！把凡人提升为天使。"对于孩子的弱点、弱项及不良习惯，教育者要先对此进行针对性的个案研究，通过和孩子一起研究分析，通过向老师咨询请教，找出问题的真正原因所在，然后再研究制订改正方案，把握要点、难点、细节，实施有效措施，进行专项训练。这样不但能彻底解决孩子学习成长中的问题，有时甚至能变弱为强，做到扬长与补短的有机结合，更有利于孩子的成长。

秘诀之四：严格要求 持久训练

人是需要必要的行为约束的，没有受过约束的人是难以长大的，也不会有好习惯，人格也不会健全。没有严格要求和刻苦训练就没有好习惯。研究表明：少年儿童习惯养成靠两"严"，即严格要求和严格训练。

习惯的培养或矫正要从点滴抓起，严格要求。有了要求就要让孩子反复按要求去做，甚至"逼迫"孩子这样做，时间长了，孩子习惯了，就会变成愉快的行动了。严格训练最忌讳的就是溺爱，溺爱娇惯肯定训练不出好习惯来。这一点父母一定要下得了"狠心"，没有狠劲是不行的。训练就要有个"狠劲"，不见实效不收兵。练习的过程是痛苦的过程，孩子不愿意，教育者就得咬着牙让孩子坚持下去。只有经过痛苦的磨炼，才能养成好习惯，一旦养成习惯，痛苦就变成愉快了。然而，有些家长对孩子溺爱，总下不了狠心，孩子一求饶，一掉眼泪，家长的心就软了，结果什么好习惯也养不成。培养或矫正孩子的习惯要把"严"与"爱"紧密地结合在一起，寓爱于严，严爱结合，做到严中有爱，爱中有"严"，达到"爱"与"严"的统一。

现代控制论创始人、美国著名数学家维纳，在回忆父亲对他早期学习习惯的严格训练时说："代数对我来说没有什么困难，可父亲的教育方法，使人精神不得安宁，每个错误必须纠正。他对我无意中犯的错误，第一次是警告，是一声尖锐而响亮的'什么'，如果我不马上纠正，他会严厉地训斥我一顿，令我'再做一遍'。我曾遇到不止一个能干的人，可是他们到后来一事无成。因为这些人学习松懈，得不到严格纪律的约束。我从父亲那里得到的正是这种严厉的纪律和训练。"父亲严格的训练，终于使维纳养成了良好的学习习惯，成为誉满全球的科学巨人。

严字当头体现在从小处着手。古人云："勿以恶小而为之，勿以善小而不为。"意思是说，不要以为是小的坏事就去做，不要以为是小的善事就不做。这句话说明坏的和好的品质都是一点一点形成的，所以不要轻视细微的事物。"千里之行，始于足下。"质的飞跃源于量的积累。习惯养成无小事，千万不要忽视小事。习惯养成的根基就源于生活、学习、成长中的点滴小事的积累。习惯培养就要从大处着眼，小处着手，落实到点滴的具体的行为小事中去，要抓小，抓点，抓每次，这样日积月累才能培养出良好的习惯和优秀的品质。

美国行为心理学家拉施里的习惯培养实验研究表明：21 天以上的重复会初步形成习惯，90 天的重复，会形成稳定的习惯。习惯的形成大致分为三个阶段：第一阶段：1-7 天左右。此阶段的特征是"刻意，不自然"。需要十分刻意提醒，并且会觉得有些不自然、不舒服。第二阶段：7-21 天左右。不要放弃第一阶段的努力，继续重复，跨入第二阶段。此阶段的特征是："刻意，自然"。觉得比较自然，比较舒服了，但是一不留意，还会回复到从前。因此，还需要刻意地提醒。第三阶段：21-90 天左右。此阶段的特征是："不经意，自然"，其实这就是习惯。这一阶段被称为"习惯性的稳定期"。

有位父亲听说 21 天可以养成一个好习惯，就让女儿改正不良的阅读习惯，可是 30 天也未见效，于是便怀疑专家的理论。实际上任何理论都必须与实践相结合，应当从孩子的实际出发。每个孩子情况不一样，问题也不一样，教育者指导方法与能力也不尽相同。21 天是一个平均数，有的多于 21 天，有的少于 21 天，原则是直到彻底养成或矫正为止。

有些教育者性急，总想"三下五除二"，来个干净利落，那是不能形成习惯的，充其量不过是管住了孩子的行为，过后又会恢复原样。有的父母老师说孩子哪里有问题了，他们就赶紧注意哪些方面。等过了一段时间，老师不再提这件事了，父母也几乎忘了这个习惯。这种"三天打鱼，两天晒网"救火式的教育，不能保持教育的长效性，是很难培养或矫正孩子的习惯的。养成教育是一个长期工程，不是一朝一夕的事情，养成一个好习惯不是一天两天，三天五天的事，需要长期抓，持之以恒。矫正一个不良习惯更不是三天两日，三下五除二的事，因为冰冻三尺非一日之寒，冰化三尺也非一日之暖。孩子一千次养成的坏习惯，教育者必须有一千零一次帮助他改正的决心和耐心。习惯成自然是需要时间的，然而现在有的教育者对孩子的训练是"抽风式"的，一阵一阵的，今天来劲了，要求很严格，过几天又一点都不管了。这种前紧后松的训练方式是形不成好习惯的，也是矫正不了坏习惯的。孩子年龄小，自制力不强，要培养或矫正习惯，就得天天检查，反复提醒，严格要求，直到养成习惯后再放手。培养或矫正习惯的工作必须一竿子插到底，切不可"前紧后松"、"一曝十寒"，要有耐心，要不怕反复，要持之以恒，要有"论持久战"的思想准备，最忌讳虎头蛇尾。习惯培养或矫正的过程是考验教育者教育意志的过程。

要抓反复，反复抓。没有持之以恒训练，没有反复训练，没有强化训练就没有好习惯。在持久训练的过程中，教育者要注意三点：首先要注意第一次，狠抓初犯；其次是要做到及时发现问题，及时纠正；第三要经常提醒，经常激励。

秘诀之五：监督评价 奖惩强化

在培养和矫正孩子的习惯中，为了使孩子的行为得到强化，还要对其进行必要的监督评价。一般的行为习惯可以用适当提醒、经常监督的方式,可考评的行为,特别是连续性较强的重要行为可以采用评价方式。

评价是依据教育者要求,对孩子的行为给以一定的考核、判断、褒贬的方式。它可以激励孩子坚持良好习惯、预防和克服不良的习惯。这种方式可以促使孩子不断强化自身积极的方面,抑制自身消极的方面。使孩子懂得哪些行为是正确的,哪些行为是不正确的,从而提高孩子的是非观、善恶观。这种方式还具有较强的约束作用,它通过对孩子行为反馈,迫使孩子不断调整自己的行为,以达到自我约束、自我监督的作用。

深圳一位母亲就运用这一方法培养和矫正了孩子不少习惯,她曾向我这样描述:

儿子聪明好学,可动手能力极差,连牙膏都是让姥姥挤好,尤其是他做事不专心,坐不住,有时连今天老师留的作业是什么都忘记了。看到儿子这些坏习惯,我心里有说不出的生气,甚至还动手打过他。结果是我成了黑脸的恶人,不仅孩子跟我有距离感,也惹得我母亲对我的意见非常大。

后来受到我们公司员工考核表的启发,我试着为儿子设计了一个考核表,目的是为了能让孩子尽快改掉缺点和不良的习惯。我在表格上列出了几项考核要求:学校表现、作业完成情况、钢琴练习、课外阅读、英语听读、自己事情自己做、体育锻炼、家务劳动等。比如:学校表现方面我们会要求他上课积极发言,不能忘记记录家庭作业等。作业完成情况这一栏,第一周我给儿子提出的要求只是做作业时要专心,不乱跑乱动;自己的事情自己做这项,我要求儿子从刷牙、洗脸、冲凉等日常起居的小事一件件学起、做起;家务劳动一栏,最初我只是要求儿子负责扔垃圾，逐渐增加要求到取报纸、整理房间等；钢琴练习一直是让我们头痛的事，我先要求他只是保证每天的练琴时间，要坐得住，让他觉得弹琴并不是多难的一件事，然后再一点点地要求他弹奏质量；课外阅读本是儿子的长项，我最初并没有把它放在表格上，可当我发现儿子只是喜欢看他的恐龙和飞机大炮的图纸时，我就要求他每周要读一到两篇他的学校发的课外读物。

就这样，每项考核要素在每一周都有明确的要求，到了周日晚上我们全家坐在一起为儿子打分，并在这周的基础上提出下个星期的要求，让儿子了解到我们为他的进步和骄傲是多么高兴。而对于那些在这周没有达到要求的项目，我们会分析和写明原因以及下周如何改进，达到要求就可以在该项目上得一朵小红花。每周超过6朵小红花，我们就给他一奖励。奖励的内容由儿子确定一个20元以下的消费。我很感动的是儿子爱看书，我的很多次的奖励都是给他买了课外书。而这个小小的考核表的确使我们受益匪浅，它成了我们日常沟通围绕的话题，促使我和孩子之间能互相理解，拉近了我们母子的距离。更让我欣慰的是透过这个小小的考核表，我看到了孩子取得的一点一滴的进步。通过考核表上每周渐进的、具体、明确以及全家一致的要求，孩子逐步养成了好的生活和学习习惯。

好习惯的养成需要父母和孩子共同努力，尤其是父母要讲究方法，要有耐心。

有的孩子一入学，上课没规矩，随便下座，听讲不专心，有很多小动作。怎样解决这一问题呢？妈妈决定从培养孩子专心听讲的习惯入手进而再要求他专心做好每一件事。小学的基础重要，孩子的听讲习惯的培养更重要。为了检验孩子到底是否在课堂上专心听讲，妈妈和孩子约定：一般情况下，妈妈不去找老师了解你的情况，而是通过回家检查你的作业情况，来检查你上课是否在专心听讲。每天课上学习的汉字，回家先听写，能写出80%，当天就有一朵小红花。一周5天中有4天都能得小红花，妈妈就会送你一个礼物。孩子对这种激励非常认同，有时得到的奖励是一块他心仪的橡皮，有时候惊喜地得到他喜欢的玩具，而有时又是他向往已久的小食品。当然，孩子有时也因达不到目标而得不到奖励。坚持了一年，现在孩子上课有很大的改观，并且特别知道努力学习。

　　监督评价是习惯培养与矫正的第五个秘诀，这一秘诀非常重要和管用。很多孩子目标计划制订了，规范也确立了，最后都不了了之，原因大多是由于缺乏系统的监督评价造成的。教育家布卢姆说过："没有评价就没有教育，教育要不断进行评价、反馈、矫正，才能保证目标的达成。"评价最重要的意图不是为了证明，而是为了改进。我们现在以前面谈到的良好作业习惯培养为例，来谈一下监督评价的运用方法。

作业习惯评价表

评价日期	评 价 项 目						
	按时准时	先回忆再作业	认真仔细	速度要快	把作业当考试	自我检查	错题订正
1							
2							
3							
4							
5							
6							
…							
21							

　　注：做到的项目画"√"，没做到的项目画"×"。

教育者在操作考核评价时应注意以下几点：

1. 自我评价与监督评价相结合的原则。此考评表应为两份，一份是孩子自我考评。孩子可以把这张表贴在桌子上，每天自我考评，起到自我约束、自我检查、自我提醒的作用。每天做作业前看一下表格，就知道应该怎么做，就会努力用实际行动去画"√"。时间长了就会养成良好的作业习惯。另外一份是家长用来作为监督评价。因为孩子小，习惯还没有养成需要家长经常进行提醒监督。每天孩子做完作业后，家长和孩子把两张表对在一起结合实际情况进行综合评价。孩子做到的要关注认可，没有做到的共同研究分析原因，指导孩子反思总结，指明下一步行动，鼓励孩子战胜自我，争取更大的成功。孩子对待家人的共同评价非常重视，是多数人的意见，它最易于教育孩子本人。评价的过程也是说理的过程，有利于提高孩子的认识，同时体现了民主精神，使孩子心服口服。

2. 坚持连续评价，每次评价原则。此评价表应为连续 21 天的，要做到每日一小评，每周一大评。21 天后孩子初步形成习惯后，就要慢慢由"他律"过渡到孩子"自律"，评价不必每天进行，可以慢慢过渡到 3 天评价一次，过一段时间后再过渡到每周评价一次，直到习惯成自然时结束。值得注意的是有的行为是每天都有的，具有连续性，这样可以天天考评。有的行为没有连续性，不是天天出现的，那就可以采用每次考评方法。

3. 监督考评应与确立规范、奖惩强化相结合的原则。习惯培养与矫正最好先有一张规范表，然后要有两张监督考评表，最后在监督考核表后应有一张和孩子共同制定的奖惩措施表。

奖惩强化要求在监督评价的基础上运用表扬与批评、肯定与否定、奖励与处罚等方式来强化良好行为，制止不良行为。

奖惩强化是习惯培养与矫正的重要手段，意义非同寻常。这一环节如果出现问题，将有可能导致前面四个环节功亏一篑。为了更好地实施好这一秘诀，要注意以下事项：

1. 以"法治"代人治原则。在监督考评表后，教育者一定要和孩子共同制定出相应的奖励和惩罚的措施及标准，考评后按此措施标准执行即可。

2. 正面强化为主，负面强化为辅。关注、肯定、表扬、鼓励、奖励良好行为是改进孩子行为的最佳方式。但提醒、否定、批评及适当的惩罚也是非常必要的，可以增强孩子对不良行为的认识，加深孩子对所犯错误的印象，使孩子更加懂得规则、制度、约束的重要性。

3. 及时纠正及时强化原则。在监督考评后要及时纠正孩子的不良行为，及时强化孩子的良好习惯，对做得好的部分要给予认可、鼓励、表扬、激励，加大孩子取得成功后的自豪感和愉悦感，增强孩子继续做好的热情和信心；做得不好的要给予提醒，批评甚至惩罚。一个重要原则就是一定不要让不良行为过夜。有些父母当发现孩子的某些不良行为后，常常对孩子说："看我回家怎么收拾你！""你等着，等你爸回来了有你好看的！"这些根本就起不到惩戒作用。还有一些父母，孩子出现不良行为，让孩子改，孩子就是不改，抵制，对着干，父母一生气就用打骂的方式体罚孩子，结果是打也打了，骂也骂了，孩子不良行为依然没有纠正，这也是错误的方式。那怎么样才能正确地使用这一方法呢？比如在上例培养孩子良好作业习惯时，前两天，考评时孩子作业做得认真，但第三天考评时你们发现孩子作业有部分不认真。对于这种情况，教育者无须打骂，无须发火，只要立场坚定，态度明确，按原先共同制定的奖惩措施执行即可。让孩子把不认真的部分重做，孩子多半会软抵抗，不想重做。这时一定不要发火，但要立场坚定地陪着孩子做，哪怕陪到凌晨两点都不要放弃，直到孩子按原先确立的规范完成作业才行。并且要让孩子知道，由于耽误了父母的时间，要扣他的零用钱一周以示惩罚，让孩子学会对自己的行为负责。这样坚持一两次，孩子就会觉得父母的权威是不可挑战的，原则是不可侵犯的，规则是必须要遵守的，孩子就会慢慢养成好习惯。教育者如果在规则执行、奖惩措施中败下阵来，以后将永无宁日，再想培养或矫正孩子的习惯就会难上加难。

那如果不良行为在考评时已经发生过了呢？比如，孩子由于看电视超时，没有按时按计划完成作业。对于这种情况很好办：第一让孩子把由于看电视超时，今天没有完成的计划，认真完整地补齐；第二对看电视超时，要剥夺其接下来几天看电视的权利让孩子在体验中成长，无须训斥、打骂。

这里需要强调一点：在日常教育活动中，教育者对孩子不良行为及习惯一定不能反复数说，如，孩子好动、注意力不集中、拖拉、粗心、胆小等。这样当着孩子面反复数说，孩子的脑海里就只有好动、注意力不集中、拖拉、粗心、胆小等概念，日常生活、学习中就会不由自主地表现出来，结果起到反强化作用。相反，应在日常生活、学习中发现孩子坐得住、专注、动作快、细心、勇敢、自信等这些正面积极行为加以热情鼓励、表扬，强化其正面行为，使孩子产生继续进步的愿望。也就是要做到"优点不说不得了，缺点少说渐渐少"，即强化正面积极行为使其发展，忽视弱化不良行为使其消退。这是一条很重要的原则。

（三）一致原则 —— 培养孩子良好的学习习惯

陶行知说："没有家庭的协助教育，学校教育是办不下去的。"苏霍姆林斯基说："教育的效果取决于学校和家庭教育影响的一致性。如果没有这种一致性，那么学校的教学和教育过程就像纸做的房子一样倒塌下来。"

有这样一则寓言：一天，梭子鱼、虾和天鹅，出去把一辆小车从大路上拖下来。三个家伙一起负起了沉重的担子，它们用足劲儿，身上青筋暴起，但是无论它们怎么拖呀拽呀，小车还是在老地方一点儿也没有移动。并不是因为小车重得动不了，而是另有缘故：天鹅使劲往上向天空提升，虾一步一步向后倒退，梭子鱼又朝着池塘拉去。这个寓言说明，家庭与学校、社会如果不协同对孩子进行教育，那么孩子就会像这个小车一样，一动也不会动。人们常说："5+2=0"的负效应，就是这个意思。孩子在学校里进行了5天的教育，回家以后，也许父母的几句话，就把孩子在学校里接受的教育全部抵消了。

学校过中秋节，班上发苹果之前，老师给孩子讲《孔融让梨》的故事。分苹果时，孩子们主动谦让，一个孩子拿了一个最小的苹果，老师表扬他"先人后己"。这孩子受了表扬很高兴，回家对爸爸说："老师表扬我了！"爸爸问："表扬你什么？"孩子高兴地说："分苹果的时候，我挑了一个最小的。"没想到爸爸却呵斥道："傻帽儿！咱们跟人家交一样的钱，你干吗拿那个最小的？告诉你，下次再分苹果，你把最大的给我挑来，把这次损失给我补回来。"

老师利用星期天带孩子们去学雷锋做好事，孩子刚一出门，家长就喊："上哪儿野去？"孩子说："老师让我们去学雷锋。"家长张嘴就说："学雷锋？你也不好好看看你那德行，就你这样还学雷锋，你学马蜂去吧。"

上面两个家庭教育小故事，说明能否与学校配合好，关键是家长有没有主动配合的意识。有了这种意识，在家里说话、办事就会注意与学校同步。没有这个意识，就有可能背离学校的教育宗旨，甚至起相反的作用。

德国科学家赫尔曼·哈肯创立了"协同论"。该理论认为，任何一种事物都是由许多相互联系、相互制约的要素组成的系统。当各种相互作用、相互依赖的关联要素彼此协调合作，同步一致，相互补充，相得益彰地向同一目标运动时，就会形成整体合力，就会产生大于各个要素孤立相加的力量，这就是所谓协调效应。

孩子良好的学习习惯培养，一是需要学校老师统一部署，严格要求，方法给予科学指导；二是需要家长密切配合老师，增强孩子的认识，提高孩子的自觉性，加强监督评价，奖惩结合，不断强化，持久训练。简单地说，部署要求在学校，训练强化在家庭。在"协同论"的指导下，家庭和学校在孩子学习习惯的培养上注重教育目标的一致性，要求和方式的一致性。

因此，《跑跳笑乐教育》提出的第二个教育原则就是一致原则。

教育新原则二：一致原则

一致原则首先强调的是教育目的的一致性。学校教育的目的是什么？家长培养孩子的目的是什么？社会教育的目的是什么？这三个问题在本书第四章有详细的解答。这里暂只强调三者的目的必须统一和一致。目的不同，出发点就不同，努力的方向也就不一样。人们常说："选择比努力更重要"，"方向不对，努力白费"就是这个道理。

其次，是学习的目标要一致。众多的学习习惯培养不是一气呵成、一蹴而就的，需要一项一项分阶段持久训练。孩子需要养成的十二个良好学习习惯中，有一部分是在小学一、二年级时着手培养的，有的是在三年级开始后培养的。譬如：认真书写、快速作业、独立自主学习、专心致志、及时改错等就比较适合在低年级时培养；有意记忆、提前预习、及时复习、勤于动笔、规划学习、发散思维、广泛阅读等比较适合在小学中年级开始进行培养。小学高年级是所有学习习惯进一步规范、强化的重要时期。所有的学习习惯需要在小学阶段培养完成。因此，孩子学习习惯的培养需要学校和老师统一规划部署，形成系列培养目标。作为家长必须知道这一培养目标，每一个学习习惯在什么时候开始，什么时候基本结束。只有目标一致了，才有可能相互配合，协同完成。

再次，是学习习惯培养的方式要基本一致。譬如：培养孩子有意记忆的习惯，通过使用学习卡片记忆的方式，是所有孩子都适合的方法；培养孩子发散思维的习惯，使用画思维导图的方式；培养孩子及时改错的习惯，统一使用错题本；培养孩子提前预习的习惯，统一使用暂存本。等等这些方式和要求，家、校要基本一致，才能做到步调一致，形成整体合力，有利于孩子学习习惯的培养。

最后，就是学校老师与老师之间，家庭成员之间思想认识、教育要求、培养方式也要一致。学校所有老师要统一思想，形成共识，有一套比较完整的学生习惯培养方案，在不同的学段，结合各自的教学内容，有计划、有步骤的对学生的学习习惯进行系统培养。学生在某一年级学习结束了，更换了老师，老师在交接上，就学生学习习惯培养的现状、进程、目标等相互做好交接，最好是书面的。在学生的素质报告书上，每个学生的习惯形成情况老师要有针对性的评语，便于家长知晓，接手的老师了解。学生学习习惯的培养就像田径赛场上的循环赛，需要上一届老师和下一届老师"接力跑"，这样学生良好的学习习惯才有可能得到有效培养。

家庭成员之间教育要保持一致。一是家庭成员要注意共同学习教育理论，统一教育思想，这样才能形成一致的做法。二是家庭成员之间要主动配合，加强沟通和交流，不能感情用事；三是当出现矛盾时家庭成员要背着孩子协调，统一思想，统一认识，统一要求，建立家族联盟。只有这样才能产生家庭内部教育合力最大化。

需要注意的是，要保持家庭内部的教育一致性，家庭成员之间不是爷爷说什么，奶奶也说什么，爸爸说什么，妈妈就赶紧说什么，只要大家在教育孩子的目的、目标上是一致的，方式、方法上也做到基本一致，在亲情上是和谐的，对孩子的习惯养成就会有很大好处。

学校教育和家庭教育的一致性原则，强调的是一致，要求的是合作。家长必须积极主动配合学校和老师，多和老师沟通，汇报孩子的各种习惯养成情况，了解孩子在校的学习情况；积极参加学校组织的家长培训活动和家长会，了解学校教育，明确各阶段的教育目标，以及学校关于学生学习习惯培养的系统方案等；根据老师的统一部署和要求，积极配合老师工作，把孩子的学习习惯培养落实在孩子的日常生活中。

其实，孩子的学习习惯只是行为习惯之一，如果只注意孩子的学习习惯培养，而忽视其它行为习惯的培养是不得要领的。孩子的品德习惯、健康习惯、生活习惯和交友习惯等都对孩子的学习习惯产生影响。

当前教育面临的问题很多，其中一个很重要的问题也就是学生各种行为习惯的培养得不到真正落实的问题。无论是学校教育，还是家庭教育，都把教育的主要任务落实在孩子行为习惯的培养上，各种习惯好了，教育也就水到渠成了。

培养孩子良好的学习习惯，实际上就是教孩子学走路，孩子只有先学会了走，才会跑。孩子良好的学习习惯形成了，学习自然就由"走"变成会"跑"。学习上会"跑"的孩子，学习效率高，效果好，对学习也就有兴趣，也就不再那么厌学了，教育的问题也就缓解了许多。

第二章
让孩子们跳起来

　　让孩子们跳起来，就是让孩子保持"雀跃式"的生活状态，在学习上积极主动，在生活上活泼阳光。

　　了解大脑科学，让孩子们在大脑最佳状态下学习，才会进入"乐之者"境界，催生快乐学习、快乐生活体系的形成。

　　孩子知道为什么而学，才是学习内驱力的恒久动力。积极的价值观才让孩子学习之路走的更远。

　　学习生活化，生活学习化，终身学习的人，是世界上最幸福的人。

一、快乐原则——大脑科学与科学教育

小游戏：请写出您自从有记忆以来，发生在您身上觉得很快乐的十件事情。接下来，写出发生在您身上觉得很痛苦的十件事情。

快乐的事情很多，记忆犹新，似乎写不完。痛苦的事情也有，要写下来似乎还要绞尽脑汁。这是为什么？这就是人类大脑有关记忆的秘密。

学习用大脑，工作靠大脑，科技创新更是离不开大脑。因此，研究大脑，探索大脑秘密，破解大脑之谜成了当今许多科学家热衷的课题。谁先破解大脑之谜，谁就抢先占领知识领域中科学技术这个制高点。从 19 世纪初期，法国人发现"人是用左脑说话"的，19 世纪末期德国人发现脑电波，到 20 世纪初期，英国生理学家发现荷尔蒙，再到 20 世纪 80 年代，美国人发现左右脑的分工，科学家们对大脑的研究与探索一刻也没有停止过。

孩子是用脑学习的，大脑科学与教育密不可分。了解大脑的秘密，是每一个教育者应该具备的基本素养。

（一）大脑神经细胞

大脑是个粉红色的软体，是人体中最精密的器官，成人的大脑重量在 1400 克左右。脑的组成单元是神经细胞和胶质细胞，大脑的神经细胞约有 1000 亿个，人脑的各种功能主要是由神经细胞完成的；胶质细胞约有 9000 亿个，它们负责维系神经细胞的活动并且提供营养和支持作用。

一个神经细胞又像一棵树一样有很多分支，这些分支有两种：突起数量比较多，个头比较小的是树突；比较长和粗大的是轴突。一个神经细胞约有 2 万左右这样的分支。神经细胞之间不是单线相连，而是通过这些分支拥抱在一起，就连结成了错综

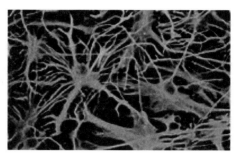

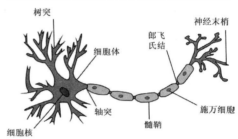

复杂的网络，产生了很多接点。举个通俗的例子，比方说我们的衣服的布料，横着一个线竖着一个线，交叉的那个点就叫接点，而大脑神经细胞之间相联系的各个接点用大脑科学来讲就是突触。突触数越多大脑存储的信息就越多。那么大脑的突触数是多少呢？平均每个脑细胞大约要与 15000 个脑细胞相连接，而大脑皮层中的脑细胞大约是 1000 亿个。这些脑细胞之间可能的连接数量实际上超过了整个银河系中原子的数量！如果一定要把这个数字写在纸上的话，这张纸的长度将足以把地球的赤道包裹上 240 圈。

如此看来大脑就相当于一个巨大的存储器，如果予以量化，这种存储器能存 5 亿本书的信息，相当于一整个中国国家图书馆。如果一个人每天读一本书，要不间断地读 136 万年才能装满大脑。科学家研究证明：如果我们的大脑能发挥一半的能力，那他就能轻而易举地学会 40 种语言，学完 10 所大学的课程，获得 12 个博士学位。

清华大学曾有一个叫陈寅恪的教授，是著名历史学家、语言学家、古典文学家。陈寅恪从小就能背诵四书五经，广泛阅读历史、哲学典籍。他留学日本、欧洲、美国等国家长达十三年，精通 22 种语言，包括即将消亡的文字，了解西方文化。回国后，曾先后任教于清华大学、西南联大、广西大学、燕京大学、牛津大学、中山大学等。既使他没有去考博士学位，他脑子里的知识储备就相当于 12 个博士学位的知识量。

晚清时期著名学者辜鸿铭，他精通 9 国语言，获得了 13 个博士学位，热衷向西方人宣传东方的文化和精神，很多西方人崇信辜鸿铭的学问和智慧，几乎到了痴迷的地步，他为中华民族传统文化向西方传播做出了巨大的贡献。

以上这些说明了人的大脑可发挥的潜力是巨大的。这是人类最引以为豪的硬件。除了极少数大脑存在器质性缺陷外，任何一个普通人的大脑都足以应付学习上的问题。在《卡尔·威特的教育》中，我们更看到，作为父亲兼超级教师的老卡尔，硬是凭借着系统的后天训练，让大脑存在先天缺陷的小卡尔成为后来的神童。以脑子笨作为学习不好的理由显然是不存在的。

人脑的潜能虽然十分巨大，但能够完全利用这种能力的人几乎没有。即使是被誉为世界上最聪明的人 —— 爱因斯坦，也只利用其大脑潜能的 7%。而绝大多数普通人终其一生只利用了其大脑潜能的 1%。至少 90% 的大脑潜能在没有来得及被发掘之前就随同我们进入了坟墓。从这个意义上说，把学习看做是消耗大脑资源的活动是错误的。学习是帮助我们发掘大脑资源的活动。任何学习都无法消耗掉我们大脑的全部潜能。

（二）大脑记忆因子

人体有三个系统，即神经系统、内分泌系统和免疫系统。神经系统由脑、脊髓以及附于脑脊髓的周围神经组织组成，是人体结构和功能最复杂的系统，在体内起主导作用；内分泌系统是神经系统以外的一个重要的调节系统，其功能是传递信息，参与调节肌体新陈代谢、生长发育和生殖活动，维持肌体内环境的稳定；免疫系统是人体抵御病原菌侵犯最重要的保卫系统。体内这三个系统是相互调节和联系的网络系统，共同影响着人体的行为和反应。

内分泌系统分泌荷尔蒙，荷尔蒙就是激素，是内分泌系统分泌的能调节生理平衡的激素的总称。荷尔蒙实际是一个物质团，有一百几十种的物质，其中有一种脑下垂体分泌的类吗啡生物化学合成物激素——内啡肽，它的分子式几乎和吗啡一致，这种物质相当于吗啡的作用。多种内啡肽中有一种 β－内啡肽，当人体分泌 β－内啡肽时，会感到特别愉悦舒适，后有科学家推断，这种 β－内啡肽就是大脑的记忆因子。当人体分泌这种物质时，那一时刻的事、情、景、物会记忆深刻，不易忘记。

也许您会觉得神奇，我们不妨回忆一下，我们成年人曾经都有过的难忘岁月——恋爱期。谈恋爱时的点点滴滴和诸多细节，在若干年后依然会如数家珍地讲述出来，高兴的事，快乐的事依然记忆犹新。这就表明，人处于热恋之中时，大脑分泌大量的 β－内啡肽，因此恋爱的过程就不容易被忘记。

如果人的大脑能大量地分泌脑啡素，他就会记忆好。科学研究表明，人在快乐的时候，大脑中会分泌 β－内啡肽；人在紧张、恐惧或痛苦的时候，大脑不能分泌 β－内啡肽，而是分泌有毒的物质，如肾上腺素或者去甲肾上腺素这样的物质，就会堵塞大脑的长期记忆系统。

人类在地球上繁衍生息，人类大脑在进化中形成了一种机制，就是愿意记忆快乐的东西，不愿意记忆痛苦的东西。当快乐的事情发生的时候，大脑的长期记忆系统打开；当痛苦的事情发生时，大脑也分泌一种荷尔蒙，这种荷尔蒙会堵塞大脑的长期记忆系统。这就是我们平常说的"好了伤疤忘了疼"的原理。科学家们做了一个统计，一个人如果回忆一生快乐的事情，大概能回忆出 50% 到 60% 之间，回忆痛苦的事情只能回忆 30% 多。人类的大脑这种趋乐避害、趋乐避苦的机制也是为了保护人类。如果我们人类的大脑没有这种机制，也就是说，人类如果不能忘记痛苦，人类在世界上就会消亡。

这就是大脑 β – 内啡肽的神奇力量。所以要想让孩子的大脑学习效率高，记忆好，我们就要积极创造条件，让孩子学习时多一份快乐，少一点痛苦，让大脑大量地分泌 β – 内啡肽——记忆因子。

教育新思维三：快乐学习才是提高学习成绩的有效途径

几千年来，人们对"学习要吃苦"这样的立论深信不疑。我们经常对孩子说"书山有路勤为径，学海无涯苦作舟"，"头悬梁，锥刺股"，"梅花香自苦寒来"，"现在苦点没什么，考上大学就好了"，"辛苦 12 年，享乐 50 年"等等。现在的孩子，生活条件好了，学习条件很优越。孩子除了学习，也没有做任何需要吃苦耐劳的事情。因此，孩子们总认为学习是最辛苦的事情。这样让孩子的大脑和"学习辛苦"产生了一个神经链接，只要父母提出学习，孩子就认为"苦差事"来了。人有趋乐避苦的本能反应，大脑立刻分泌有毒物质，堵塞大脑的长期记忆系统，学习的效果就大打折扣。

努力学习、勤奋学习不等于刻苦学习。努力学习、勤奋学习是建立在学习目的明确，对学习感兴趣，找到了适合自己最好的学习方法，体会到学习是快乐的事情之上积极主动地去学习。我发现：学习成绩优异的孩子，都不觉得学习苦，他们享受着学习的快乐。

因此，我认为快乐学习才是提高学习成绩的有效途径。

（三）大脑脑电波

大脑的神经系统在不断地发生生化和电化的反应，它每天二十四小时都在不停地放电，一天放电的总量能点亮一支 25 瓦到 45 瓦的灯泡。大脑不断放电，就会产生脑电波，人脑是凭借不同频率的脑波来传递信息的，人类大脑的脑电波有四个波段：

β 波，14—30 赫兹，速度比较快，处于 β 波人会比较紧张亢奋，对外部环境敏感。当人们处于清醒、专心、保持警觉的状态，或者是在思考、分析、说话和积极行动时，头脑就会发出这种脑波。

α 波，8—13 赫兹，这是人们放松身心、头脑清醒状态的脑波，实际上就是学习的最佳状态。

θ 波，4—7 赫兹，θ 波状态是人表现为似睡非睡的状态；

δ 波，0.5—3.5 赫兹，这个时候人基本就睡着了。

很多人一天的工作生活一般都有四种不同的脑波状态，比如我们早晨起床、叫孩子起床、做早餐、送孩子上学，再急急忙忙上班，这一阶段大脑基本上处于 β 波状态；当你坐到办公室，喝点水，安静下来，准备开始工作的时候，大脑也就静下来，基本进入到 α 波状态；到了晚上睡觉之前似睡非睡的状态，就 θ 波状态；当你睡着之后大脑就进入了 δ 波的休息状态。

α 波为什么是最佳学习状态呢？首先我们需要了解一个常识：宇宙的外层空间频率是 7.5 赫兹，人大脑波在 8—13 赫兹时，就接近了宇宙的频率。因此，人的大脑在 α 波状态时就相当于一个小宇宙，外层空间是一个大宇宙，小宇宙会受到大宇宙波的协调。当人的大脑协调到能接近宇宙波的时候，就达到了古代哲学所说的"天人合一"的境界。大脑在这样的 α 波状态下，能大量地分泌 β - 内啡肽，这个时候的记忆力是非常强的，是最佳学习状态。由此表明，我们的大脑需要随时的和宇宙波进行协调，大脑就能发挥最大的效率。

我们都有这样的切身感受，在紧张工作之余去游山玩水，来到大自然的环抱之中，心情愉快，压力解除，疲惫缓解，一下子就觉得身心舒畅了许多。再回到工作岗位上，精力充沛，效率倍增。多年后回忆这次游玩，一景一事历历在目。

庙宇为什么要建在群山之中，归隐之士为什么大多选择深山老林，追求"天人合一"的境界是最好的解释。

（四）左右脑分工

1981 年，美国科学家斯佩里揭开大脑左右半球秘密，发现左右脑各有不同的功能而获得了诺贝尔医学奖。这一研究发现，人的左右脑

左脑　右脑

左脑负责		右脑负责	
语言	词语	音乐	节拍
逻辑	数字	想象	联想
计算	分析	图形	色彩
序列	符号	创造	直觉

各司其职:

左脑主要负责语言、词语、逻辑、数字、计算、分析、序列、符号等;右脑主要负责音乐、节拍、想象、联想、图形、色彩、创造、直觉等。

斯佩里教授发现左脑是理性脑,同逻辑思维紧密相连,而右脑是感情脑,同形象思维紧密相连,并且右脑的记忆量为左脑的100万倍。左脑支配右半身的神经和感觉,是理解语言的中枢,主要完成语言、逻辑、分析、代数的思考认识和行为,它是进行有条不紊的条理化思维,即逻辑思维。右脑支配左半身的神经和感觉,是没有语言中枢的"哑脑",但有接受音乐的中枢,主要负责可视的、综合的、几何的、绘画的思考认识和行为,也就是负责鉴赏绘画、观赏自然风光、欣赏音乐,凭直觉观察事物,纵观全局,把握整体。归结起来,就是右脑具有图形认识、空间认识、绘画认识、形象认识能力,是形象思维。

如果进行形象一点的描绘,左脑就像个雄辩家,善于语言和逻辑分析。又像一个科学家,长于抽象思维和复杂计算,但刻板,缺少幽默和丰富的情感。因此把左脑比作为"学术脑"。

右脑就像个艺术家,长于非语言的形象思维和直觉,对音乐、美术、舞蹈等艺术活动有超常的感悟力,空间想象力极强。不擅言辞,但充满激情与创造力,感情丰富、幽默、有人情味。因此把右脑比作为"艺术脑"。

左右脑两部分由3亿个活性神经细胞组成的胼胝体联结成一个整体,不断平稳接收着外界输入的信息,并将抽象的、整体的图像与具体的逻辑信息连接起来。

斯佩里的"左右脑分工理论",在脑科学研究领域具有里程碑的意义,从此全世界掀起了一场"右脑革命"。

在斯佩里"左右脑分工理论"的基础上，科学家们进一步研究总结出：我们的大脑分为左脑和右脑。左脑具有语言功能，擅长逻辑推理，主要储存人出生以后所获取的信息。我们日常生活用得多的就是左脑，因此又将其称为"现代脑"。右脑具有形象思维能力，但不具有语言功能。右脑的信息来源渠道：

1、人出生后凭直观感受直接摄取的；

2、经过左脑反复强化的信息转存的；

3、祖先所经历的人和事经过浓缩后遗传下来的。

因此我们又将右脑称为"祖先脑"。

右脑存储着几百万年来人类祖先所记忆的信息，其潜能相当于左脑的 100 万倍。因此我们常说的开发人的智能，实际上就是开发人的右脑的潜能。

当下有一个普遍现象，孩子学习会很累，其原因是什么呢？孩子从孕育开始，直到三、四岁阶段，发育的是右脑，使用的也主要是右脑。孩子到了三四岁，语言功能逐步发展，于是左脑迅速膨胀而抑制了右脑潜能的发展。随着年龄增长，孩子开始学习更多文化知识，却没有针对性地对右脑进行开发，如音乐、美术、舞蹈等，结果孩子就在半边脑上转，绝大部分时间用来学语文、学数学、学英语等文化课，如此一来孩子就会感觉到疲惫，尤其是大脑感到累，久而久之，一些孩子就演变成了厌学症。

孩子用半边脑来学习，这就好比我们挑担子，一头装的满满的，一头是空空的，这样挑起来就会很辛苦。如果将重量平均分到两个担子里，就会平衡。左右脑的分工与使用是同样的道理，由左脑参与的学习需要右脑来帮忙。同样的，由右脑参与的学习也需要左脑来帮忙，如此才能使左右脑趋于平衡，提高学习效率。

右脑参与学习效率高。一道逻辑关系比较复杂的数学应用题，有时仅凭借左脑的逻辑思维很难理清条件与问题的关系，但画一张图形就比较容易解决。右脑负责图形，参与了学习；记忆一篇文章，通过右脑想象记忆法，把文章文字内容想象成一个场景或一幅美丽的画，记忆快而牢固；有很多历史、地理必须要记忆的数字知识，如历史事件发生的年代，地球的半径、直径，山的高度、河流的长度等都是长串数字，通过右脑联想记忆法，把数学联想成一句有趣的俏皮话，或一个小故事，就很容易记忆下来，并且记忆保持时间长。

历史上，几乎所有聪明绝顶的伟人都是左右脑并用的人。最典型的人物就是达芬奇。他不仅是我们所熟知的画家，他还是寓言学家、雕塑家、发明家、哲学家、音乐家、医学家、生物学家、地理学家、建筑工程师和军事工程师等。依照左右脑的功能，达芬奇的成就不单是一个方面的，而是左右脑共同发展的结果。大家所熟悉的科学家袁隆平，他从小酷爱小提琴，除杂交水稻外，小提琴就是他最喜欢的"伴侣"。众多科学家和世界名人无不与艺术有不解之缘。爱因斯坦说过："这个世界可以由音乐的音符组成，也可由数学公式组成。"他是一名不错的小提琴手，常常和量子论的创始人普朗克一起演奏贝多芬的作品。钱学森会吹圆号、弹钢琴，他的名言是"科学家不是工匠，科学家的知识结构中应该有艺术，因为科学里面有美学"。由此不难看出，大脑的潜能需要科学地应用，需要左右脑共同的参与和协调，把左右脑结合起来工作，学习效率、记忆效率就会提高。如果家长希望孩子可以充分发挥大脑的潜能，真正变成一个神童，首先要做的就是帮助孩子进行左右脑畅通的工作，让左右脑均衡发展。

《孝经》中讲到"移风易俗，莫善于乐。"可见音乐具有教育的功能和教化的力量。2500多年前，教育家孔子办私塾时，开设了"礼、乐、射、御、书、数"六门课程，其中就把音乐当做重要的教学课程。可见从古自今，艺术教育不仅具有教化人的作用，更具有使人聪慧的力量。

因此，我认为孩子学习艺术课不会影响孩子的学习成绩。

教育新思维四：上好艺术课不会影响孩子的学习成绩

孩子学习音、体、美等课程，不单单是为了培养孩子的艺术素养和艺术特长，更是开发右脑潜能，启动右脑功能，让孩子的学习效率更高，效果更好。孩子在学校多参加艺术课程学习，多参加学校里组织的艺术活动，不会影响孩子的学习成绩，只会让孩子更加喜欢校园生活，更加喜欢学习。有少数家长认为孩子在学校唱唱跳跳不是"正业"，会影响孩子的学习成绩，这个观点显然是错误的。学校不重视音、体、美的教学，甚至把音、体、美课程改上其它课程也是不正确的。

（五）快乐原则 —— 让孩子以学为乐

孔子说："知之者不如好之者，好之者不如乐之者"。以学为乐是学习的最高境界。无论是学生还是我们成年人，只有达到这种境界，才不会觉得学习辛苦，学习的道路才会走的长远，也才能成为学习"达人"而成功。因此，"以学为乐"一直是我们教育工作者所追求的教育目标。

学中玩，玩中学，寓教于乐是很多家长和老师都十分认可的教育思想。特别是在婴幼儿教育阶段，寓教于乐是最主要的教育方式。幼儿在学中玩，学的轻松，不会产生厌倦情绪。在玩中学，知识容易接受，体验深刻，学的快乐。孩子上了小学，有了明确的学习任务和目标，寓教于乐的教育方式只适合很少的教学内容。大部分的学习内容还是需要孩子以比较严肃认真的学习态度来对待，并且需要孩子付出一定的努力。完全建立在玩上的学习，只会让孩子养成不良的学习习惯，形成怕吃苦、不专注、少耐心、缺恒心等不好的学习品质。

　　那么，有些什么教育方式和方法可以让孩子进入到"以学为乐"的境界呢？《跑跳笑乐教育》提出第三个教育新原则 —— 快乐原则。家长、老师遵循快乐原则指导孩子学习，可以引导孩子顺利进入到"以学为乐"的境界，长久保持快乐学习状态。

教育新原则三：快乐原则

　　快乐原则就是要求教育者的教育行为以孩子快乐学习为教育目标，遵循大脑科学和教育规律，创设温馨、和谐的教育环境，建立良好的亲子（师生）关系，把孩子引入到最佳的学习状态，让孩子在快乐的心境中学习，体会到学习的无限快乐。这就要求教育者在教育方式和方法上做到：

　　1、只要孩子是在学习，就不能批评孩子，指责、抱怨孩子。 大脑科学告诉我们，人有趋乐避苦的自动机制，人在紧张、恐惧或痛苦的时候，大脑不能分泌 β – 内啡肽 —— 记忆因子，而是分泌有毒的肾上腺素或者去甲肾上腺素这样的物质，就会堵塞大脑的长期记忆系统。教育者所讲的话只是"耳边风"，既听不入耳，也不会长期记忆，学习的效果大打折扣。如果孩子在学习时有什么不好的学习行为，家长或老师的友情提醒、事后交流是最恰当的教育方式。教育者要增强修养，规范行为，消除焦虑情绪，千万别给孩子制造学习压力和不良情绪，让孩子在温馨、和谐的氛围中学习。孩子在学习时，火急火爆的父母请闭嘴。在课堂上动辄批评学生的老师，是教育最大的失误。

2、让孩子的大脑进入 α 波的学习状态。 我们已经知道了大脑脑电波在 α 波状态下，会大量分泌出 β－内啡肽。这种物质不仅是记忆因子，也是能调节生理平衡的激素。孩子在这种状态下学习，不仅学习效果好，而且也不觉得学习辛苦。为什么有的孩子连续几个小时看书都不觉得累，看样子还很快乐呢？就是因为孩子是在 α 波状态下快乐学习的。

那怎样让孩子学习时大脑进入 α 波状态呢？我们不妨从下面几个方面去尝试：

(1)、学玩交替，学玩结合。我们常说"会玩的孩子会学习"是有科学道理的，符合大脑科学的。这些孩子在玩的时候，尽情玩乐，在学习时候，十分专注。该玩的时候不学习，该学习的时候不玩耍。孩子放学了，让孩子去户外尽情玩耍。到了该学习的时候，主动回家，先去卫生间洗手洗脸。再吃点水果补充大脑能量。通过亲子互动或适当沟通，调节情绪。孩子的大脑会很快进入 α 波状态，这时便开始学习。根据不同年龄段的孩子和个性特点，确定学习时长，到时把孩子请出书房，在客厅里玩 5——10 分钟，再进入书房学习。这样交替安排，孩子就可以一直保持在最佳的学习状态。在学校里，文化课和体艺课要交替安排，适时调节大脑。每节课前唱一二首 60——70 节拍的歌曲，既可以启动右脑功能，又可以尽快让孩子大脑进入 α 波状态。

(2)、亲山亲水走进大自然，调节大脑状态。双休日、假期是孩子调节大脑的好时机，父母带领孩子走出去游山玩水，缓解疲惫和压力，亲近自然，使大脑与宇宙波进行协调，有助于更好地发挥大脑的潜能，孩子学习时大脑会给力。

(3)、运用古典音乐调节大脑状态。科学家们发现，西方巴洛克时期的古典音乐，有着安抚心灵、消除疲劳、缓解压力和打开大脑潜意识等神奇的魔力。特别是六十拍到七十拍的古典音乐，能把大脑脑波调到 α 波状态，进而打开大脑的潜意识。有屏蔽大脑杂念，延长学习时间，提高学习记忆力、注意力、想象力等功效。为什么开车时播放音乐能提高驾驶员注意力，缓解疲劳和紧张压力？也就是同样的道理。孩子在学习时，播放古典音乐，调节大脑脑电波，让孩子保持快乐的学习状态。

(4)、学习前，孩子做喜欢做的事，想快乐高兴的事。有兴趣爱好的孩子，学习一般都很好。家庭和睦幸福，能感受到父母之爱，每天都有高兴快乐的事，这样的孩子，学习也会很好。那是因为孩子有安全感，没有紧张和恐惧，更没有焦虑和烦恼，大脑一般都处在良好的学习状态，学习起来效率高，效果好。学习前尽量避免看电视，玩电脑。电视、电脑输入大脑的繁杂信息刺激大脑，加上电视、电脑的辐射作用，会使孩子的大脑一直处于 β 波状态，不利于学习。

3、左右脑配合学习，学习更快乐。左右脑分工理论告诉我们，右脑是形象思维，左脑是逻辑思维，两种思维模式的紧密配合，疑问和难题会很快解决。一道比较复杂的数学应用题，已知条件和问题的逻辑关系一下子很难厘清，于是画一张图，数理关系就一目了然。我们都有较深的体会，记住一张图远比记一个代数公式容易的多。记住56个字的七律《长征》，远比记住一段56个字的优美散文容易的多。因此，孩子在学习时，多用右脑。发挥右脑的记忆优势，学会用联想记忆法、想象记忆法来学习，学会绘制思维导图来学习。这样孩子学习更轻松，效果更好，才能体会到学习的快乐。

让孩子进入到"以学为乐"的境界，还有一个很重要的方面，就是要让孩子学以致用，感受到学习带来的喜悦、满足和快乐，形成学习上的良性循环。（关于这一点，本章第二节做比较详细的介绍。）

　　快乐原则是父母（老师）在指导孩子学习的过程中要遵循的方向性法则，引导孩子以学为乐的方法很多，父母（老师）去发现，去探索，去创新，一定会让孩子喜欢上学习，积极主动地学习，让孩子成为学习上的"乐之者"。

　　思考：请您运用大脑科学常识，解释以下两种现象。

　　1、会唱的熟悉歌曲，为什么歌词不能很流利的背诵出来？

　　2、庙里的僧人，为什么能把一本厚厚的经文从头到尾背诵出来？是他们有超人的记忆力吗？

二、实践原则——揭示学习的奥秘

家教成功故事：开个家庭"小卖部"

在圆圆 4 岁左右，我有一段时间教她学计算，开始采用的就是掰手指做"2+3"等于几这样的方法。她开始还挺喜欢做，时间稍长就表现出厌倦了。我就想，能有什么方法让孩子又能学计算，还有兴趣呢？

那时候社区超市还没出现，各居民点一般都会有一两家"小卖部"，圆圆很喜欢和我一起去小卖部买东西。我每次都让她去告诉店主买什么，并让她把钱递给店主。当时只是为了让她学会做事，学会自然地和人打交道。没想到这让她很小就对钱的作用有概念了。

有一次圆圆和我从小店买东西出来，带着满眼美慕的神情，说她长大要开小卖部。我问为什么，她说咱们买东西要花钱，开小卖部的人就不用花钱。我后来发现她和邻居小朋友在一起玩开小卖部的游戏，相互扮演店主和顾客，扮演店主的人总是很有几分得意。看来她满心想做个店主，由此我想到和她玩开小卖部的游戏。

圆圆做了掌柜，我和她爸爸当然就是顾客。我们拿一些东西给她在地上围出一个"小店"，并摆上各种"货物"，货物有真的，有替代品。只要她明白就行，然后我们轮流光顾她的小店。

我们认真地浏览她的商品，选定要买什么，问她多少钱，有时还要讨价还价一下。付款时，一般情况下都是需要找一些零钱回来的，比如买一根筷子六角钱，我们一般会给她一元钱，这样她就得找四角钱出来。

开始时都是她自己定价，小孩定价，无论大小都是一个比较整、比较简单的数字。玩过几次后，我们就暗暗地把她往稍复杂些的计算上引。

比如雪糕原来卖 1 元一支，我们就建议说，这几天雪糕涨价了，每支一块二了，你这里要不要涨价啊，涨价可以每支多赚两毛呢。然后我们给她两元钱或五元钱，这样她的计算就比较复杂了。

开小卖部的计算难度上升时，过渡应自然，这样会保持孩子的兴趣。

我们开始时一般都是玩 100 元以内的加减法，稍后就给她一些建议，认为某个东西应该很贵，可以把价格定到三五百元。我印象中圆圆四岁左右时，可以心算 500 以内的加减法，这基本上是通过"做生意"学来的。

开小卖部游戏大约一直玩到圆圆上小学二、三年级。她学习乘除法时，我就暗暗在游戏中加进相关知识，比如一根铅笔 9 角钱，我要求一下买 8 根；或者一包饼干 4 元钱，里面有 10 块，而我只想买 3 块。这样，她就得动用她的乘除法知识来计算了。

"开小卖部"的过程就是孩子不停地做"应用题"的过程，这对孩子有很好的数学启蒙效果。数学教育不要一下把孩子拉到抽象的数字上，不要拿一些干巴巴的枯燥的计算来为难孩子。要让孩子在游戏中感受数字，让他体会到计算不是抽象的东西，是存在于周围生活中有用的东西，和我们的日常生活密切联系。

圆圆读小学一、二年级时，当别的同学在抽象的数字里苦苦挣扎时，她却对每个题一眼看透，觉得那些题都太简单了。

圆圆读完二年级直接上四年级，开学后和上过三年级的孩子一起考试，她的成绩最高。并非圆圆是什么特别的天才，而是相关知识她在"开小卖部"时早已用过了。当"店主"动的脑筋，使她的数学思维能力大大提高，学起课本来就十分轻松。

（本故事摘抄于《好妈妈胜过好老师》尹建莉著）

（一）学习的奥秘 1

我国古代最伟大的思想家、教育家孔子说："学而时习之，不亦说乎？"一语道破了学习的奥秘。它的真正意思应该是：学到了知识或本领，并常常在生活中去实践它、验证它并完善它，不正是值得快乐的事吗？它倡导的是学以致用的思想，隐含的是追求真理、把握真理、检验和完善真理的思想理念，体现的是"学有所用"、实现自我价值的成就感！阐释了学习是一件很幸福的事情的幸福观。

传承了几千年的经典教育名言，时至今天，我们都还没有真正体会到它的意思。中学生课本上仍然把"习"字解释为"温习、练习"。很多教育专家、学者都对这个字的不正确解释提出了质疑。我们可以这样试想：我们学了很多知识，掌握了很多课本上教给我们的生活技能和间接经验，整天就把这些知识、技能和经验反复"温习"，反复"练习"，那么学习真的就是一件快乐的事吗？

孩子在学校学习了怎样写信，知道了写信的基本要求和格式，如果天天要求孩子背写信的基本要求，练习写信的格式，孩子觉得写信是一件快乐的事情吗？孩子学习了数学计算，各种运算天天练，结果碰到生活中需要计算的难题不能解决，爸爸妈妈一责备，孩子还觉得学计算有意思吗？学数学给他带来快乐了吗？

我们可以这样设想一下：孩子学习了写信，回家后给外地工作的哥哥写了一封信，哥哥立马给弟弟回信了。信中还夸奖了弟弟信写得好，这时孩子的内心感受会怎样？恐怕高兴得要跳起来。如果孩子和哥哥经常信来信往，我们相信孩子的写信水平会有很大的提高，相应作文水平也会随之提高。孩子学习了写游记，在暑假去游览了长城，回家后按写游记的格式作了一篇文章，写出了看到的长城是什么样子的，表达了自己的想法和感受。此时孩子的内心一定觉得自己很了不起，体会到学习的用处和自我成就感。如果还能得到家长和老师的表扬与肯定，孩子感觉到学习不就是一件很快乐的事情吗？

我们还可以这样设想：孩子学习了英语，一天碰到一个美国游客，他们用英语相互打了招呼，还进行了比较简单的交流。孩子这时的内心感受又是怎样？恐怕快乐得难以言表。"学习英语太有用了，我要努力学好英语。"

由此看来，"习"字的正确解释不应该是"温习、练习"。而应该理解为"实践"。

正是因为这种违背孔子初衷的不当解释，家长、老师把无用的温习和机械重复练习当做提高孩子学习成绩的"法宝"。孩子的学习就是反复抄写，反复练习，以致孩子的学习负担越来越重，大面积的孩子厌学；各种各样的基础训练、习题集、"每日一练"等课外复习资料如山似海，让孩子们在浩瀚的知识海洋苦苦挣扎；孩子玩乐的时间少了，动手操作实践的机会没有了，读书岁月真正成了"十年寒窗"；大学毕业了，学行政的不会管理，学经济的不会营销，学技术的不会操作。读死书、死读书成了当今大学生就业难的根本原因。

有这样一个故事：

清朝有一个姓张的读书人，他讲古书时，可以滔滔不绝，讲得头头是道。可是，若让他去处理世事时，他却显得很迂腐。

有一天，他得到了一部兵书，如获至宝，把自己关在家里读了好几天，并自以为熟通兵法了。正好，有一群土匪聚众闹事，于是他就召集了乡兵，前去平乱。可是，在他按兵书上所说的作战示意图行事之后，在初次交锋时，就被土匪击溃，他自己也险些被土匪抓走。

后来，他又得到了一部关于水利方面的书，对书进行一番苦读之后，他认为他已能让所有土地变成良田。于是让人按他的图纸兴修水利，结果水从四面八方的沟渠流进了村里，险些把村里的人全部淹死。

这个故事听起来让人捧腹，但是也让人深思，它嘲讽了那些一切以书为法的读书人，这些书呆子不能对书本知识进行变通，不能把学与用结合起来，所以导致了不堪设想的后果。

学习的目的就在于应用，在于指导人们的生活，提升生活的能力与品质。学习而不与实际相联系，是没有用的。最为行之有效的学习方法便是与实际生活相联系，在生活中学习，在实践中学习。因此，家长要引导孩子学以致用。只有将知识与实践结合起来，才会取得良好的效果。我国著名教育家陶行知先生说："生活即教育"。教育和生活是同一过程，教育含于生活之中，教育必须和生活结合才能发生作用，他主张把教育与生活完全熔于一炉。教育脱离生活实践，教育就成了"读死书、死读书"。

"学而时习之，不亦说乎？"告诉我们：把学到的知识、技能适时地运用到生活中，帮助解决生活中的问题，体会到学知识的重要，而产生成功感、快乐感。再反过来进一步努力学知识，进一步体会到"学"的成功和快乐，形成一个"学"与"习"的良性循环。这就是学习的奥秘，也就是学习的本质。

看看我们周边的孩子们：喜欢动手造玩具的孩子物理好，喜欢阅读的孩子作文好，喜欢旅游的孩子地理好，喜欢逛庙的孩子历史好，喜欢做点小买卖的孩子数学好，这就说明"习"的重要。孩子毕竟是孩子，他学知识的实践环境，需要我们家长、老师来营造。因此，家长、老师在"习"上做文章,孩子在"学"做文章,"习"是快乐的,"学"只有在"习"的基础上才是快乐的,否则"学"可能是一件极其痛苦的事情。

（二）实践原则 —— 把考试当实践

学习的本质是把学的知识、技能应用于生活实践,解决生活中遇到的实际问题,让"学"和"习"紧密结合,形成良性循环。生活的各个方面与我们学到的知识、技能都有千丝万缕的联系。只要我们开动脑筋,勤于思考,遵循实践原则,就会找到让孩子边"学"边"习"的好方法,好时机。

教育新原则四:实践原则

实践性原则是指教育者在指导孩子学习的过程中,尽可能的给孩子营造良好的实践环境,指导或协助孩子把学到的知识、技能应用于生活,在实践中体会到学习的意义与快乐,让孩子更加喜欢学习。这就要求教育者做到:

1、**知识来源于生活,成功来源于实践。**作为教育者,这句话的意思是很清楚明白的。但对于孩子,还是很抽象。这就要求我们教师在各个学科的教学中,注意挖掘教学内容与生活之间的必然联系,灵活处理教材。让学生体会到所学的知识、技能对我们未来的生活有着积极影响。这样可以帮助学生明确学习目的,积极主动去观察生活,去实践它,在实践中获得学习的成功感。父母要留心孩子的学习内容,寻找生活中的联系点,适时给予指导,并鼓励孩子勇于去实践。

2、**玩是生活,也是实践。**美国教育家、哲学家杜威先生曾经说过:

"思维自由要发挥作用，是不能同身体运动的机会相分离的。"孩子在玩乐时，思维是自由的，跳跃的，创新的，孩子的思维能力得到锻炼。孩子在玩的过程中会自觉与不自觉的把学得的知识应用在游戏中。新学习到的词汇在交际中应用，数学课中学到的计算、归类、组合在群体伙伴中演示，货币的认识与兑换在交易中运用，等等都是很好的实践。《开个家庭"小卖部"》的故事，就是很好的学中玩、玩中学的家教成功案例。我们经常说："会玩的孩子会学习"，其中就有这方面的道理。

3、把考试当做实践。

考试是孩子学习过程中一个环节。在第一章中提到的"把作业当考试"和"把考试当作业"是学习环节中的学习方法。

在当今学校教育环境下，考试可以分为三种类型：即选拔型、评价型和检测型。选拔型考试对孩子来说，当然很重要，是绝大部分家长高度关注的。因为它决定孩子读什么学校，似乎和孩子的前途与命运相关联；评价型考试一般指期终考试或上级教育主管部门组织的抽样考试，重点是评价学校或老师的教育水平；检测型考试是学科老师组织的，主要目的是考察学生掌握知识的牢固程度，和运用知识解决问题的能力。评价型考试和检测型考试从功能上讲似乎都为了选拔型考试。无论大考、小考，老师、家长把孩子的考分都看得十分重要。老师把学生的考分当做撬动孩子学习积极性的杠杆。家长把孩子的考分当做评价孩子是否努力学习的依据，是否是优秀孩子的标准。而孩子就在中、小学阶段数以百次的考试漩涡中苦苦挣扎。或高兴，或沮丧，或快乐，或痛苦。考试后高兴、快乐的孩子学习更加努力，成绩更加优异，家长满意；考试后沮丧、痛苦的孩子，视考试为"洪水猛兽"，是制造痛苦的工具。考试失败的孩子越来越没用学习的自信，越来越没有学习兴趣，最后成为学习的失败者。

考试作为选拔、评价的功能是必须的，作为学习过程中一个环节也是必须的。我们如何科学地运用考试，让孩子在小考中获得自信和快乐，在大考中获得成功呢？

老师和家长从改变观念开始，更新评价方式着手，是完全可以做到的。那就是把考试当做实践。

新课程改革实施以来，考试也悄然发生了变化。命题范围越来越集中在解决问题能力方面，越来越注重考察知识的应用。考试内容也越来越贴近学生生活。因此，我认为考试是另一种形式上的实践。

孩子学得知识，掌握了技能，在试卷上解决了生活中许多实际问题，获得了"实践"成功。老师表扬，家长称赞，同学羡慕，孩子内心喜悦。接着更加努力学习，再次获得考试成功。孩子的学习在快乐"学"与快乐"考"之间形成良性循环。这不与在生活中实践获得学习成功而快乐有异曲同工之妙？

这里有一个优秀老师的成功教育案例：

吴老师从英国回来，在深圳某国际实验学校担任小学四年级数学老师。三年来，她所教学的班级学生成绩出奇的好，每一个学生都十分喜欢数学学习。而且师生关系亲密无间，在学生心目中，吴老师就是他们最信任的人。吴老师到底有什么高招呢？

吴老师组织学生考试的做法与其他老师不同。她从不在班上公布学生的考试成绩，更没有通过考试排名来确定学生成绩的优劣。每次考试后，她把学生的考试成绩当做孩子们的个人隐私一样，将试卷用信封封好，再发给每一位学生。学生也只能回家后才可以拆开信封。每一个学生都可以收获到考试的成功与快乐。

她在每一个学生的试卷上都写下了各自不同的寄语："祝贺你！你太棒了，让老师没有意料到你进步的这么快。"；"你很优秀，不过千万别骄傲哟！班上还有几位同学和你得一样的都是高分。"；"你这次考试又进步了很多，老师为你付出的努力感到高兴。下次考试要记得认真仔细，我发现有 3 道题可能是你粗心造成的失误，不然还可以增加 12 分，老师就可以打电话给你爸妈报喜了。"；"尽管你的分数较高，但老师还是觉得有点遗憾。最后这道题你是完全可以做对的，我看了你两次涂改的印迹，思路是对的，就差那么一点点，就做出来了。老师希望你下次考试时要注意头脑冷静，思考问题时记得转个弯来想。我相信任何难题是难不住你的。"……

吴老师的寄语，有指导，有鼓励，有希望，还有殷殷期盼。学生收到这样的暖洋洋的寄语，心里暖烘烘的。

每次考试后，有少部分学生会悄悄地被吴老师请到办公室单独面谈，或指导，或表扬、鼓励。也有因为态度马虎受到批评的。学生考试成绩如果出现有明显滑坡的，吴老师会找学生谈心，必要时家访，要找到成绩滑坡的真正原因。根据原因想办法和对策，帮助学生解决学习上的问题。

吴老师科学运用考试"杠杆"，让学生不惧怕考试，喜欢考试，在考试中收获知识，收获信心，收获快乐。

2010 年 5 月，我在深圳参加一个家庭教育研讨会，有幸与吴老师坐在一起交流。听她介绍，西方许多国家都是把孩子的学习成绩当做个人隐私对待的。有的国家还把它写成了法律条文。她还说孔子的教育思想通过"孔子学院"在西方广泛传播，对世界教育产生深远影响。英国的孩子学习负担也很重，但是孩子们学习的很快乐，厌学的学生是很少的。孔子的教育思想在全世界传播，扎了根，开了花，结了果。

"学而时习之，不亦说乎？"作为经典的教育文化，在我国传承了几千年，揭示了学习的本质。能把握本质，科学地进行教育的老师和家长也有很多。这里还有一个流传了很久的关于"考试借分"的教育案例：

有一位语文老师组织一次考试，试卷发到了学生手中。其中有一位学生拿着试卷，悄悄来到老师办公室找老师请求"借分"。这是一位很有进步的后进学生，但这次考试仍然只得了59分，没有及格。学生对老师说，这次考试又没有及格，回家后无法向爸妈交待，甚至免不了一顿皮肉之苦。请求老师给予借一分。老师听了学生的请求，立即给这位学生加了一分。并随机对这位学生说，今天借给你的1分，是"高利贷"哟，下次考试你得还我10分。学生坚定的点了头。

下次考试，这位学生果然没有辜负老师的希望，考了70分。

这是一位有巨大学习压力的孩子，在家里可能遭受到父母的威逼利诱而不堪重负。不然他怎么想到去请求老师"借分"呢？

我们当前的学校教育和家庭教育都有这样一个共同的思维，坚信不疑"有压力才会有动力"的道理。因此，老师给学生考试排名，以名次确定学生的成绩优劣和学习努力的程度。家长也是如此，根据孩子在班上的考试名次，来认定孩子学习是否努力，考试一、二名的孩子才是乖孩子、好孩子。

以上两个成功的教育案例，彻底颠覆了"有压力才会有动力"的教育观念，打破了我们的这种惯性思维。确立了这样一个崭新的教育新思维：

教育新思维五：给孩子十分压力，不如给孩子一分动力

有这样一位智慧的妈妈，她的做法大家可以借鉴：

雯雯是一个聪明的小女孩，在读小学三年级，由于原来跟着爷爷、奶奶在老家上学，因缺少管理和指导，学习成绩很不理想。现在转到城

里上学，在班上是倒数后几名。

八、九岁的孩子，当然知道自己的成绩在班上的学习情况，再加上老师的另眼相看，同学们的歧视，雯雯非常压头，自信心几乎彻底丧失。小时候的活泼可爱形象早已不见踪影，妈妈看在眼里，也急在心里。妈妈知道这不是女儿的错，怪也只能怪爸爸、妈妈要出门打工。

有一次学校组织了单元考试，雯雯把考试试卷藏在夹衣袋里，妈妈在整理衣服时发现了，知道这是雯雯的秘密。通过冷静思考之后，妈妈找雯雯谈话了。妈妈说："雯雯，你是一个很有上进心的孩子，妈妈知道你的文化基础较差，在班上跟不上学习。这不是你的错。爸爸、妈妈过去没有时间给你学习上的帮助，现在给你补上，好吗？"雯雯惊讶的点了头。妈妈接着说："雯雯，我们来一个秘密约定，不管你在学校考试成绩怎样，妈妈都不会责怪你。你要勇敢地把学习上的困难告诉给爸爸和妈妈，好让我们一起来面对，一起解决，你看行吗？"雯雯这时候抬起了头，看着妈妈和善可亲的面孔，主动伸出手和妈妈拉钩，同意了这个约定。这时妈妈又接着说："如果学校组织了考试，你把试卷带回来，我们在家重考一次，以重考的成绩来看你学习是否尽了你的努力，好吗？"雯雯来不及回答妈妈的话，就去衣袋里面找试卷，把试卷送到妈妈手上。

妈妈看了看试卷，指着老师打的一个大大的红勾说："雯雯，你看，老师都表扬你了，这道题答的很好，妈妈读三年级时这道题不一定能做对。"雯雯的脸上有了光彩。妈妈说："我们来重新考试，做对了的题，你就不做了，你只需要把错题再做一次，看你能得多少分。"

雯雯迅速行动了，像考试一样认真的做了起来。不一会儿，雯雯就拿着试卷开始和妈妈一起对答案。结果雯雯考了68分。妈妈对雯雯说："雯雯进步真大，只隔三天，就进步了20分。如果这样发展，雯雯的学习一定会很优秀的。"这时妈妈找来一个记录本，记载了雯雯这次考试的分数，并说："我们以后就只记录重考的得分，不记录你在学校考试的得分。"

雯雯非常高兴，活泼可爱的笑脸再次洋溢在雯雯的脸庞。她们母女俩坚持这个约定有一个年头，雯雯的学习发生了很大的变化，居然上升到班上中上等水平。就连老师、同学都感到很惊讶。老师家访时问雯雯妈妈，孩子怎么会有这么大的进步？母女俩笑着，没有说出秘密。因为她们要继续坚持做下去。

雯雯妈妈的做法实属明智之举。孩子已经有很大的学习压力了，如果我们家长还在给孩子施加压力，孩子肯定会吃不消。孩子要么会变成"老油条"，任你"东南西北风"，反正这样了，就"破罐子破摔"吧；要么产生更加厌学情绪，亲子关系对立、辍学、出走、上网，甚至轻生寻求解脱。

孩子的学习不是不能有压力，而是压力不能太大。当孩子已经感到学习有点压力的时候，必须给孩子学习的动力。在孩子心理需求上做文章，寻求学习动机，给孩子一分的学习动力，孩子的学习自然就积极主动了。

老子有句话说："治大国若烹小鲜"。我们大家都有这样的体会，在煎小鱼时，把油倒到锅里烧，烧热之后把小鱼放进里面，放进去之后你要做的事情是什么呢？你可能是什么也不做，等到煎好了一面以后再翻过来；另一种方法就是你不停的去翻动这个鱼，最后这鱼就成了浆糊了，散乱了。老子说的"治大国如烹小鲜"的意思是：治国要像煎小鱼那样，不能乱翻，不能乱折腾。孩子的学习也是这样，不能乱折腾。学校不可太多地组织考试，更不能通过考试成绩排名来折腾孩子。

学习是很快乐的事情，孩子天生是喜欢学习的。老师、家长要抓住学习的本质，把考试当实践，让孩子在考试中获得学习的快乐，孩子的学习也就成功了。

思考与实践：

1、回忆一下，当孩子把考试试卷交给您的时候，您是怎么说的？又是怎么做的？孩子的反映怎样？

2、家长如何科学应对孩子的考试，按照下面的做法尝试做一做。

第一步：把考试试卷要"上交"写入家规。您预先要和孩子商量，让孩子欣然接受。可以这样对孩子说：爸爸、妈妈努力工作多挣钱来养家，这是爸爸、妈妈的职责；你努力学习争取好成绩，这是你的职责。爸爸、妈妈的工作成绩要向全家人汇报，你在学校的考试成绩也要向全家人汇报。不管考试得多少分，爸妈都不会责备你，但你也不能隐瞒，及时将试卷"上交"。考试成绩好，让全家人一起分享你的快乐；如果考试不好，这不要紧，爸妈一起帮助你。

第二步：物质准备。给孩子准备一个考试错题本，用来收集整理每一次考试中出现的错误；给孩子准备一个报夹，专门用来收集每一次考试的试卷。

第三步：和老师做好沟通，争取老师的支持。去学校和老师做好沟通，希望老师在孩子每一次考试后，将考试信息发给您。让您有时间做心理准备。如果孩子的成绩在班上是中下等水平，您可以向老师提出申请，要求孩子考试成绩在班上保密。

第四步：科学应对。

如果孩子的成绩很好，当孩子把试卷交到您手上的时候，是孩子最开心的时刻，也是全家人一起分享快乐的时刻。爸爸、妈妈要认真对待，不可马虎。拿着孩子的试卷，可以这样说：我就是知道你这次考试一定比上次更好。因为我发现我们家宝贝学习更用心了，按时学习的习惯也好了很多，特别是……。把孩子的学习优点强化一次，让孩子继续发扬。兑现给孩子的承诺，以资鼓励。再顺便说：应该去订正错题了，把试卷整理好，夹在报夹上。这时孩子会很乐意去做。

面对成绩一直不错的孩子考试试卷，某些家长过于担心孩子骄傲，出于严格要求的心理，往往喜欢在"鸡蛋里面挑刺"，指责这儿不好，那儿不对，给孩子"泼冷水"。这是孩子最不愿意看到的，也是家庭教育中最忌讳的。

如果孩子的成绩不是很好，上交试卷是孩子极不情愿的。但是有家规和学习要求，孩子又不得不交。这时家长要注意保护孩子的自尊心，选择最恰当的时间、最好的地点，让孩子把试卷拿出来。家长在接试卷时，从试卷的反面看起，不要先看分数。这是在向孩子表明您的态度，不看重分数，只看进步。此时孩子会安心很多。接下来找考试试卷的亮点。尽可能多找，还可以把原来的试卷拿出来进行对比，让孩子看到自己学习上的进步。最后找出错题，帮助分析原因，在错题本上订正，制定学习计划等。如果孩子的考试成绩很不理想，错题很多，就可以仿照上面介绍的案例，让孩子重考。

面对成绩不是很理想的试卷，家长要注意控制情绪，冷静面对。千万别伤害孩子，以免在孩子心灵上"雪上加霜"。

三、制定学习计划，
让孩子们的学习生活积极主动

心理故事：新生活是从选定方向开始的。

心理学家做过一个实验：组织三组人，让他们分别沿着十公里以外的三个村子步行。

第一组的人不知道村庄的名字，也不知道路程有多远，只告诉他们跟着向导走就是。刚走了两三公里就有人叫苦，走了一半时有人几乎愤怒了，他们抱怨为什么要走这么远，何时才能走到？有人甚至坐在路边不愿走了，越往后走他们的情绪越低落。

第二组的人知道村庄的名字和路段，但路边没有里程碑，他们只能凭经验估计行程时间和距离。走到一半的时候大多数人就想知道他们已经走了多远，比较有经验的人说："大概走了一半的路程。"于是大家又簇拥着向前走，当走到全程的四分之三时，大家情绪低落，觉得疲惫不堪，而路程似乎还很长，当有人说："快到了！"大家又振作起来加快了步伐。

第三组的人不仅知道村子的名字、路程，而且公路上每一公里就有一块里程碑，人们边走边看里程碑，每缩短一公里大家便有一小阵的快乐。行程中他们用歌声和笑声来消除疲劳，情绪一直很高涨，所以很快就到达了目的地。

当人们的行动有明确的目标，并且把自己的行动与目标不断加以对照，清楚地知道自己的进行速度和与目标相距的距离时，行动的动机就会得到维持和加强，人就会自觉地克服一切困难，努力达到目标。

爱丽丝的故事："请你告诉我，我该走哪条路？""那要看你想去哪里？"猫说。"去哪儿无所谓。"爱丽丝说。"那么走哪条路也就无所谓了。"猫说。

——摘自刘易斯·卡罗尔的《爱丽丝漫游奇境记》

这个故事讲的是人要有明确的目标，当一个人没有明确的目标的时候，自己不知道该怎么做，别人也无法帮到你！天助先要自助，当自己没有清晰的目标方向的时候，别人说的再好也是别人的观点，不能转化自己的有效行动。

山田本一是日本著名的马拉松运动员。他曾在 1984 年和 1987 年的国际马拉松比赛中，两次夺得世界冠军。记者问他凭什么取得如此惊人的成绩，山田本一总是回答："凭智慧战胜对手！"

大家都知道，马拉松比赛主要是运动员体力和耐力的较量，爆发力、速度和技巧都还在其次。因此对山田本一的回答，许多人觉得他是在故弄玄虚。

10 年之后，这个谜底被揭开了。山田本一在自传中这样写到："每次比赛之前，我都要乘车把比赛的路线仔细地看一遍，并把沿途比较醒目的标志画下来，比如第一标志是银行；第二标志是一个古怪的大树；第三标志是一座高楼……这样一直画到赛程的结束。比赛开始后，我就以百米的速度奋力地向第一个目标冲去，到达第一个目标后，我又以同样的速度向第二个目标冲去。40 多公里的赛程，被我分解成几个小目标，跑起来就轻松多了。开始我把我的目标定在终点线的旗帜上，结果当我跑到十几公里的时候就疲惫不堪了，因为我被前面那段遥远的路吓到了。"

目标是需要分解的，一个人制定目标的时候，要有最终目标，比如成为世界冠军，更要有明确的绩效目标，比如在某个时间内成绩提高多少。

最终目标是宏大的，引领方向的目标，而绩效目标就是一个具体的、有明确衡量标准的目标。比如在四个月内把跑步成绩提高 1 秒，这就是目标分解，绩效目标可以进一步分解，比如在第一个月内提高 0.03 秒等。

当目标被清晰地分解了，目标的激励作用就显现了，当我们实现了一个目标的时候，我们就及时地得到了一个正面激励，这对于培养我们挑战目标的信心的作用是非常巨大的！

以上的几个故事共同说明了一个道理：孩子的学习不仅要有总目标，还要有分段目标。总目标确定孩子学习努力的方向，分段目标给孩子一个"看得见、摸得到"的学习着力点，对逐步实现分段目标更有信心，因而产生学习的积极性、主动性和强劲的动力。

孩子该学什么，怎么学，什么时候学，这些都是需要孩子确立学习目标，制定学习计划的。孩子不能随便拿本书来看，这样既不会形成系统的学习，而且也不会有多大的学习效果。所以，学习一定要有目标性，就像打靶一样，总得瞄准靶心。还要有计划性，什么时候学习什么内容，每个学习内容完成到什么程度才算达到学习目标。

（一）确立学习目标

父母怎样指导孩子确立学习目标呢？

前面我们讲到总目标和分目标，具体到某一件事来说，总目标实际上就是这件事的目的。分目标就是完成这件事的进程中设立的"里程碑"。就孩子学习而言，学习的项目多，内容繁而杂，总目标可以是一个综合性学习任务，分目标可以是各个项目学习的指标。譬如：提高语文学习成绩，争取考试成绩达到 90 分以上，可以确立为一个总目标，那么分目标则要选择孩子语文学习的薄弱项目，来分项确立，如作文水平要提高到 80 分以上等；针对某一项的学习，总目标可以是这项学习的目的，分目标则是这项学习各个阶段的目标。譬如：养成良好的课外阅读习惯，增强文学素养，作为分项学习总目标，则分目标可以确立为小学阶段读完 10 本世界著名的童话故事，初中阶段读完四大名著，高中阶段读完十本国外名著。

孩子的学习是一场持久战，也可以说是终身的。总目标有高有低，与孩子的理想志向紧密联系。分目标的时间间隔有长有短，可以是长期的，中期的，也可以是短期的。

短期目标：就是在较短时间内确立的学习目标。时间可以是一个月、几个月或一个学期，根据学习项目来确定。比如，孩子把提高计算能力确立为本学期的学习总目标，分目标可以这样确定：第一个月主要是提高整数四则混合运算的计算能力；第二个月主要是提高整数、小数四则混合运算计算能力；第三个月主要是提高分数、小数四则混合运算计算能力；第四个月是综合训练，达到提高计算能力的总目标。具体措施就是安排每天晚餐前进行 30 分钟的计算训练。

中期目标：孩子整个学年的目标，或学段的学习目标。小学生分为低、中、高年级学段。学生时代一般分为小学阶段、初中阶段、高中阶段和大学阶段。比如，孩子三年级开始学习钢琴，可以这样确立学习目标，总目标为小学毕业时钢琴过级考试达六级标准。分目标为：四年级时直接通过钢琴四级考试；五年级通过五级考试；六年级通过六级考试，达到总目标。

长期目标：孩子的长期目标可以设置很远。比如，孩子立志当一名作家或文学工作者，第一个长期目标为大学毕业时出版一本文学创作作品。分目标可以是初中毕业前读完四大名著，至少发表 3 篇诗歌或散文；高中毕业前读完 10 本世界名著，至少发表 10 篇文学文章；22 岁前至少读 50 本世界名著，大学毕业时出版文学专著。

确立学习目标一定要符合孩子自身情况，而且要让孩子坚持下来，这样目标制订的才有意义。学习就像射靶一样，一定要有目标。没有目标，盲目学习，根本没有什么效率可言，这无异于在浪费时间。所以，父母即使不干预孩子学习，也要结合孩子的实际情况，询问孩子的学习情况，和孩子协商学习目标，达成"君子协定"，这样才能保证孩子的学习效率。

家长要想让孩子养成良好的学习习惯，就要根据孩子的思想、习惯、特点等具体状况，来确定短期的小目标。

确立切实可行的小目标，家长必须知道孩子的"最近发展区"在哪里。孩子的"最近发展区"是指孩子的现有水平与经过一定努力可以达到的水平之间的区域。根据孩子的"最近发展区"确定学习目标，就是利用"登门槛效应"，考虑孩子的心理发展水平和孩子的心理承受能力，根据孩子的现有知识水平，制定不同层次的、具体的小目标，使孩子经过努力能够达到，即"跳起来够得着"，孩子一旦实现了小目标，或者说迈过了一道"小小门槛"，实现下一个目标也就信心百倍了。这样可以避免学习目标过低，对孩子的学习没有刺激和激励的作用。也可以预防"好高骛远"的恶果伤害孩子的学习热情和学习积极性。让孩子在其实现过程中获得自信，并且体会成功的喜悦，从而养成积极的心态。同时，在目标的实现过程中，孩子还可以学会反思，学会总结，可以一步一个脚印地走向成功的康庄大道。

（二）制定学习计划

"凡事预则立，不预则废。"一份理想的学习计划能帮助孩子明确学习目标、合理安排时间、增强学习的自觉性和积极性、提高学习效率……学习计划是孩子学习过程中一个十分重要的环节，在本书第一章第三节中讲到。

很多孩子在家里学习时，随心所欲，经常是只学习喜欢的科目，而且存在很多不良习惯，比如边学习边看电视，注意力不集中等等，这样的学习效果肯定是不好的。

最让父母伤脑筋的是孩子在家学习时"没有毅力"、"忽好忽坏"、"白天贪玩，晚上熬夜"、"贪玩挤掉了学习时间"、"没有作业就不学习"，这些都是由于没有学习计划而引出的问题。为了提高学习效率，重要的是要制定并实施学习计划。当然，制定学习计划时，短期计划和长期计划是不同的，低年级和高年级学生以及面临升学考试时制定计划的方法是不同的。低、中年级学生要以每天的作业、预习、复习巩固等制定计划。孩子面临升学考试时，除了要考虑本学期的预习、复习外，还要考虑到前一学年的复习问题以及参考书、习题集等。

不知道家长们有没有看过自己孩子制定的学习计划？由于认知水平、思考问题的方式、表达能力等方面的局限性，很多孩子的学习计划其实对完成学习任务、实现学习目标并无直接的、实质性的作用。而且学校要求孩子制定学习计划更大程度上是期望借助制定计划这一形式让孩子了解计划的重要性，并养成制定计划的习惯，孩子制定的学习计划是否合理可行，老师真的无法一一过问。因此，孩子，特别是低年级以及学习能力偏弱的孩子，要想制定出一份理想的学习计划，非得家长帮忙不可。

一份完整的学习计划通常包括学习目标、时间安排、具体的实施办法或措施等内容。

制定学习计划时，家长一定要引导孩子充分考虑以下几个方面：

—— 为什么学习。即学习的目的和意义。这是孩子积极、主动学习的动力。

—— 学什么，达到什么目的。即学习的对象及目标。这是学习计划的实质性部分。

—— 我是"谁"。即孩子的实际情况，例如，孩子的基础水平、学习能力、个性特点、学习风格、优势和弱项等。这是保证切实可行的重要前提。

—— 向谁请求学习帮助，与谁一起学习。一个好的老师，一个学习能力强的学习伙伴，对孩子的学习都是极大的促进。

—— 具体的学习方法和措施。这是确保学习计划得以实施的必要条件。

在协助孩子制定学习计划的过程中，家长们还应特别注意以下几点：

1、**计划要有可操作性**。学习计划要求不宜过高，因为要求过高不仅难以执行，而且容易引起孩子的抵触情绪和产生自卑感。有的孩子虽然定了学习计划但没有执行，究其原因主要有以下三个方面：一是计划定得过于理想；二是本人缺乏执行的毅力；三是周围条件不允许。当然，无论属于哪种情况，都可以依靠他本人的努力和身边人们的协助而加以解决。

2、**生活平衡最重要**。制定学习计划不能只考虑学习而不顾其它。其实，学习只是一天生活中的一个方面，其他活动对学习都有一定的影响，所以，在制定学习计划时，必须全面考虑。既要使学习在一天中占首位，又要使学习同其他活动协调起来。换言之，在一天的作息时间表里既要有吃饭、睡眠、上课、课外活动的时间，也要有休息、娱乐的闲暇时间，还要留出同同学、朋友、家人聊天、听广播、看电视等时间。总之，一天的活动要多样化，各种活动都应该适时且协调地进行。有规律而充实的生活是提高学习效率的基本条件。

3、灵活而非刻板。计划不应绝对不变，根据实际情况和执行计划中的体会应允许有些变动。例如，某天孩子因参加运动会觉得身体非常疲倦，那就应该及时改变计划早早休息。如果单纯为了执行计划，你硬要孩子一边打盹儿一边坚持在规定的时间里学习，或是不解完十道题目就不睡觉，那就无异于削足适履了。学习计划既要有灵活性，又必须以基本不变为原则，这样才有利于养成良好的习惯。倘若把什么情况都看成是例外，随便变更计划，就难以养成好习惯。所以，在一开始制定计划时就要考虑留有余地，计划一旦定好之后，就尽可能不要变动。坚持这一原则十分重要。

4、目标、要求明确具体。这个目标要根据孩子自己学习的目标、以往的学习情况、学科进度、喜恶学科等情况来决定，力求明确。计划要求要具体，不要只是"晚上7时到9时学习"，而要把实际学习科目都定下来。如"7时到8时，数学"、"8时到9时，语文"，特别是低年级，父母能把学习科目帮孩子定下来，尽可能按要求完成，就会不浪费时间，提高学习效率。

5、制定计划要民主。家长协助孩子制定学习计划要建立在尊重孩子、平等民主的亲子关系之上。凌驾于孩子意愿之上的学习计划是很难执行下去的。家长以提出建议的方式和孩子协商，孩子通过努力能做得到、做得好，在孩子认可满意的前提下制定的学习计划才可行。

6、不能缺少评价。中、小学生的学习计划一般每月制定一次，以计划表的格式制定，张贴在孩子的卧室或书房，方便运用。在计划表中设计"自我评价""家长评价"栏目，每周一小评，每月一大评。评价每周或每月执行学习计划的情况。评价和奖励、惩罚结合起来，强化孩子良好的学习行为。

学习计划制定后，父母必须监督、引导孩子认真施行。根据条件反射原理，"每天在同一地点、同一时刻进行学习"是非常重要的。也就是说，每天同一时刻、同一地点进行学习，就会不知不觉地养成习惯，只要一到这个时间，一走进这个地点，就自然地引发学习的心情。父母应该帮助孩子做到以下几点，以确保计划的顺利执行：

（1）只要不是生病，一定按计划进行。

（2）按规定时间和预先计划的科目进行学习。

（3）在书桌前坐下来，就要马上着手学习。

（4）到了规定时间就要停止学习，要肯定孩子按时完成的努力态度。

（5）到了规定时间仍没完成学习计划时也不要过于介意，要循序渐进的培养孩子的学习效率。

计划通过实施才有意义和价值。在协助孩子制定好学习计划后，家长要定期检查、评价孩子完成学习计划的情况，建立评价激励机制，并根据实际情况注意帮助孩子调整学习计划。有理由相信，一个不折不扣地执行着一份切实可行的学习计划的孩子，他的学习一定是积极主动的，他的生活一定是活泼阳光的，他的家长一定是轻松、快乐的！

动手做一做：按照上述学习计划制定的要求，仿照下表格式，协助孩子制定一个月的学习计划。按实施要求试行一个月，看看孩子的学习表现和变化。

曹xx九月份学习计划表				
	时间	时量	内容	要求
日安排	6：30-6：45	15分钟	起床、洗漱	洗漱干净，整齐穿戴
	6：45-6：55	10分钟	整理房间、学习用品	被褥整齐，不遗漏学习生活用品
	6：55-7：25	30分钟	晨读（背诵课文或预习课文）	有感情大声诵读课文
	17：00-17：15	15分钟	洗漱、吃水果	洗漱干净，只吃水果，不准吃其它零食
	17：20-18：00	40分钟	完成家庭作业	先回忆，再作业，后预习
	18：00-19：00	60分钟	晚餐、看动画片或户外活动	准时回家
	19:00—20:00	60分钟	家庭成员共同学习	自主阅读，亲子共读
周安排	周一至周五	5天	在校学习，完成当天的学习任务	
	星期六	上午	舞蹈培训	
		下午	自由活动	
		晚上	按平时常规学习	
	星期日	上午	图书馆学习	
		下午	自由活动	
		晚上	按平时常规学习，周家庭会议，互评	
月安排	总目标:养成良好的学习、生活习惯。分目标:背诵4首古诗;背诵所学课文;阅读3本课外读物;参加1次社区公益活动;登1次山或1次郊游。		自我评价: 父母评价:	

注：此表是作者本人曾指导一个三年级的学生曹xx和家长制定的孩子学习计划。该家长带着孩子来到我开办的家庭教育指导中心咨询，说孩子学习现在越来越不主动了，父母多次催促才开始做作业。作业完成了就万事大吉，再也不做其它学习。学习成绩开始滑坡，生活习惯也不好。她还列举了很多孩子的学习、生活表现。针对孩子的这些情况，我帮助分析了问题产生的原因，并指导家长制订了该学习计划表。

家长按我说的要求，实施了一个月，孩子的变化很大。一个学期下来，孩子学习积极主动了，学习、生活有条有理。规划学习的习惯培养起来了，成绩一跃为班上的前三名。

四、培养阅读习惯，
让孩子们拥有永恒的学习动力

小阅读：

被魔杖点中的孩子学习能力强

　　小学，甚至初中，没有真正的学业落后，也不存在绝对的成绩优秀，一切都是可逆转的。使情况发生逆转的神奇力量就是：课外阅读。

　　有一根"魔杖"，它确实是有魔力的，哪个孩子一旦被它点中，就会变得更为聪明，在学习和才能上更有潜力。这个"魔杖"是什么，谁能有幸被它点中，这一定是许多人想知道的——请原谅我的故弄玄虚，我不是在讲童话，是在作一个现实的比喻，因为想不出比它更贴切的比喻了。

　　让我绕得稍远，从四个孩子的真实故事说起。

　　我曾和某小学五年级一个班的同学有过较长时间的接触，对这个班的学生都很熟悉。班里有四个孩子，我总不由自主地在心里把他们分为两组，然后放到一起进行对比。

　　先说前两个孩子，一个叫晓菲的女孩和一个叫小壮的男孩，这两个孩子都学习努力，考试成绩中上等，性格上既不张扬也不内向，上课不捣乱下课不惹事生非，在班里属于那种既被老师喜欢又容易被遗忘的人。

　　另一组是两个男孩子，一个叫博一个叫成。博是个极为出色的学生，门门功课优秀，工作能力强，还特别有思想有见地，他是我见过为数不多的几乎找不到缺点的那种孩子；成这个小男孩优缺点都明显，总不好好完成作业，成绩中等，但口才极好，总是表现得懒散，不过并不扰乱纪律。

这四个孩子引起我的注意和对比，是从他们的作文开始的。前两个孩子，晓菲和小壮的作文我看过，字写得虽不舒展但比较整齐，可写作水平很差，内容贫乏，有许多语法错误，错别字也比较多，这和他们平时还不错的考试成绩有较明显的差距。他们每篇作文都被老师要求改来改去，他们认真地改着，一遍遍地抄着，但拿第四稿和第一稿对比，仅能看出改动痕迹，看不出进步；翻到下一篇作文，水平照旧。又翻了他们其它的作业本，都分明能感受到这俩孩子的努力和他们学习能力上的力不从心。

我基本上能判断出他们是哪里出了问题。

找这两个孩子谈过话。问他们的共同问题是：你经常读课外书吗？晓菲听我这样问，很不自在，告诉我说，她很想读，但她爸爸不允许，怕影响她学习，就把家里她可能看的书都锁起来。她家有一份订报纸赠送的《读者》，她很喜欢这个杂志，但每期来了，父母都想办法藏起来不让她看。小壮则表示他不喜欢读课外书，除了几本漫画书，从来没读过其它什么书。

我想这两个孩子这样下去真是可惜了，他们是这样听话，舍得用功，本该在学习上表现得更出色。于是分别约他们的家长谈了一次话，目的是希望他们关注孩子的课外阅读，从课外阅读来解决孩子学习困难的问题。

晓菲的爸爸说，孩子每天这么用功学习，成绩才保持中上等，要是再分了心去读课外书，落到中等怎么办呢？小壮的妈妈认为让小壮去阅读是又给孩子增加了学习负担，小壮一周上六个课外班和一个乐器班，周一到周日从来不休息，他家住得较远，公交车上每天来回要两个半小时，小壮每天只能睡 6 个小时。所以他妈妈说，绝对不能再给他增加负担了。

我告诉他们，这两个孩子现在正在读小学，每次考试成绩高几分低几分不重要，目前他们的问题是学习能力较弱，这才是真正的大问题，这会严重影响到未来的学习。不上那么多课外班，不强求考试成绩，让他们有大量的课外阅读，孩子才能从根本上减轻学习负担，他的学习能力才能提高，将来才能有真正的好成绩。

我尽量把问题讲得明白，他们当时也都表示认同我的建议。但后来我再和孩子们了解，一点没变。晓菲的爸爸认为是因为家里订报纸招来《读者》，引得孩子不安心学习，把订报纸的赠品改成了牛奶。小壮本身就没有读书的愿望，妈妈也不打算让他有这个愿望，只是打算再给孩子报个跆拳道班，理由是孩子整天学习活动量少，上这个班既能运动又能学习防身，一举两得，我不知她从哪里再为小壮挤出这个时间。而且我还了解到，小壮所上的几个课外班中，有一个就是作文班。

和晓菲、小壮形成对比的是，博和成的作文都写得特别好，通篇几乎没有一个错别字和病句。博的字写得整洁大气，文章中总有独到的视角和素材；成虽然字写得不好，文中不时有勾划，不整洁，并且他的各篇作文水平差异明显，有的一看就写得不认真，应付差事，但有几篇看来他是认真写的，透过杂乱的卷面细细读来，能感觉出才情飞扬，让人不由得心生赞叹。

我也和这两个孩子单独聊过，了解到他们都十分喜欢读课外书。博的家里有很多藏书，他读了很多，以中外名著、历史、自然方面的为主，远远超出了他的同龄人的阅读量；成的父母做生意一般不在家，他和爷爷奶奶一起生活，爷爷奶奶家没电脑，电视也基本上不开，他没事干只好去买很多书看。成读得很杂，动物、科幻、侦探、武侠等，逮住什么读什么。

这两个孩子不光作文写得好，各方面都应付得轻松自如。博是个好学生却不是个小学究，他喜欢足球，花很多的时间踢球；成虽然平时成绩不太好，但用他班主任的话说，这个孩子，聪明着呢，现在这个成绩是闭着眼睛学来的，他只要好好学三天，就能考班里前三名。

我离开这个班时，把电子邮箱给了孩子们，现在还和几个学生保持联系。他们现在已读初三了，马上要中考。博没给我写过信，但他的母亲一直和我保持联系，我们始终没见过面，通过网络交流过一些儿童教育方面的问题。博就读于一所市重点校，据他妈妈说博现在的学习仍然很好，基于他的学习成绩和足球水平，已被确定保送到一所市属最好的中学读高中。晓菲一直和我联系，她初中就读的是一所普通中学，师资等各方面都不太好。听她说小壮、成也在这所学校，她和小壮的学习现在只能保持中等，肯定考不上好高中；但成上了初三后着急了，懂得学习了，现在是年级前几名的学生，还评了三好生。晓菲还说，她现在越来越不想学习了，觉得学习太难了。

几个孩子在学习上的发展态势大致已水落石出。

晓菲和小壮的家长肯定对孩子心生失望，他们为孩子做了那么多，孩子的成绩却不理想，在这关键时候，不知他们又会想出什么办法来帮助孩子，基本可以肯定的是，他们更不会让孩子去读课外书了——由此，基本可以预测到的是，孩子不但眼前的中考很难取得好成绩，在接下来的高中阶段，学习也不会有什么太大起色，乃至将来，他们一生的学习状态都将是平庸而困难的。

而博和成，他们的学习能力已稳定地生成，在未来的学习生活中，他们会更具主动性和把握能力。

四个孩子的故事讲到这里，我想说的问题已清楚了。

"魔杖"是什么，就是课外阅读。它有一种魔力，不显山不露水地赋予孩子不同的能量——凡从小有大量课外阅读的孩子，他的智力状态和学习能力就会更好；凡缺少阅读的孩子，学习能力一般都表现出平淡；哪怕是写作业速度，一般来说他们也比那些阅读多的同学要慢得多。

（本故事摘抄于《好妈妈胜过好老师》尹建莉著）

大量的课外阅读能提高孩子的学习能力，是不争的实事。尹建莉老师的案例想说明的问题远不止在提高学习能力方面。案例中的"博"和"成"通过大量的阅读，不仅丰富了他们文学素养，提高了作文水平和学习能力，更重要的是通过阅读，丰富了他们的精神世界。一个人的阅读史就是他的精神成长史。[①]学生的精神家园的构建需要阅读支撑，审美情趣的培养需要阅读熏陶，人文情怀的积淀需要阅读滋养。一部优秀的文学作品，传递弘扬着真、善、美。亲近阅读，走进作品，阅读者的精神世界就会接受真善美的洗礼，就会洗去灵魂深处的落后与龌龊甚至丑陋，让内心更明澈，举止更高雅。当我们不知道该做什么时，阅读会指引我们前进的方向。

（一）博览群书立"三观"

毛泽东说："我一生最大的爱好是读书"，"饭可以一日不吃，觉可以一日不睡，书不可以一日不读"。毛泽东的读书志向、读书精神、读

---

① 朱永新．我的教育理想．北京．中国人民大学出版社，2012.

书态度和读书方法，开启了中国共产党人读书治学的一代新风，也留下了许多脍炙人口的人间佳话。

　　毛泽东曾先后在几个私塾、还有湘乡私立小学和长沙第一高级中学读书。读书期间，他大量阅读古书，学到了不少知识，开阔了眼界。对客观世界有了初步的了解，建立了自己的世界观、人生观和价值观。中学毕业后，父亲毛顺生的生意正风生水起，父亲有意让大儿子毛泽东接班，从事他的米行、猪行和种田等。此时的毛泽东已经胸怀天下，志向远大，想的是走出韶山冲，做更大的事业。坚决没有听从父亲的安排，在母亲的帮助下，留下了"孩儿立志出乡关，学不成名誓不还。埋骨何须桑梓地，人生无处不青山。"的诗作，义无反顾地走出韶山。1912年，毛泽东来到长沙，在湖南省立图书馆这个新的学习天地，第一次看到了一张世界大地图，惊奇与震撼之余，他知道了世界有多大，中国在哪里。毛泽东每天都到湖南图书馆去读书。从他的住地湘乡会馆到定王台有3华里路，那时候没有公共汽车，毛泽东坚持每天步行去图书馆，早出晚归。他总是早上第一个到，晚上最后一个走，中午出来买两块米糕充饥，从不间断。有一个图书管理员对毛泽东的奋发读书精神非常敬佩，他在回忆这段情况时说：那时候，我们图书馆每天早上一开门就"欢迎"毛泽东，因为他每天必到，也来得最早，往往在外面等候多时了。每天下午关门，要"欢送"毛泽东，因为他走得最晚，不撵他，他还不走。毛泽东自己后来在回忆这段生活时，也说："那时进了图书馆，就像牛闯进了菜园子，尝到了菜的味道，就拼命地吃。"在湖南图书馆自学期间，他广泛阅读中外名著，涉及政治、历史、文学、艺术、哲学、神话，几乎什么书都读。这一段少年时期求知的经历，让毛泽东对世界和社会有了足够的认识，帮助他建立了科学的世界观和正确的人生观，以及积极的价值观，树立了救国救民的远大理想和政治抱负，对他以后走上革命道路、具备过硬的本领起到了很大的作用。

古人说："读书能医愚，读书能治穷，读书能疗病，读书能砺志，读书能致远，读书能练达，读书能聪慧。"歌德说："读一本好书，就是在和高尚的人谈话。"这句话的理解就是读一本好书，就能知道作者的内心想法，就像和作者不停地交谈，和这些高尚的人"接触"高尚的心，便能受其感染。经常和这些高尚的人"谈话"，会让读书者内心强大、精神饱满、人格完善、志向远大，世界观更科学，人生观更正确，价值观更积极。

钱伟长是中国著名的力学家、应用数学家、教育家和社会活动家，是中国近代力学、应用数学的奠基人之一。1912 年 10 月 9 日，钱伟长出生在江苏省无锡县七房桥镇一个贫困的书香世家。小时候，和别的孩子一样，他也曾在家附近的池塘里捉过虾、摸过鱼，为了生计，他还曾帮家里采过桑，养过蚕，挑过花，刺过绣。但是，他有一个和别的孩子不一样的大家庭—— 他的父亲钱挚和四叔钱穆（后成为中国国学大师）擅长中国文化和历史，他的六叔和八叔分别以诗词、书法和小品、杂文见长。在这些家里人的影响下，他喜欢上了祖国浩瀚的文化。钱伟长在进小学以前就读过《水浒传》《春秋》《左传》《史记》和《汉书》等历史名著。

这个特殊的家庭背景某种程度上"救"了年轻的钱伟长。初中毕业后，祖母和母亲希望他尽快就业，去捧邮局职工、铁路员工之类的"铁饭碗"，养家糊口。但是这一主张遭到钱伟长父亲和四叔的反对。渴望继续学习的钱伟长，为了减少奶奶和母亲的反对力度，就拼命帮家里干活。幸运的是，他和父亲以及四叔赢得了"胜利"，最后还是争取到了读高中的机会。侥幸升上高中的钱伟长学得很苦。在那个军阀混战的年代，他的小学和初中是断断续续的，因为经常遭遇停学逃难，11 年的小学初中生活，真正在学校读书的时间加起来不到五年。因此，他的数学只学了一点点，物理和外语也没有学过。好在，他遇到一个负责任的班主任严老师。严老师经常为他开小灶。在自修室熄灯后，钱伟长就和严老师一起到他的办公室挑灯夜读，高中三年养成的"开夜车"的习惯一直陪伴着钱伟长后来的科学研究。也恰恰是这段磨难，练就了钱伟长吃苦耐劳、勇于担当、坚韧刚毅的品质。

1931年夏天，钱伟长高中毕业，他再次面临失学的境地。然而，机遇似乎很眷顾他这个有准备的年轻人。上海天厨味精厂创办人吴蕴初先生那年决定设立"清寒奖学金"，以考试选拔补助家境清寒的高中毕业生上大学。钱伟长抓住了这个不可多得的改变命运的机会，他一个月内在上海分别参加了清华大学、中央大学、浙江大学、唐山铁道学院和厦门大学五所大学的入学选拔考试。原本是打算多争取被录取的机会，结果，钱伟长居然都考中了。在时任北大教授的四叔钱穆的指导下，他选择了清华大学。

那年9月10日，钱伟长走进了清华园。历史系的陈寅恪、中文系的朱自清和闻一多都喜欢上了这个文史知识积累都不错的"才子"，最后他选择了中文系。刚刚入学，震惊中外的"九·一八"事变发生了。日本帝国主义的铁蹄践踏了中国的东北大地。在一个秋风萧瑟的日子，钱伟长和班上的同学一起走进了圆明园，实地感受了一段中华民族曾经的被侵略的屈辱史。曾有"东方凡尔赛宫"之称的"万园之园"圆明园已是满目疮痍。看到那些，钱伟长震惊了，愤怒了，决定弃文学理，他要研制飞机、大炮，要科学救国。从圆明园回来的第二天，他找到物理系主任吴有训教授，要攻读物理系。吴有训教授查看了他入学考试成绩后，对他说："你的数理化总共得分25分，中文考这么好。你还是读中文系吧！""我读物理是为了将来为祖国造坦克，造大炮，是为了救国。"钱伟长说。"学文也同样可以救国呀！"吴有训反驳说。钱伟长并不接受吴教授的逻辑，他就是要读物理，而且他有他的招。从被拒绝的那天起，吴有训走到哪里，钱伟长就跟到哪里。没办法，吴有训教授有条件地让了步："你先试读一年，在这一年中，化学、物理、高等数学这三门课，你每门都要能考70分，才收你。若有一门考不到，就转回文学院。"这个条件虽然很苛刻，但不是没有实现的可能，对于有"追求"的钱伟长来说。从此，这个身高只有1.49米的小伙子拼了命，开始恶补数理化。在同学们那里，对他的印象就是，天天躲在一个小角落里，不停地在草稿纸上演算。那段时间，他一天最多睡5个小时。早晨5、6点起床到科学馆去读书，晚上学校10点熄灯后，他就躲在厕所的角落里看书，直到凌晨才悄悄返回宿舍。

　　一年后，钱伟长成功地越过了吴教授给他设定的门槛——通过了物理系的考试。和他一起转进物理系的有五个人，他是唯一一个留下的。四年后，他更是成了清华大学物理系最出色的学生。

　　钱老求学转系的轶事，告诉了我们一个关于读书学习的道理：只要有明确的学习目的，这个"目的"符合自己的价值取向和人生追求，学习是有动力的，而且这个动力是永恒的。孩子爱不爱学习，能不能积极主动学习，除要有浓厚的学习兴趣外，更要有积极的学习价值观。

教育新思维六：
积极的价值观才是孩子奋发向上的永恒动力

　　孩子读小学一、二年级，学习的热情来源对学校和学习内容的好奇，这份好奇心吸引孩子天天上学，耐心听老师讲课，坚持天天写作业。孩子上了三、四年级，学习的热情来源于对各个学科的兴趣，让孩子们不断产生学习各种知识的冲动。孩子上了五、六年级，好奇心没有了，并随着各科学习内容的难度逐步加深，学习任务逐渐加重，学习压力越来越大，单凭孩子的学习兴趣是不足以让孩子学习动力保持长久的。特别是孩子上了中学，学科繁多，也没有哪一个孩子对所有的学科都有兴趣，这就必须有积极价值观的加持，不然，孩子的学习会在艰难坎坷的学习大道上停滞下来。

孩子树立科学的世界观、正确的人生观、积极的价值观，不是来源于教师和父母的说教，而是来源于一次次与高尚的人心灵对话，一次次的思想碰撞，一次次真善美与假丑恶的辨识。

（二）让孩子爱上阅读

在《中国教育报》的微信公众号中曾有这样一篇文章——《语文老师心中的痛，阅读比上课管用》，此文是由北京十一中学校长同时也是国家督学的李希贵所写，他通过文中的典型例子，说明了热爱阅读的孩子要比一般的孩子语文成绩更好，大量的阅读甚至要比老师上课更管用。

我是一名从教三十多年的语文老师，深深知道他说的是事实。我所教的孩子们中，语文成绩优异的孩子，他们都有一个共同的特点：热爱阅读。

毫无疑问，阅读对我们每一个人都非常重要。苏霍姆林斯基认为，阅读能力是任何学习的基础，因为每一门学问都是从阅读书籍开始。而美国乔治·史蒂文斯认为，孩子的阅读开始越早，阅读时思维过程越复杂，阅读对智力发展就越有益。七岁前就学会阅读，能练就很重要的一种技能，即边读边思考边体会。

所以，我们应该让孩子从小就爱上阅读。现在很多中小学鼓励孩子阅读课外书籍，而且规定学生每天在家阅读三十分钟。但是有很多的学生并没有因此就爱上阅读，他们把学校的规定当作是一个任务，总是掐着时间看书，绝不多看一分钟，好让家长在联系本上签字，免于老师的责问。

我认为孩子能否爱上阅读，关键在于家庭。在犹太民族家庭中，母亲在孩子稍稍懂事时，就会在《圣经》上抹蜂蜜，让孩子去舔书本上的蜂蜜，目的是让孩子从小树立观念：书本是甜的，书中有智慧。根据联合国教科文组织的一项调查，犹太民族人均每年阅读65本书，读书兴趣浓厚。

从我个人的经验来看，让孩子爱上阅读也不难。我的女儿非常热爱读书。女儿的阅读，从她一岁多听我读故事书时就开始了，在听故事的过程中她认识了很多的字，后来自己慢慢开始阅读童话书。我的体会是孩子开始接触阅读，一定选择孩子感兴趣的书。女儿酷爱看动物小说系列以及冒险小说和科幻小说，偏爱语言风格幽默生动的书。我便给她准备了这种类型的书，她学习之余的空闲时间，就自然而然地拿起这些书看，有时在家看书看得入迷了，连上厕所和吃饭时都舍不得放下。

让孩子爱上阅读，家长当然还要给孩子创造比较好的阅读环境，比如经常带孩子逛书店，去图书馆。基本上每个星期六，我都会去图书馆给女儿借书。我发现女儿对我借的书充满着好奇，这个星期爸爸给我借了哪些书呢？好看吗？她必定会充满期待地去读。当然，在家里给孩子营造读书的氛围会让孩子更热爱阅读。我为了培养女儿的阅读兴趣和习惯，也坚持天天看书，我看的书她有时会好奇地拿去看。我会抓住这个机会和孩子交流读书体会，借此鼓励孩子，女儿阅读的兴趣更浓了。

　　我想，只要家长们少开电视，少拿手机，多带孩子去图书馆，多与孩子一起阅读，你的孩子一定会爱上阅读。

　　联合国教科文组织早在 1982 年就向全世界发出了"走向阅读社会"的召唤，要求社会成员人人读书。人总会有寂寞的时候，喜欢阅读的人不会有孤独的感觉。随手拿一本书读起来，就好像在和一群人在交流，和一群有品位的人生活在一起。阅读者的内心是充实的，精神是充盈的，生活是快乐的。

　　社会进入信息化时代，知识迭代时间日趋缩短。为了紧跟时代发展变化，没有人不需要学习的。学习离不开书本，离不开阅读。人们只有从小养成喜欢阅读的习惯，让阅读伴随终身，在学习中生活，在生活中学习，不断充实自己，提高自己，才不会被社会边缘化，被时代所抛弃。热爱学习，热爱阅读，就是热爱生活，就是世界上最幸福的人。

　　动动手：在你赞同以下说法的句子后面括号内打√

　　1、爱阅读的孩子更专注，这能帮助他在课堂上也投入同样多的专注。( )

　　2、爱阅读的孩子知识面广，更容易对课堂上的知识举一反三。( )

　　3、爱阅读的孩子会思考，更容易在学习中发现课堂知识的有趣之处。( )

　　4、爱阅读的孩子想象力、综合归纳能力、分析判断能力会更强，更容易吸纳课堂知识。( )

　　5、爱阅读的孩子会主动学习，因为阅读本身就是主动学习的活动。( )

五、引导兴趣，
让孩子们在成长的道路上超越自己

案例分享：

小英子上小学三年级了，语文学习成绩很棒，数学也还不错，就是对英语学习总没有兴趣。妈妈看到眼里，急在心里，怎么办呢？

双休日的某一天，家里来了很多小朋友，小英子特别高兴。在她们玩的游戏中，小英子扮演小老师的角色，玩的特别起劲。妈妈想，孩子喜欢当小老师，我怎么不让小英子给我当英语老师呢，说不定还真能引导她学习英语的兴趣。

到了晚上，妈妈特意打开电脑，弹出一条英文。妈妈把小英子叫到身边，对小英子说："小英子，妈妈的工作需要电脑，可妈妈的英语不行，想学英语，你能不能给妈妈当小老师，把你天天学的英语教给妈妈呀？"听到当小老师，小英子高兴地接受了。

小英子每当上英语课时，开始特别爱听老师讲课，把每天学习到的英语单词牢牢记住，回家后给妈妈当英语老师，妈妈也特别的虚心，即使是认识的英语单词，也假装不认识，让孩子教会自己，使她特有成就感。

一个学期下来，小英子特别喜欢上了英语，英语和语文成绩一样很棒。

兴趣对人的实践活动起着积极的作用，它是孩子学习主动的一个最积极、最活泼的个性心理因素。兴趣是学习的起点，也是成才的起点，是最好的老师。

那兴趣是怎么产生的呢？我们的大脑有个部位叫杏仁核，属于大脑边缘系统的一部分，它可以产生、识别并调节情绪，还可以控制学习和记忆。每当遇到让我们特别想见的人和想做的事时，想吃的美食，想玩的物品时，杏仁核内就会分泌一种叫多巴胺的神经化合物，这种化合物可以激活大脑的奖赏回路，产生兴奋快乐的感觉。这样的人、事、物多次出现在我们面前，并刺激大脑，不断地产生兴奋快乐的感觉，对人、事、物的兴趣就产生了。从上面的生化过程可以发现，兴趣产生的前提是，必须有某个人、事、物最初作为刺激源作用于我们的大脑边缘系统，并且触发杏仁核产生多巴胺，否则就不会产生对人、事、物的兴趣。

那学习兴趣又是怎么产生的呢？我曾读过苏联教育家写的《学习与兴趣》一书，书里说："兴趣是学来的，不是天生的。"当孩子在做某种行为的时候，他能感受到快乐，不用意志力逼着自己去做，形成自动反应叫做兴趣。如果在孩子大脑的神经系统中，做某学科的功课时会产生条件反射的快乐，学习兴趣就产生了。这种行为习惯是培养出来的，孩子第一次做这个行为是不会有什么快乐的，反复行为，最后能不用意志力，条件反射的把事情做对，再由于家长的表扬、鼓励，孩子找到了快乐，时间长了，形成自动反应了，此时，学习兴趣就产生了。我们有太多的家长认为学习好的孩子最有意志力，其实学习出类拔萃的孩子绝不是仅仅靠意志力学习的。孩子晚上看书到一、两点钟，是因为有兴趣看书，不想睡觉，也不觉得累。如果单凭意志力，是断然做不到的！对于孩子来说，要想使孩子学习好，培养学习兴趣是前提。

（一）引导兴趣，让孩子喜欢上学习

一二年级的孩子靠好奇心学习，三四年级的孩子靠兴趣学习，五六年级的孩子，乃至初高中、大学、成人都靠浓厚的兴趣和积极的价值观来学习。因此，8、9岁的孩子是学习兴趣培养的关键期。

在家庭生活中，家长要善于根据孩子的自身特点，引发孩子的学习兴趣。通过激发孩子的求知欲望，以孩子喜欢的形式，多鼓励，不伤害孩子的自尊心，不打击孩子的积极性，让孩子喜欢上学习。日常生活中，有多种引导孩子学习兴趣的途径和方法，家长可以不妨试试。

陪伴孩子一起看电视。时至今日，视听文化已经是我们日常生活不可分割的一部分。特别是孩子都喜欢看电视。因势利导、正确选择、适当控制是孩子看电视获取知识信息的基本原则，也是通过看电视引发孩子学习兴趣的好方法。

父母多挤点时间，陪孩子一起看电视节目。观看时，或解说，或点拨，或发问引起孩子思考。看完后，交流感受。还可以和孩子一起复述故事内容，等等，这些都是可以激发孩子的学习兴趣。

通过陪孩子看电视，找到孩子的兴趣点，慢慢引导孩子把兴趣转移到学习上来。如果孩子喜欢看动画片，说明孩子对童话、寓言感兴趣，就引导孩子把兴趣点转移到看童话故事、寓言故事等书籍上来；如果孩子喜欢看《西游记》动漫，也就可以把孩子的兴趣点慢慢转移到看经典名著上来；如果孩子喜欢看历史纪录片，就可以引导孩子对历史学科感兴趣。《跟着书本去旅行》是一档体验式文化教育节目。节目以中小学课本或经典名著为线索，在"读万卷书"的同时"行万里路"，走近文化古迹，实地实景讲故事，身临其境受教育，触摸历史，感知文化，让孩子们对中国文化、地理、风土人情、历史风貌感兴趣，孩子自觉或不自觉地对语文、地理、历史等学科也就有了学习兴趣。

帮助孩子一起修改作业。孩子的学习一向都是父母最关心的话题，孩子大部分的时间是花在学校里的，回到家最主要的学习活动是做家庭作业。这也是父母了解孩子学习情况最直接的方式和最便捷的途径，同时，也是培养孩子学习兴趣的有利时机。

在这一点上，有的家长做的很好。首先让孩子独立地完成作业，不在孩子做作业时站在旁边指指点点，不吹毛求疵，不指责抱怨，让孩子安安静静地独立完成。再就是客观评价孩子完成作业的过程，是否遵循作业环节，是否认真仔细，是否集中精力，是否独立思考，是否按时完成，这都是值得家长每次及时评价的内容。最后，和孩子一道认真修改，订正错误，把典型的错误记录在错题本上。这样做的好处就是既培养了孩子学习的自主性，也培养了孩子良好的学习习惯和责任意识，更重要的是通过客观评价和一起修改，让孩子对学习不抵触，不抱怨，越来越有学习兴趣。

协助孩子制定恰当的目标，多让孩子体验成就感。提高孩子的学习兴趣，最重要的是让孩子体验到学习的成就感。一方面给孩子确定"跳起来，够得着"的目标，帮孩子一步一步实现，通过达到目标获得成就感。另一方面，可以通过一些日常的小游戏让孩子体会到学习的乐趣。比如孩子刚学了三角形、正方形等几何知识，那就让孩子找出家里的物品哪些是三角形、正方形、长方形等；孩子刚学了分数，让孩子分分苹果、西瓜等水果，切出 1/2、1/4 等；学了面积公式，让孩子想办法算出自己小床、书桌的面积等，既有趣又让孩子体验到了成就感。只要家长用心，一定会找出更多孩子感兴趣的问题，利用好这些问题和时机，坚持不断地激发、引导，孩子的学习兴趣自然就形成了。

让孩子投身于大自然之中。有的家长为了孩子的学习成绩好，整天把孩子关在家里背书本，写作业，双休日也不例外，这必将适得其反。不但学不好，反而让孩子对学习极其厌烦。

美丽的大自然不知有多少知识供孩子学习，也是培养孩子浓厚的学习兴趣的场所。城里的孩子可带他们去参观动物园、博物馆、科技馆，引导孩子去学会观察，善于发现问题，通过拓宽孩子的知识视野，激发他们的求知欲望。也可以带他们去郊外寻春、野炊，去探索大自然的奥秘。农村里的孩子可以带他们去游泳、钓鱼、划船，去收集植物标本和种子，去参观农场和畜禽养殖场等。还可以让他们去参加生产劳动与社会实践。

　　总之，孩子看到或亲自参与过的都是在书本上能看到而体验不到的，他们不仅终身受益，而且能极大地调动孩子寻求知识、探索自然的学习兴趣。

　　给孩子创造一个良好的学习环境。书香门第的孩子为什么大多都热爱学习？是因为他们家中创设了一个好的学习环境和氛围。有条件的家庭可为孩子专设一个书房，供孩子学习活动。除有学习书桌外，必须要有书柜，摆放各种书籍课本，充实适合孩子年龄阶段阅读的书刊。聪明的家长还可以为孩子建立一个陈列架，让孩子在上面展示自己的作品，使孩子时刻看到自己成长的脚印，对理想的追求产生无限动力。墙上张贴孩子所崇拜的名人画像，帮助孩子树立远大的理想与抱负。还适当点缀名言字画，在孩子学习有压力感和困难时，受到启发和鼓励，增强自信心。这样的学习环境和氛围，不仅不受到家庭其它生活的干扰，而且对提高孩子的学习积极性有很大的帮助。

（二）发展兴趣，让孩子不断超越自己

　　2019 年，全国上演电影《银河补习班》，该影片所凸显的教育思想和观念不可谓不新，所产生的教育影响也不可谓不深，对国家"双减"政策的出台起到推波助澜的作用。

　　我们都渴望把孩子培养成功，却不知道成功的标准是什么。怎样培养一个成功的孩子？成功的标准不一样，选择的路径肯定不同。主演马浩文选择了一条最适合马飞成长的路。可能是马飞从小喜欢宇宙、夜空、星星，对飞机、航空器等很感兴趣，所以马浩文给儿子制作的玩具就是地球仪，这是为了引导和培养孩子的兴趣。有兴趣才有梦想。有梦想，才有为之奋斗的方向。实现梦想，才是人生的最大成功，也是人生最大的幸福。为了呵护孩子的梦想，马浩文采取了绝大多数家长不敢做，学校老师也不赞成的做法。正当孩子面临中考冲刺的紧张时刻，他却给儿子请假十多天带马飞去南海看航空展。这需要何等的转变观念的勇气，以及与众不同教育智慧。前妻反对，"儿子不是你的试验品"；学校反对，别人家的孩子正在加班加点，做考试的最后冲刺。马飞完全可以考北大清华，可他不为名校所动，而考飞行员去实现自己的航天梦。所以我奉劝各位父母，孩子在某一方面有兴趣，有潜质，父母要大胆地培养。冲破唯分数论的牢笼，打破唯名校论的定律，帮助孩子实现梦想，给孩子一个有意义很幸福的人生。

　　影片中的经典台词让我们为之喝彩："人生就像射箭，梦想就像箭靶子，如果你连箭靶子都找不到，那每天拉弓就毫无意义。这世界上好玩的工作多的去了，挑一个你最感兴趣的，你就去想吧。"就是这句话让马飞找到人生前进的方向，为兴趣而学，为梦想奋斗，不断超越自己，做中国航天人中最好的自己。

　　影片的结尾更是精彩，经典的台词使人振聋发聩，家庭教育与学校教育的理念冲突令人深刻反思。在高考结束后的最后一刻，考生们将自己的课本和资料撕成碎片抛向空中，漫天飞舞的"雪花"伴随着喧嚣的呐喊声，整个校园被宣泄的不良情绪笼罩着。博喻中学严主任和马浩文的对话，字字句句就像一颗颗无情的"子弹"，射向整个在场的校长、老师和家长们。"如果这些高考考了高分的孩子，就迫不及待地扔掉书本和卷子，我很担心他们是不是真的热爱学习，学习是一生的事情，难道不是他们一生的习惯吗？"马浩文掷地有声的台词，无不是对当今学校教育现状的质问，更是对所有观众的灵魂拷问。

1983 年，美国当代著名心理学家、教育家加德纳博士就提出了多元智能理论，风行全球近四十年，在我国至少有两代人深受其影响。我们都知道了，每一个孩子是不一样的，每个孩子都有自己的潜在智能，挖掘孩子的潜能，让孩子的潜能变成显能，并成为孩子的兴趣或特长，是我们学校老师和家长的应尽责任。如果能把孩子的潜能激发出来，成为孩子的兴趣爱好，孩子就有了梦想。孩子有了梦想，才会有为之奋斗的方向。因此，发现孩子的潜能，并因势利导诱发出来，让孩子们一生都为兴趣而学，在发展兴趣的道路上不断超越自己，成才、成功也就是水到渠成的事情了。

家教反思：有损孩子学习兴趣的做法，您还在继续吗？

（1）经常在家中打骂孩子，常拿孩子和班级优秀学生做比较来激励孩子。

（2）没有压力就没有动力，所以不断给孩子施加学习压力，尽可能多的上各类补习班。

（3）玩就是消遣时光，对学习没有任何好处。因此，想孩子学习成绩好，就必须打时间战。

（4）孩子考试成绩好就奖励，成绩差就处罚，甚至指责、打骂、抱怨。

（5）孩子爱学习是天赋，不爱学习也是命中注定，唉，顺其自然吧。

六、激励自信，让孩子们的生活充满阳光

心灵鸡汤：

一个穷人在农场为农场主搬运东西，结果一不小心，打碎了一只花瓶。农场主让穷人赔，可穷人怎么能赔得起呢？被逼无奈，他只好去教堂向神父诉说，神父答道，"听说有种黏贴花瓶的技术，能将破碎的东西修复的完好如初，你不如去学，然后修复好那个花瓶。"穷人一听，随即摇头说道："怎么可能会有这种神奇的技术呢？肯定是不可能的。再说我能学会吗？"神父接着说："这样，你去教堂后边的石壁那里问问，上帝就待在那里。只要你对着石壁大声说话，上帝就会回答你。"他听罢，马上来到石壁前，大声问道："仁慈的上帝，请你帮帮我，你相信我能把花瓶修复好吗？"话音刚落，马上听到了回答："你能把花瓶修复好。"听罢，穷人瞬间信心百倍，开始努力学习修复花瓶的技术去了。

经过不懈努力，他终于在半年后，掌握了把花瓶修复得天衣无缝的本领。于是，他真的把破碎的花瓶修复的完好如初，还给了农场主。在他开心之余，跑来感谢上帝时，神父笑着说："你应该感谢的是你自己，是你自己给了自己信心。"虽然只是一个小故事，但却道出了信心的力量。

那些对将来丝毫没有恐惧之心的人，往往都是具有很强自信心的人。自信不仅帮助你克服困难，而且也是摆脱焦虑和不安全感的心理

品质。一个坚信自己能成功的人，跟一个总是喜欢贬低自己，缺乏信心的人相比，肯定更有可能取得巨大的成就。信心是任何人成就自己的前提，如果连你自己都不相信自己，那还凭什么让别人相信你呢？当你满怀自信的完成一件事情时，自然会有一股巨大的力量暗暗推着你往前走。那些对自己有极大信心的人不会怀疑自己处在是否合适的位置上，不会怀疑自己的能力，更不会担心自己的未来。处于信心的庇护下，就能从束缚、担忧中解放出来，拥有行动的自由，从而让能力得到最大程度的发挥。而那些顾虑太多的人，往往不能很好的发挥自己的能力。

考试时，如果你一味担心自己考不好，后果多么多么严重，反而会考的更不好；面试时，如果一味担心自己表现不佳，就得不到工作，十有八九就真的会得不到工作。哈伯德说过："如果仅抱着微小的希望，那么也就只能产生微小的结果。"每个人都有着无穷的潜力，当你找到并发挥自己的个性时，人生最有可能有所成就。你只需要把它发掘出来，并一直发展下去，人生就有惊人的发现，不可能的事情会变成可能。但关键是看，你是否有勇气选择自己应该走的路，而这种勇气恰恰来自信心。你有了某方面的决定，并且相信实现的可能性，那么各方面阻碍因素都会随之动摇，慢慢的，就会把你推向实现的方向。有些父母只相信"聪明有种，富贵有根"，却不相信自己也能培养出有出息的孩子。美国前总统奥巴马的母亲，不是也把一个单亲家庭的孩子培养成出类拔萃的人才了吗？

孩子的学习也是如此。缺乏自信心的孩子，走路是低着头的，上课是萎缩着的，朗读课文是低声细语的，回答问题是胆胆怯怯的，遇到不懂的问题更不会去请教老师和同学，成绩落后了更没有奋起直追的勇气。这样没有自信的孩子，学习是被动的，谈不上积极主动的去思考问题，解决难题。那么，激励孩子的自信，就是父母或老师首先要解决的问题。

（一）孩子的自信心来源于家庭生活的方方面面

美国教育专家认为，在孩子的出生阶段，在婴幼儿时期，面对着他从未见到过的世界，往往感到束手无策。但是，孩子们仍然有勇气进行各种尝试，学习各种方法，使自己能够融入这个世界。就在这个时候，父母们不是帮助他们融入这个新世界，来学习他们不懂的东西，而是给他们设置了层层关卡，制造了重重困难，因为我们怀疑他们的能力。在我们的偏见中，总是认为孩子在某一个年龄阶段才能做某一件事情。

比如一个两岁的孩子，如果帮助我们收拾桌子，当他手中拿着一个盘子的时候，妈妈会很快地说："不要动，你会打碎它的。"这么做尽管保存了一个盘子，但是你的举动在他的信心上投下了阴影，而且推迟了他的某种能力的发展，或许你阻止了一个小天才的诞生。

在孩子做了一些事情之后，父母们不经意的一句话，对孩子的自信心是有杀伤力的。"你怎么把房间搞得这么乱？""你怎么又把衣服穿反了？"这类话都会向孩子们显示他们是多么的无能，多么的缺乏经验。我们这么做就会使他们慢慢地失去信心，失去了自己努力去探索、去追求、去锻炼自己的自觉性，忘记只有通过各种锻炼和闯荡才能使自己成为一个有用的人。

我们总是认为孩子还小，总是认为孩子长大了会做他该做的事。但是往往孩子在那个时候可以做得很好的，却人为地推迟了他们学会本领的时间。并且最关键的是我们经常对孩子指责、抱怨，要知道这恰恰是使孩子失去自信心、进取心的做法，只不过我们没有及早发现罢了。

我们很早就听说过英国的父母不骄纵孩子，不主动替孩子做他该做的事，其目的就是培养孩子的自信，从而增强他们独立做事的能力。父母对孩子的过分保护，久而久之，孩子会产生强烈的心理依赖，并认为自己什么都不会做，也不能做。英国的父母还认为，一个碰伤的膝盖是很容易治愈的，而受了伤的自信心和没被开发出来的勇气是终身难以实现其真正的价值。父母不必事事包办，应该放心让孩子自己去做，让孩子们认识到"我能行"，这才是最重要的。

哈佛大学做过一项研究，爱做家务的孩子跟不爱做家务的孩子相比，就业率是 15:1，收入比后者高 20%，婚姻也更幸福。中国教育科学研究院也做过类似的调查，结论是成绩优秀的孩子当中，做家务的孩子比不做家务的孩子多 27 倍。德国干脆直接用法律强制要求，6——18 岁的孩子必须参与家务劳动，6 岁前的孩子必须养成自己的事自己做的良好习惯。孩子做家务，培养孩子做事的能力是一方面，更重要的是培养孩子的自信心和责任感。

孩子是"用"大的，不是养大的。"用"大的孩子，能力强，自信阳光，精神饱满，学习力强。在家庭生活中，舍得"用"孩子，哪怕是微小的一点进步，父母应该及时鼓励，使他们看到自己的成绩，体会到获得成功的快乐，树立起"我也能行"的信心。在孩子的学习方面，也应该是多关注孩子的优点，拿孩子的进步和过去比，不拿孩子跟别人家的孩子比，更不可当众羞辱孩子，严厉斥责孩子，以免伤害孩子的自尊心。经常"用"孩子，会让孩子看到自身的存在价值，学会客观地分析自己。既要看到自己的长处，也要了解自己的短处。看不到自己长处的孩子，容易产生自卑心理，看不到自己短处的孩子，容易产生傲慢情绪，这样的孩子在困难面前都会失去信心。

（二）积极的心理暗示塑造出阳光自信的孩子

自信心的培养方法很多，什么要尊重孩子啦，无条件的爱，找长处多鼓励，给孩子成功感……其实，有一种屡试不爽的方法，那就是积极的心理暗示。我同时也是一名心理咨询师，并帮助过很多自卑的孩子，唤醒了他们的自信心。一个个自卑的孩子，自信心渐渐强大起来，都成为了十分优秀的孩子。

为了弄懂什么是积极的心理暗示，请阅读下面的小故事。

上世纪60年代，一个混血男孩出生在美国夏威夷的檀香山，他的父亲是肯尼亚人，母亲来自美国的一个中产家庭。男孩因为肤色问题的困扰，在班上少言寡语。每当老师提问时，他的双腿就开始不停颤抖，说话也变得吞吞吐吐。老师无奈地告诉男孩的母亲，这个孩子连自己都不相信，将来不会有什么出息了。

男孩的母亲并不认同老师的观点，她为男孩找了一份差事——课余时间在街区里挨家挨户订报纸。并对男孩说："我发现你特别擅长和别人沟通，将来一定是一位很优秀的推销员。"

在母亲的鼓励下，男孩勇敢地迈出了第一步。他敲开了邻居家的门，努力地与他们沟通，征订报纸出人意料的顺利，几个邻居都成了他忠实的订户。有了挣"第一桶金"的经历，男孩从此说话不再结巴了。

多年以后，男孩才知道，他童年时获得的"第一桶金"浸透了深深的母爱。原来，母亲早就安排好了，她自己出钱请邻居们订报纸，目的就是给儿子一份自信。就是童年那份宝贵的自信，让他一步步地走下来成为美国首位非洲裔总统。他就是贝拉克·侯赛因·奥巴马。

少年的奥巴马，生活在美国种族主义盛行时代，心理自卑是显而易见的。智慧的总统妈妈一定是常常用鼓励的话语，不断暗示小奥巴马的方方面面。他胆怯，不愿和别人说话，就暗示他很擅长沟通，鼓励他去推销报纸。在妈妈的精心策划下，"成功"的征订激励了他的自信，让他相信自己是会说话的，是一定能把话说好的。奥巴马从小锻炼出来的出色的演讲能力成功地推销了自己，成为美国历史上首位非洲裔总统。

美国一位心理学教授罗森塔尔，在一个班的花名册上随随便便划了几个名字，然后告诉老师，这几个同学经过我的观察和测验，是智商特别高、特别聪明的。老师受了教授的影响，总觉得这几个孩子特别聪明，就用对待聪明孩子的方法来培养他们。一年以后，这几个孩子的成绩确实比其他孩子好。

其实罗森塔尔教授对这个班的同学根本没做任何了解，他只是随机地划几个名字，就导致了这个结果。罗森塔尔的实验结论，在心理学上称为罗森塔尔效应。

正面地肯定孩子，不断地暗示他是一个什么样的人，孩子就会朝这样的人的样子去努力做，他就会成为这样的人，这就是积极的心理暗示；相反，你负面地评价孩子，常常说孩子是一个愚蠢的人，是一个胆小不喜欢叫人的人，孩子可能就成为了一个遇到问题不敢想的笨孩子，见到熟人都不敢打招呼的"胆小鬼"。这种负面的评价实际上就是消极的心理暗示。

在我们小时候，经常受到祖辈、父辈或者其他人的心理暗示，"你看他这么小，就这么有灵气，这孩子长大后肯定不是干粗活的料。""你看这孩子学习多努力，长大后不是骑马，就是坐轿。"这老话，说者无意，听者有心，说着说着我们就信了，就开始慢慢地认为自己就真的是这样的人了。人其实是特别被容易暗示的动物，孩子们也更是如此。

　　那么，该如何正确运用积极的心理暗示，激励孩子的自信呢？可以分三步走。

　　第一步：设立暗示。首先要在孩子的行为当中找到正向的、积极的，就是孩子做的比较好的地方，然后给他设立暗示。比如说：儿子，以往每天早晨都是妈妈催着你出门，你做事都是慢悠悠的，不紧不慢的。但是这两天呢，妈妈发现你做什么都比以前快了，起床、刷牙、洗脸也都快了，就连吃早餐都变快了。通过这样对孩子说，先给孩子植入一个暗示。

　　在这里，家长会说，这些孩子都没有变快呀。那你就认真观察孩子的其它方面，学习上的，自理方面的，社交方面的，家务方面的，都可以的。实在不行，也可以无中生有，给他编一个呗。

　　第二步：验证暗示。当父母这样去评价孩子的时候，孩子可能有点怀疑，有点质疑，但是孩子会产生一种自我验证的心理。既然爸妈这样评价我了，或许我真的是一个这样的人呢？于是孩子就想着去求证，就会通过自我约束的方式去向父母证明，你们的评价是对的。这个过程就是自我验证的过程，也就是验证暗示。

　　父母、老师或其他前辈等说的话，孩子会深信不疑的，在孩子的心目中，他们就是权威。他就是大家所说的孩子，一个有很大进步的孩子，一个有价值的人。

　　第三步：完成暗示。孩子在验证的过程中，或许还有装的成分，从最开始的半信半疑到慢慢地装，慢慢地做，慢慢的给自己约束，装着装着，他发现自己还真是一个这样的人了。如果这时父母能及时再多给孩子一些正向的鼓励和肯定，让孩子多尝到一些甜头，那么，他就会表现的越来越接近于你暗示的那种人。也就是说他的行为当中，会表现出更多符合这种暗示标签的行为，这个时候，孩子就真的被我们给唤醒了，给激励了。

唤醒的孩子，被激励着的孩子，表现或进步会一天一个样，天天向上，自信阳光。

积极的心理暗示，可帮助被暗示者稳定情绪、树立自信心及战胜困难和挫折的勇气。在家庭生活方面可以这样做，在孩子的学习方面，这样积极的心理暗示激励孩子对学习的自信和热情，效果更好。

测一测：孩子足够自信吗?

1、如果遇到不会做的题目就立刻向别人请教。（　）

2、从好伙伴那儿借钱后就不想还了。（　）

3、如果早上起得早的话，会把寝室里其他人也叫起来。（　）

4、如果做某一件事不断出错，就不想再做下去，想另换一件事做。（　）

5、你是独生子女。（　）

6、不喜欢和其他伙伴三五成群地一起吃饭。（　）

7、不喜欢一个人逛商场、外出。（　）

8、从未获得过来自老师、伙伴的肯定和赞扬。（　）

9、如果心里有什么难受的事便立刻哭起来。（　）

10、看电影、电视剧会感动得哭。（　）

11、好伙伴与你分享一段视频、笑话时，你会觉得很无聊。（　）

12、家里养着猫或狗等宠物。（　）

13、觉得自己在学校中是一个可有可无的人，没什么存在感。（　）

14、如果碰到什么困难，立刻会有人主动帮助你。（　）

15、到现在为止还没有为学习而烦恼过。（　）

16、每天上课时都是精神困乏，总是打不起精神。（　）

17、没有无话不谈的好伙伴，与人总是保持着一段距离。（ ）

18、从不愿把自己的东西借给别人。（ ）

19、经常沉湎于怀念以前的好伙伴以及过去的日子。（ ）

20、一旦失败会给自己带来很大的打击。（ ）

计分：回答"是"计2分，回答"否"计0分，不确定计1分。

解说：

0～9分：孩子很自信，具有超人的挑战精神和很好的精神状态。

10～19分：孩子对自己充满信心，对什么事都持乐观的态度。

20～29分：孩子自信心不强，帮助孩子静下来，调整一下情绪。

30～40分：孩子对自己完全没有信心。家长应该协助孩子振作精神，积极进取，多注重孩子自信心的培养。

第三章
让孩子们笑起来

孩子学习成绩不理想，可能是还没有找到最适合他的学习方式；孩子总出这样或那样的问题，可能是我们的教育方法不对。认识孩子，发现孩子是什么，了解孩子，知道孩子为什么会这样，这是做智慧型教育者的前提，也是因人、因时、因材施教的正确路径。

找"病因"，开"药方"，"药到病除"，才是智慧型父母科学的教育方式。

只有方法做对了，孩子才会笑口常开。只有孩子发自内心地笑起来，方可确保孩子身心健康成长，也才收获成长的幸福。

一、认识孩子，男孩女孩学习大不同

人类的大脑是一台最精密的仪器，也是一个最神秘的世界。探索大脑秘密的人都是世界上最顶级的大脑生物学家和大脑神经学家，他们一代接着一代，前赴后继，殚精竭虑，孜孜以求，所取得的成功是丰硕的。虽然距离彻底的解密仍然十分遥远，但已知的大脑科学为我们科学教育提供了极大的理论支撑。

美国科学家迈克尔·古里安是一位全球最具影响力的性别科学领域科学家，也是一位最懂男孩女孩内在优势的教育家。他从大脑怎样运作开始研究，来探索男孩女孩的大脑有哪些不一样，解密了男孩女孩在学习方式上天生不同。他出版的《男孩女孩学习大不同》畅销全世界，为学校教育、家庭教育更好的分类施教、因材施教给予了很大帮助。全书 31 万字，为免教师和家长费神耗力，本人把学习到的要点，也是教师和家长需要知晓的内容，和各位读者分享。

（一）男孩女孩的大脑有哪些不同

1、大脑的发育过程及结构上的不同

一般来说，女孩的大脑在大多数功能的发育进程上都会比男孩快一些。女孩的大脑和身体发育完全成熟在 20 岁出头，但男孩则需要更长时间，差不多要到 30 岁。因此，很多家长都会有女孩比男孩懂事早、成熟早的感觉。大脑在婴儿期的发育一般先从右脑的功能显现出来，

再慢慢向左脑进发。一般来说，大脑的发育向左脑进发的时间，女孩比男孩早。在婴幼儿时期，女孩掌握说话这一复杂能力的时间比男孩要早大约一年。小女孩的识字进度比同龄的小男孩要快得多，词汇量也大得多，而且对语法的把握也要好很多。所有，我们总认为女孩一般都比男孩会说话，也就不足为怪了。

连接左右脑半球的那束神经纤维，叫胼胝体。由于女性的胼胝体往往比男性的要大一些，这就意味着女性左右脑之间有更多的神经元连接，使得她们左右脑之间的相互交流更为频繁。女孩的前额叶和枕叶均比男孩发育得更完善，也更快。前额叶的功能是调节情绪，因此它有助于大脑做出高端决策；而枕叶的功能主要是接收并处理感官信息，女孩会比男孩接收到更多的感官信息。女孩的听觉与嗅觉都更加灵敏，指尖和皮肤的触觉也更为敏感。所以，女孩比男孩更容易克制冲动。家长们总是抱怨说，男孩调皮捣蛋些，没有女孩好教养。女孩天生就不爱惹是生非，而男孩天生就倾向于带有攻击性。

2、大脑激素分泌的不同

大脑的脑垂体是重要的内分泌的分泌器官，分泌了多种激素。虽说激素在女性和男性的大脑里都共同存在，但那些激素所占的支配地位却是男女有别。在女性大脑中占主导地位的是雌激素和孕酮，男性则是睾酮。这些男女性激素的功效呈对比性，比如说，孕酮是女性成长激素，也是情感纽带激素；而睾酮则是男性成长激素，也是男性性欲激素和好斗激素。

因此，在日常生活与人际交往中，就会出现一种现象，女孩有可能先跟你套交情再问你问题，男孩却有可能先向你耀武扬威然后问你问题。在一群小伙伴中，女孩也许会通过平等结盟的方式来维系朋友间的交情，而男孩往往会通过争当霸主或恃强凌弱的方式来确立他的人际关系。

大脑分泌激素的时间段和量的大小，也支配着孩子们的情绪。从青春期前期，也就是大约 10 岁开始，小男孩每天可能会受到多达 7 ~ 10 次睾酮"峰值"的冲击。在这样的"峰值"与"峰值"期间上下波动的激素分泌，能使得小男孩的情绪状况反复在好斗激进和沉默畏缩之间起伏跌宕。女孩的雌激素和孕酮的分泌量也会随着激素周期的循环而上升下降，这同样会使她们的情绪状况来回摇摆。毫无疑问，这样的激素影响不但会导致学生在课堂上情绪波动，也会影响她们的学习注意力。

女生在雌激素水平高涨期间，不论参加大考还是小考，得分通常会比低潮期要高一些。同样，男生在睾酮水平高涨期间，如果遇到数学这类离不开空间思维的考试，一样会成绩大涨，但如果遇到语文类的考试，则反而会下降。学生们出现这种现象也就不难解释了。

3、大脑功能上的不同

大脑如何支配自身的脑细胞和脑血流，男女之间也有着相当明显的不同。男孩多用右脑，女孩多用左脑；男孩多用脑部中区的边缘系统及下部的脑干，也就是负责"战还是逃"的指挥中心来处理情绪信息，可女孩却多用能进行复杂思考的大脑顶部区域来处理情绪信息。

我们都知道了，左脑是理性脑，负责抽象（逻辑）思维。右脑是感性脑，负责形象思维。通常来说，在遇到事情时，女孩的反应与处理方式要比男孩复杂得多。父母所感觉到的是女孩做事认真仔细，注意细节，男孩做事毛糙，容易出错。

男性大脑给了男孩处理空间关系的优势，比如摆弄物件，理解定理；女性大脑则让女孩能够更快地回应更大数量的感官信息，并优先将这些信息与人际关系和沟通交流相联系。这源于男女大脑不同的功能特质。因此，女孩比男孩在听觉上更为敏锐，有时候对男孩讲话需要加大音量。在教室里，尽量让男生坐在教室前部，以便让每个学生都能容易看到并听到老师的讲授。

4、大脑情绪处理上的不同

现代大脑监测技术，比如正电子发射断层扫描，还有磁共振成像，已经让我们初步看到，当满载感情色彩的感官信息涌入大脑的边缘系统时，更多情况下，女性大脑中的运作会迅速把信息向上传输，送进大脑顶层那 4 个用于思考的脑叶里去；而男性大脑中的运作则相反，会将信息迅速向下传输，送进边缘系统的下端，即杏仁核，以及更下面的脑干部位。这使得女性处理痛苦的途径更偏向于通过倾诉来获取他人的帮助，因为她们脑中的活跃部位向上移动到了可以通过语言表达及理性分析来处理危机的区域；反之，男性则容易整个人变得好斗激进或沉默畏缩。

在班级里，就很容易出现男孩通过打架来处理矛盾，女孩通过找好朋友倾诉处理矛盾的现象。在家庭里，同时经历了家庭危机的兄妹俩，男孩需要激进的身体运动来宣泄情绪，或是沉默寡言，纠结许久；女孩把痛苦的感受用语言倾诉出来，会很快处理情绪压力。

（二）学习方式上的差异

过去几十年间，脑科学研究者们发现，男孩女孩身上都存在以下10 个方面的学习方式差异。预计在今后几年里，教育工作者们、父母们都将注意到这些差别，并最终据此对课堂教学或家庭教育做出相应改进。

1、演绎推理与归纳推理

　　男孩通常会采用演绎推理的方式来总结概念，从一个总原则或辅助原则开始往下推理，并将运用到具体事例中。而且，他们做演绎推理的速度也比女孩要快。譬如，男生在做选择题和快速抢答方面，平均成绩要比女生好。

　　女孩通常会采用归纳推理的方式来思考，从基础概念往上一层一层地添加。她们往往从具体事例开始做归纳，因此，以实物或实例进行教学效果更好，尤其是在言语表达和写作上。譬如，在考试中出现"请你举一个例子来说明"这样的试题，女生比男生处理得更得心应手。

2、抽象推理与具象推理

　　如果不用看到或摸到具体的东西而做抽象计算，男生一般比女生做得好。比如写在黑板上的算术题，男生往往比女生算得更快。但如果教学使用了教具，从数字与符号的抽象世界里走出来，进入实体世界，老师边演示边出题，女生的脑筋就转得比男生快了。

3、语言的运用

　　女孩比男孩的话多，这已是不争的事实。在学习的时候，女孩常常一边嘀嘀咕咕一边学习，而男孩则往往一言不发地忙活。在观察学生小组活动的时候也能注意到，女生比男生更喜欢说话。如果按照男女生分组，女生组十分热闹，男生组要安静得多。

　　女孩喜欢用日常用语把事情详细地描述出来，男孩则觉得使用术语及编码语言更有意思。因此，男孩总是喜欢发明一些代码，甚至喜欢互取绰号，作为社交小团体中只有他们自己明白的暗语。

4、逻辑与证据

　　总的来说，女孩比男孩更善于聆听，能吸收更多的词语，在对话中和课堂上也能抓住更多的细节。甚至能跟随对方说话的逻辑关系，知道对方下一句会说什么。

男孩却总是会漏听不少东西，也常常要求老师或者对方拿出明确的证据来说明问题或论点。而女孩似乎更喜欢指点性的漫谈，而不是逻辑性的推导。

5、陷入无聊的可能性

男孩比女孩更容易感到无聊，需要拿出更多的兴趣点来稳住他们的注意力。在上课听讲或其它各种学习场合下，女孩都更善于克制心中的无聊感。这一点对男孩女孩的学习具有深刻的影响。一个孩子一旦感觉到无聊，那他不但可能会因此放弃继续学习的努力，还有可能做出打扰其他人上课的事情，结果导致自己被贴上"调皮捣蛋"的标签。

6、对肢体活动的需要

一般来说，女孩在学习时不那么需要动来动去，可男孩却恰恰相反，一是大脑需要借此"提神"，二是需要借此来控制及释放"动能"。动来动去实在是男孩的天性，很可能是他们连接大脑与身体的脊髓液流量偏高、新陈代谢更快造成的。

7、对空间的需要

男孩在学习时往往需要更多的"地盘"，越小的孩子越是如此。如果男孩和女孩共用一张桌子，到后来很可能是男孩"霸占"了女孩的许多地方，而且不太会有反过来的情形。男孩需要使用更多的地方来学习，如果老师或家长不知道这一点，很可能会不自觉地认为这是男孩不讲礼貌、不懂规矩、不听要求的表现。可实际上，男孩只不过是在按照大脑对空间的天生需求来学习而已。

8、对人际关系的敏感度

小组合作式学习虽然是一种对所有孩子都很有好处的学习方式，女生从一开始就能很快适应。她们能一边学习，一边参与到有互动规则的小组活动中，在这方面显然比男生做得好。而男生更多地会一心扑在自己的事情上，不太同时注意到周围其他同伴的感受。

"社群排位"就是孩子们在各自的社交小团体中所处的地位，这对男孩来说是很重要的，那些排在底层的男孩往往是"问题学生"。在纷繁的校园生活中，与男生相比，女生中那些不太受人追捧，不太被老师点名回答问题，看上去默默无闻的学生，并不一定就是学习不好的孩子。可如果换成是男生不受人关注，也不努力表现自己，则往往会是"陷落"的孩子。

9、象征符号的运用

越是到了高年级，男生就越是喜欢符号、图解、图表等，他们比女生更喜欢这种符号代码的应用，而女生则更喜欢文字描述。当然，男生女生都喜欢看图，不过男生在学习的时候更依赖它们。这主要是因为图像刺激右脑，而男生通常喜欢用右脑学习。在语文课上，老师们会发现男生更善于揣摩作者的象征手法和想象模式，而女生更喜欢对文中角色的情感描述。

10、小组学习的作用

不论男生还是女生，小组学习和团队合作都是有助于学习的好方式。男生团队往往相当讲究"组织结构"，而女生团队通常"结构松散"。男生花在团队管理上的时间比女生要少很多，他们会很快选好"领导干部"，然后迅速投入到工作之中，直奔目标而去。

老师了解了男孩女孩在学习方式上的差异，在课堂教学中，观察其表现，有针对性开展教育教学活动，并能做到取长补短，让男生和女生的不同学习方式都能大放光彩。家长了解了自己孩子的学习方式和长短处，更可以因材施教、扬长避短，从而帮助孩子更好地发挥他们各自的特点。当然也要注意，上述的十条男孩女孩学习上的差异，并不是铁律。每个孩子都是独立的个体，有些个人因素，比如孩子的性格和气质类型，对学习方式的影响可能会超过大脑性别差异的影响。

（三）给老师和家长们的建议

基于以上男孩女孩大脑的诸多不同和学习方式上差异，呈现出来的"优势劣势""长处短处"，给老师和家长提出一些教育和养育上的建议，以资参考。

给老师们的建议，总体原则是：打造完美课堂，取长补短，分类施教。

1、课堂提问。在课堂上，一般男孩表现积极，举手频繁，还举得高高的。女孩反应温和，举止文静。教师点名答问，要男女兼顾，切不可偏颇。特别是一些有回答问题愿望，但反应迟缓的女孩，教师要多鼓励她们回答问题，关注点在这类孩子身上稍微多一些。当然也要照顾特别积极的男孩子情绪，以免打击他们的学习热情。

2、分组合作学习。在成员分组上，教师要依据学生的性格和气质类型，进行男女搭配。一般指派男生担任组长，因为他具有"组织结构"的统帅能力，会迅速进行分工，投入到工作之中去。女孩大多善于言语表达，她们会根据老师布置的任务或提出要解决的问题，积极地阐述自己的观点。所以建议一般选派男孩做过程记录，参与到学习中来。

3、黑板上演算。因为男女思维模式有别，演算的速度可能不一样，点名上台的学生最好是几名男孩或是几名女孩。不然，速度慢一点的孩子会觉得尴尬，容易伤害学生的自尊。

4、当小老师。每一位孩子都会有当小老师的愿望，更一样有学习和锻炼的权利。老师选派小老师不应该是班上仅有的几个出类拔萃者，应该是面向每一个孩子。因此，老师选派小老师时，应该根据领学的内容，选派男生和女生中最擅长的学生。

5、课堂互动。好动实在是男孩的天性，特别是那些动觉智能比较突出的孩子，想安静一刻钟的时间实属不易。教师在课堂上要尽可能多的安排互动环节，多指派实在坚持不住的学生在课堂上走一走，动一动。比如让他帮老师发作业、削铅笔，帮同学检查一下作业等。不论任何年级，上课时给孩子们一点伸展肢体的时间，哪怕是60秒钟的课间活动，都是好办法。

6、注意力调整。调整注意力最好的办法当然是老师在组织课堂教学时，有无限多的兴趣点，别让学生陷入无聊的窘地。当老师的讲课就要进入高潮时，一个兴趣点的不经意出现，立马会让孩子们聚精会神。

7、体育运动与课外活动。女孩多喜欢与人互动的社交活动，因为这能给她们带来更多发挥语言长处的机会；而男孩喜欢的社交活动往往是那种不需要说多少话，却能体现他的空间能力及勇猛精神的活动。因此，大多数男生喜欢规则性强的体育竞技项目，如：篮球、排球、短跑、长跑等，女生则喜欢踢毽子、跳橡皮筋等。我们固然应该鼓励女孩多参加体育运动，但也不应该期待学校里所有的体育运动女生全部参加，这不论从脑科学还是激素分泌的角度来讲，都不现实。反过来同样，男孩当然需要我们花大力气帮助，以引导他们参加体育运动之外的社交活动。

8、记忆力与思维力。女孩左脑有优势，男孩右脑有优势。在学习过程中，各自发挥优势记忆和思维，效果显然会好些。在选择记忆方法时，男孩多用图像记忆法、联想记忆法和想象记忆法，女孩多用归类记忆法、对比记忆法和逻辑记忆法。在思维习惯训练上，老师要鼓励学生多用自己擅长的思维方法思考问题。男孩擅长演绎推理和抽象推理，女孩擅长归纳推理和具象推理，无论做事或思考问题，用自己擅长的方式效果更好，也很容易形成各自的思维品质。

9、**特定学科**。女生在阅读和写作方面占优势，男生在数学和科学方面占优势，从神经科学和男女大脑结构的不同角度来观察就会发现导致上述现象发生是直接原因。在教育和父母等外力作用的影响下，不允许偏科的教育方式，使大多数孩子喜欢上不占优势的学科。但是，在物理学等理科类的高级课程中，男生的成绩仍然超过女生。在当今教育环境中，老师要下大力引导学生学好语文，加强读写训练。如果继续忽视男生在读写能力上的落后，只怕还会继续耽误一代又一代的男孩。

10、**暴力行为**。无论是在课堂上，校园里，还是在社区，男孩总比女孩易冲动，喜欢动手动脚，有的男孩喜欢用暴力解决社交上出现的矛盾和问题。这是男女大脑分泌物不同和情绪处理上不同造成的。因此，同学之间出现的打架等暴力行为，切不可简单地等同于欺凌事件，和孩子的道德品质绑架。理解男孩子的冲动，引导学生用适当的方法解决矛盾，化解消极情绪，才是行之有效的方式方法。

给家长们的建议，总体原则是：优化学习方式，扬长避短，因材施教。

1、**要提倡并支持学校根据男孩女孩的不同特质分类施教**。老师的分类施教总有侧重点，总会有顾及不到的少数学生，家长切不可理解为老师冷淡了你家孩子，更不可以上升到性别歧视的道德层面抱怨、指责老师。

2、**知道自己的孩子在学习方式上有什么特点**。父母要将自己孩子的学习特点和老师沟通，并取得老师对自己孩子学习的认可。只有老师的施教方式方法和家长的基本一致了，孩子的学习才会顺风顺水。

3、**知道自己孩子在学习上的长短处**。孩子好的学习方式和最擅长的学习方法，要大力支持和鼓励，坚持不懈地培养良好的学习习惯，形成独特的学习品质。不歧视孩子在某方面的短处，引导孩子正确认识自己就行。对学校采用了哪些措施来帮助孩子取长补短也要心中有数，家长要积极配合，家校并育，因材施教。

4、**跟孩子建立起最紧密的情感纽带。**一个孩子如果能满心信赖地依恋一个照料他的重要长者，无论是爸爸妈妈、爷爷奶奶还是老师，那么，不但这位长者能教给他的东西比别人更多，而且他发挥出来的学习能力也会更好，哪怕孩子已经长大，这种从小因满心信赖而获得的学习能力也能完整无缺地保持很久。有效陪伴是建立良好的亲子关系和情感纽带的最佳方式，无论孩子多大，多陪伴孩子，有和孩子独处的时光，比如母子时光、父子时光、祖孙时光，等等。

5、**制定严谨的学习计划。**参阅第二章第三节——制定学习计划，培养孩子学习的主动性。

6、**习惯与品德教育要跟进。**配合学校对孩子的行为习惯养成教育，特别是品德教育，在家里也以同样的标准要求孩子。

7、**从小帮助孩子建立固定的阅读习惯。**在孩子很小的时候，每天在阅读时间里坚持读书给他听，等他能自己阅读时，也坚持让他读一小段给你听。

8、**制定男女有别的家教规矩，并行之有效的贯彻执行。**针对家里男孩女孩的性格个性，制定管教规则，尽量跟学校的规矩保持一致。对孩子的行为约束要坚持如一，尤其要做到好的行为予以鼓励，不好的行为让孩子承担相应后果。

9、**把好营养关，让孩子的学习事半功倍。**科学膳食、营养搭配是家长必须具备的基本能力。如果我们不给孩子提供他们所需要的"大脑营养"，那无疑是在拖孩子的后腿。这会让男孩变得更加急躁好动、攻击性强，更难以控制该有的及不该有的肢体运动，也更有可能罹患学习障碍；女孩更有可能罹患抑郁症、饮食失调、情绪障碍及学习障碍。

10、多带孩子向大自然学习。年幼的孩子既受文化的影响也受大自然的影响，大自然是我们教导孩子的最佳同盟之一。课堂固然可以是孩子了解生活的实验室，可大自然已经是生活本身了，学习环境更广阔，知识更丰富，对那些需要动个不停的小男孩尤其有好处，对小女孩也是一样。

二、认识孩子，读懂孩子的内心世界

每个孩子都是地球上的星星，每个孩子内心都有一个丰富多彩的世界。老师、父母能不能走进这个世界，能不能读懂这个世界，还必须学习一些心理学的基本知识，掌握一些要领，做孩子的"知心人"，孩子方可敞开他的世界接纳你。

（一）孩子成长时期各阶段的心理特征

1、幼儿期

幼儿期幼儿心理具有三个最基本的特点：（1）认知活动的具体形象性。幼儿是通过感知，依靠表象来认识事物。主要表现为好动、好问、爱模仿。（2）心理活动及行为的无意性。爱玩、会玩，在玩中无意注意、无意记忆、无意想象；思维方式以具体形象思维为主，抽象概括能力开始发展；控制和调节自己的心理活动和行为的能力还很差，表现出很大的不稳定性。因此，孩子情绪性强，不受理智支配，高兴时听话，不高兴时什么也听不进去。（3）开始形成最初的个性倾向。5岁左右的幼儿，初步形成比较稳定的心理特征。对人对事开始有了相对稳定的态度和行为方式，性格和兴趣爱好开始凸显出来。

2、小学低年级

进入学校生活，对学校的一切既新鲜好奇，又不习惯，一时难以适应，很难做到专心听讲。好奇、好动、好模仿是很明显的心理反应。特别信任老师，并且有直观、具体、形象等思维特点。这个阶段又是孩子自信心形成的关键期，任何失败都有可能给孩子带来打击。注意力不集中，情绪变化无常，容易疲倦。行为动摇不定，不善于控制，容易冲动和特别敏感，对成功的喜悦和失败的痛苦都很强烈。

3、小学中年级

此阶段是孩子情感发生变化的转折时期，从情感外露、浅显、不自觉向内控、深刻、自觉方向发展。在人际交往中，情绪控制能力有限。学习上会出现粗心马虎，作业磨蹭等不良习惯，需要耐心纠正。

9-11岁处于儿童期的后期阶段，大脑发育正好处在内部结构和功能完善的关键期。生理和心理变化明显，也是培养学习能力、情绪能力、意志能力和学习习惯的最佳时期。孩子开始从被动学习向主动学习转变，自觉性逐步增强。孩子有了自己的想法，但辨别是非的能力还有限，社会交往经验缺乏，经常会遇到很多难以解决的问题，是不安的开始。同学之间在学习上出现了较明显的差距，兴趣爱好也有所分化。如果不注重引导，孩子可能会因为一些小的困挠干扰了学习，逐渐对学习失去兴趣。但通过正确的教育，这种不安可以转化成对自然和社会的探索激情和求知欲望，综合能力得到快速的提高，在学习的旅途中将会实现一次具有人生意义的深刻转折，从此踏上成功的人生之路。

4、小学高年级

孩子开始进入青春早期，由少年向青年过渡。竞争意识增强，不甘落后。更关注学习成绩，对于学习优秀的同学开始产生敬佩之情。独立能力增强，喜欢自发组成小团体。同学间开始进行个人简单交往，往往偏重于情感而分不清是非。自我意识有所发展，开始注重穿着打扮，自尊心进一步增强，自主性要求日趋强烈，但仍然缺乏自我约束的能力。喜欢用批判的眼光看待其他事物，反抗抵制初现端倪。初步具有自我调节情绪的能力，记忆力增强，注意力容易集中，思维能力增强了。自我教育的能力也得到了充分发展，初步形成了个人的性格和人生观。但意志力仍不够坚定，分析问题的能力还在发展中，所以遇到困难和挫折容易灰心。

5、初中一年级

刚刚跨入少年期，理性思维的发展还有限，身体发育、知识经验、心理品质方面依然保留着小学生的特点。自我意识进一步发展，有了一定的评价能力，也开始注意塑造自己的形象，希望得到老师和同学的好评。在学习和纪律方面会认真努力，力争给老师和同学留下好印象，但思维的独立性和批判性还处于萌芽阶段，容易受外界影响，顺利时盲目自满，遇挫折时盲目自卑，有从众心理。独立自主性增强，不愿让大人管，但学习和生活中遇到具体困难希望得到老师和家长的帮助。新环境新老师新同学新学科感到新鲜，但不久后，由于学科增多，复杂性增强，课时延长，考试增多，教法和学法与小学不同，心理压力和紧张感逐渐增强。

6、初中二年级

初中阶段是人生成长的重要时期，而初二是初中阶段的学生心理发展的关键期，是正值14——15岁的少年到青年的过渡阶段，其心理发展具有过渡性、动荡性、闭锁性和社会性的特征。

（1）过渡性

初二学生正处于少年向成熟青年期过渡的关键期，其心理发展具有半成熟、半幼稚的过渡特点，心理发展很不稳定，容易表露出沮丧、失意、焦虑等紧张情绪。而生理上也是发生剧变的时期，一年之内身体发育趋于成人化，身体的迅速发育与心理需求的矛盾日益加剧，致使他们心理发展很不稳定，这时期，特别需要教师、家长及其他成年人的指导。

（2）动荡性

初二学生与初一、小学生和初三学生相比，心理波动性很大，感情易消退。他既无小学生那样的依赖性，又无高年级学生的那种理智性或保守性，其独立意识明显增强。他们的思想比较敏感，社会上的种种变化常常会引起迅速反映，他们自尊心强，争强好胜，敢作敢为；他们忽而对这个感兴趣，忽而对那个着迷；今天满怀信心，明天却消极沮丧；常常从一个极端跳到另一个极端。他们自己认为"长大"希望成为社会的一员，受人重视，把他们看成"大人"，但他们实际不具有独立的地位；他们思想单纯，很少保守思想，重感情但又缺乏理智和辨别是非、善恶美丑的能力；他们的意志在发展，但克服困难意志还不强，容易把坚定与执拗、勇敢与冒险混为一谈。由于初二学生心理不稳定性，易变化，既造成初中阶段学生不良行为及违法犯罪率增高，又产生诸多心理障碍或心理疾病。因此，教育界通常把初二这一阶段称之为"危险期"。

（3）闭锁性

初二学生的内心世界随着生理变化逐渐复杂化，开始不大轻易表露自己的内心活动，尤其是女生较为突出，显示出闭锁性的心理特征。其情感发生改变，有心里话不愿对老师、父母讲，常把自己的秘密写在日记里或倾吐给自己的知心朋友。在学校发生的事或受了挫折，就会求助于平时交往的"朋友"或沉溺于网络游戏而不告诉老师和家长，其结果事与愿违，甚至酿成恶果或悲剧。有时，细心观察会发现，学生爱把自己放东西的抽屉加上锁，不许别人翻动，更不许别人、特别是父母或老师翻看日记或一些便条书信，否则他们不是拒绝，便是表示不满，甚至大发雷霆，或离家出走。因此他们随着自尊的增强，更加渴望别人的理解，又怕得不到别人的理解，找不到人倾述。

（4）社会性

初二阶段是人生观从萌芽到开始形成极为不稳定的重要时期，在人生观的形成过程中，也是由社会意识向个体意识的转化过程。而社会、学校的政治环境影响，家庭与集体舆论的导向，对初二学生个性的发展具有不可估量的作用。随着交往范围的扩大，学生理想的确立，职业的选择，精神上的追求，越来越受其心理发展的社会制约，一方面既要张杨其个性，一方面又要受到来自家庭、学校、社会的约束，二者之间产生矛盾冲突，学生会出现自我封闭、攻击、退化、妥协等心理现象。如果引导不当，学生不良行为就会滋长，产生消极的负面影响。

此阶段孩子已经进入青春期，随着青春期性发育和性成熟，在第二性征生理发育和性激素的刺激下，男女学生出现明显的性心理变化——性意识，表现对异性有好感和想接近的心理，有性冲动和欲望，大多数会产生青春期烦恼。另外，社会性的约束与自我独立的矛盾冲突往往会产生逆反心理。既想标新立异又担心脱离集体，于是有的孩子出现了紧张、焦虑、自卑等不健康心理。由于心理发展与生理发展的严重不平衡，就会出现不同程度的对抗情绪和逃避、说谎、早恋、破坏、暴力等逆反行为。

7、初中三年级

进入初三的学生除继续保留初二学生的绝大部分心理特征外，随着学习压力的增大，容易出现对自己学习上没有信心、对前途担心、对父母说教反感、心情烦躁压抑等各种现象，其实这些现象在初三的学生身上表现出来也是正常的现象。如果学生对这些出现的种种心理不适不能及时进行自我调节的话，就很有可能影响学习和考试成绩。另外，学生自我意识获得较大发展，学习能力有了很大提高，他们喜欢同老师平等的讨论问题，喜欢自己自由独立地组织开展一些活动。初三学生的"成人感"更加明显，自尊心大大增强，他们比初一、初二的学生更渴望教师和家长的尊重与理解。心理趋于定型，学习成绩相对稳定，初三学生心理发展迅速，开始趋向定型。观察力接近成人水平，有意识记占主导地位，思维活动具有抽象、概括的能力。学习兴趣基本稳定，学习成绩亦开始相对稳定。

8、高中一年级

高一学生是一个特殊的群体，整体上表现为一种过渡性特点。在学生身心发展中，处于一个重要的变化阶段，是他们人生观价值观形成的关键期；在课业学习中，面临着初中知识结构向高中知识结构的过渡，面临着学习方法学习思维的转换；在学习环境上，刚刚从初中进入高中，面临着新的老师新的同学，新的学习环境，新的学校管理氛围；寄宿制学生还面临着新的生活环境和生活条件，正处在心理上脱离父母的心理断乳期。随着身体的迅速发育，自我意识的明显增强，独立思考和处理事物能力的发展，高中生在心理和行为上表现出强烈的自主性，迫切希望从父母的束缚中解放出来。而他们的感情变得内隐，即内心世界活跃，但情感的外部表现却并不明显。这些特点会给父母与子女的沟通带来障碍。

9、高中二年级

经过高一一年的学习，学生在知识掌握程度上已较明显的分出层次，即所谓优生和差生。对优生来说，他们积极、自信的心理不断得到强化，学习兴趣上升为乐趣，学习已成为自觉的行为，并不断从中得到成功的心理体验。另一部分学生在一年学习中（尤其是在考试中）屡遭挫折，对学习的灰心、自卑甚至害怕等心理也在渐渐固化，出现兴趣转移、偏科等倾向。对中等水平的学生来说，学习目的模糊，学习动机不强，处于一种淡漠的被动状态。

此阶段由于很多学生目标不明确，既没有高一时的雄心壮志，也没有面临高考的紧迫感，是一个容易出现动荡和茫然的时期。一旦遇到挫折，特别是考试中受到打击，就会自我怀疑，产生焦虑。

10、高中三年级

此阶段孩子的社会意识已经接近成熟，并逐渐形成自己的人生观和价值观，对社会现实问题有自己的独立见解。随着备考时间的减少，在思想压力和心理上的波动都会比较突出，出现信心型、迷茫型、放弃型三种形式的分化。

信心型的孩子，在思想上有明确的目标和远大的理想，有浓厚的学习兴趣，有良好的心理素质，基础扎实，方法科学，学习能力强，各科平衡发展，历次考试成绩稳定，对高考充满信心。

迷茫型的孩子，在思想上渴望考入理想大学，但由于基础不扎实，学习方法不当，成绩经常波动，从而导致思想不稳，当成绩不进步或下降时，比较消极。考试进步时，又充满斗志。自感考大学有难度，对前途感到迷茫。

放弃型的孩子，基础太差，或者经过努力，但成绩没有进步，或者学科发展很不平衡，思想进入"考大学没指望"的误区，以致成绩越来越差，甚至最关键的时候自暴自弃。

（二）读懂孩子内心世界的方法

孩子的语言、行为是真实内心的表白，眼神是心灵的"窗口"，父母用心观察、倾听、对话的方法，是读懂孩子内心世界的基本方法，也是走进孩子内心世界的途径。

1、理解孩子话语的背后含义

　　孩子的语言并不能完全表达所有的信息和感情。因此，父母还要通过观察表情与肢体语言，来了解孩子的"初衷"。

　　（1）孩子的谎言是想象的结果

　　五六岁孩子说谎80%的情况下都不是故意的，很多情况下都是他们想象力的结果或表达愿望的方式，很少故意要欺骗父母。

　　有一位妈妈来我工作室做心理咨询，说孩子才5岁，就有很强的虚荣心，经常对老师和小朋友说谎。我不紧不慢对这位妈妈说："孩子说了一些什么谎言，你说来听听。"妈妈说："孩子在幼儿园对老师说她爸爸买新车了，还带着妈妈和弟弟一起去郊外野炊。""还说她玩的真开心。"我便问妈妈："你丈夫是做什么的？""你们一起陪孩子去野炊过吗？"等等。在和孩子妈妈交流之后，知道孩子爸爸是开私家车的司机，他们也是几年前陪孩子去野炊过。我便知道了孩子说谎是怎么回事了。

　　孩子生活阅历不丰富，所以他们对任何事物都充满了好奇心，想象力也非常丰富。当一些新的影像浮现在大脑中时，孩子们用语言表达出来，于是变成了谎话。

　　孩子的谎话是实现某种愿望的表现，谎话的背后，其实还隐藏着她的愿望。分析孩子的谎话，可以看出孩子们倾向于说："我做 ×× 了。"其实这句话隐含含义是"我想要做 ××。""我想要 ××。"我家也能买好车，因为爸爸常常开别人的车，我们一起开车去野餐。因为家里没有车，只能打的去。我想和家人一起去野餐，因为一年也去不了一次野餐。

　　（2）孩子的谎言是认知能力不足的表现

　　孩子的谎言有时候不符常理，不合逻辑。这主要是因为孩子的理解能力、知识范围、认知能力不足的缘故。比如说：刚吃完巧克力，却说自己没吃；没吃过药，却说自己已经吃了。这种情况是因为孩子的知觉力不发达导致的。但如果孩子年龄比较大，已经过了这种时期，就得好好确认一下孩子的真实情况了。

孩子故意说谎时会紧张不自然，话语会变得非常不流畅。在这种情况下，当孩子正结结巴巴说话时，可以向孩子发出警告。可以说"宝贝，我想听到真话"诸如此类的话。

孩子说谎时常常不敢直视人，逃避目光。这种情况下应先完整地听完孩子的话，再做定夺。孩子站着说话时，姿势会非常不自然。捏手指、舔手指、把手背到身后。

平时不这样的孩子也会突然变得结巴，不敢正视别人眼睛。这时可以判定孩子的话十有八九有问题。这时，父母要心平气和的和孩子沟通，冷静分析说谎的原因，切不可给孩子贴上"谎言大王""说谎鬼"等标签。通过谆谆教导，引导孩子自身明白说谎的不正确性，进而揭开孩子说谎的原因，从而更好地让孩子健康成长。

（3）孩子的谎言背后有其它动机

"我肚子疼"的潜台词是"我不想去上学"。学习成绩上不去，明天考试，没做完老师布置的作业，不想见到那个同学，讨厌见老师，所以今天不想去上学了。于是早上起床打算吃早饭时，开始装作肚子疼，以此作为不去学校的理由。上述情形也许很多有孩子的父母已经经历过了。

这时候，父母们应该察言观色，仔细地问清缘由。孩子不想去学校肯定是有理由的。不要动手打孩子，而是亲切、关心地询问孩子，帮助孩子打开心结。

有时候孩子的话语中可能会含有一些不中听的内容，对此，父母一定要理解孩子而不是以道德和善恶的标准来断定孩子的言语和行为。

2、透过绘画读懂孩子们的内心世界

孩子的画会"说话"。不要忽视孩子画的每一张画，就像涂鸦里包含着很多"秘密"一样，孩子画的小小图画中也同样含有他们内心的想法。

一位妈妈偶然间看到孩子图画本上的一张图画，十分惊讶。这张画上画着一个女人，脸被涂成了绿青色。

"哪有这样的人啊，又不是什么小丑，脸怎么涂成这样，这个是谁啊？"

"妈妈啊。"

"你这孩子，妈妈的脸怎么这样？"

"可我就想这样画。"

那位母亲带着那幅画来找我咨询，本来是让她和孩子一起来的，但孩子却没有来。后来我见到这张画的作者——一个五年级的小男孩，听他讲了事情的经过。"妈妈嘴上说爱我，但实际上只关心姐姐和弟弟，对我一点都不关心。姐姐和弟弟要东西时，她总答应得非常干脆，但是轮到我时，她老推托，很多时候都会拒绝我。所以有时我很讨厌妈妈。"

这就是那个孩子对我所说的话。于是，我找到那位母亲，向她建议说："今天孩子放学回到家时，您一定要拥抱一下孩子，要摸一下孩子的脸，温柔地对他说，'儿子，你不知道妈妈是多么地爱你，妈妈永远爱你。'"

之后，我不清楚这个孩子到底改变了多少，但我相信这个孩子对妈妈的态度一定会有很大的改观。

孩子在没有监视和特殊指导下，独立完成的画比在学校和辅导班完成的画更能反映孩子内心真实的想法。它是孩子代替语言表达内心想法的一种方式，反映孩子的思想和生活经历，折射出孩子的"自我形象"，也是孩子创造性思考的产物，更表达孩子的各种需求，窥视孩子的无意识世界和精神状况。

透过绘画看孩子的内心世界，是一门心理学技术，需要系统学习才能掌握。建议老师和家长们去了解它，学会它。

3、把握孩子身边物品的潜在信息

父母能够了解孩子的兴趣所在，有利于改善同孩子的关系和有效沟通，因为孩子知道你关注他了，存在共同话题了。因此，父母要多留意孩子身边的物品，在孩子不知情的情况下经常仔细检查。

（1）孩子喜欢的书籍中可反映他们最想知道的世界

孩子有零钱买什么样的书读，向同学借什么样的书看，这些都有必要留心观察。要设法确认孩子感兴趣书的类型，是儿童小说、童话、童诗（文学），还是与自然和艺术相关的。例如，是与海洋、天文、动植物、机械、机器人（科学技术）相关的，还是与音乐、美术、建筑、电影（艺术）相关的。

孩子经常阅读的书籍能够反映孩子的兴趣和好奇心。可以询问孩子经常读的书，经常观察一下书架上放的书。有时候，一些不太健康的书籍会藏在抽屉里。

了解孩子感兴趣的领域对指导孩子的成长大有益处。小时候的读书取向极有可能影响孩子将来的从事领域，所以通过对书籍的指导，可以拓宽孩子的爱好范围，有益于孩子的未来。

（2）仔细观察孩子喜欢的玩具

孩子身边的玩具，是我们不可忽视的领域。要经常查看孩子所拥有的玩具、喜爱的玩具和特别喜欢的玩具。玩具和未来职业有关联的例子并不在少数。小时候喜欢收集塑料玩具，长大之后喜欢汽车，成为一名汽车销售员。小时候喜欢显微镜长大后成为一名优秀的生物科学家，喜欢摄像机长大后成为一名出色的摄像师。这样的例子不胜枚举。

玩具不仅可以反映孩子的兴趣，还与孩子的天分有关，所以留心观察玩具对于孩子的健康成长是有利无害的。

（3）留意孩子身边的物品

日常生活中，孩子身边的物品有邮票、胶带、积木、玩偶、发夹、学习用品等。从这些物品中可以反映孩子的兴趣，也能反映出孩子的虚荣、攀比、炫耀等行为。有时候，孩子为了收集某个物品，会和父母撒谎，甚至偷家里的钱。有时孩子会接触一些危险用品，比如说一些化学药品，所以一学期一两次要检查一下孩子的书桌。但是要注意不要留下检查的痕迹。在翻动之前，要记清楚每个物品所在的具体位置，然后复原。还有要牢记不要向孩子提自己翻过他们东西的事，否则，孩子会对父母产生不信任感。

4、日记里隐藏的真实故事

随着孩子年龄的增大，与父母的矛盾也会随之增多。孩子对父母的看法，想说又说不出的话，想隐瞒的事与男女朋友等都会在日记中体现出来。日记有可能真实地反映出以下情感：

＊自己的苦闷。

＊不安和恐惧。

＊人际交往中与他人的矛盾和欢乐。

＊将来的愿望和计划。

＊对自己的评价和挫折感。

＊对父母的不满和抵触。

＊对外部世界的向往和抵触。

＊想隐藏的事情。

＊对学校和老师的不满和抗议。

所以父母有必要一学期大约一次瞒着孩子检查一下他们的日记

本，有时候甚至能够发现孩子想要自杀的念头及计划。这时，说不定是孩子故意想让别人看到而写的呢。

查看孩子日记时，首先要注意的一点就是不能让孩子发现。检查完后，如果查出的事情并不是很严重很紧急的话，不要立即对孩子说自己看过他日记这件事。因为这会让孩子丧失对父母的信任。他们也许会说"爸爸妈妈，你们是间谍吗？你们就这么不相信我？"甚至会理直气壮地跟你理论，进而会产生一些本不应该发生的矛盾和冲突。

查看孩子的日记一定要找对方法。日记中没有非常严重的事情时，父母可以睁一只眼闭一只眼。但是，如果有很严重的事情时，父母可以在吃饭时、看电视时、喝茶或吃水果时装作不经意提出来。还可以带着问题去做专业的心理咨询，在咨询师的指导下及时帮助孩子解决心理问题。

（三）给老师和家长们的建议

北京安定医院儿童精神障碍专家郑毅教授在其著作中指出：中国的中小学生有三分之一、大学生有四分之一都具有不同程度的心理障碍！这个数字，超乎了很多人的想象。

作为父母和老师，我们无时无刻都在关注孩子的健康，但身体健康容易操持，有疾病找医生。心理健康呢？很多家长和老师都感到无能为力，尤其是青春期孩子的家长。

1、预防为主，心理辅导与咨询为辅

预防孩子心理问题，和我们预防生理疾病一样，天气凉了加衣服预防感冒，春天来了预防流感，少吃高热量食品预防肥胖是一个道理。老师、父母要知道孩子在什么年龄段有什么心理需求，生理发育到什

么时候心理会发生什么变化，各个年龄段会出现什么心理特征，这是预防孩子心理问题的基础工程。老师、父母掌握本节第一点内容是十分必要的。

其二，把家庭打造成孩子幸福的乐园是预防心理障碍的关键。我们心理健康教育团队曾做个"学生心理问题产生根源"的调查和研究，结论是有九成的心理问题学生根源来自各自的家庭。其中第一要素是父母关系不和，让孩子缺乏安全感和情感依赖。更重要的是父母把自己的负面情绪传递给了孩子。其它如亲子关系紧张、家教方式、隔代养育、条件与环境等也是相关要素。因此，给孩子一个好的家庭教育环境和幸福成长的乐园是预防孩子出现心理问题的关键。

其三，运动是预防心理问题最简单有效的方法之一。大家有没有发现这样一个现象：现实生活中，喜欢运动的人很少抑郁，也鲜有自杀现象发生。运动能增强体质这大家都明白，但和心理状态的关系很多人未必知道。要知道，不良的情绪是影响自杀者的重要因素之一。相关的研究表明，长期的运动锻炼能有效地改善情绪，还可以有助于养成坚持、忍耐、抗挫折能力强的品质。体育活动能降低青少年的悲观感和自杀倾向，可以作为提高青少年心理健康的一项干预措施。一个不爱运动的孩子，课上课下学业的压力，生活中遇到不开心的事，没有渠道进行有效地排解，久而久之，就会出现不爱与人交流的现象，严重了会患上心理疾病。而爱运动的孩子，往往能通过运动更快地排解心中的负面情绪，更加活泼开朗。

学校和家庭，除做好预防措施以外，老师、家长要时刻关注学生的思想变化和情绪表现，及时发现问题，通过沟通或心理辅导，帮助孩子化解内心矛盾，排泄不良情绪，走出心灵阴影。问题较为严重的，一定要安排孩子去做心理咨询。

2、有症状，找"病因"，对症下药

人患病了，总有些生理反应，"生理反应"就是症状。孩子有心理问题了，总是有我们能够发现的一些"症状"。老师和家长要针对孩子出现的症状，先去找"病因"，只有找准了"病因"，方可对症下药，解决问题。以下这些就是孩子出现心理问题后的症状。

症状一：厌学

孩子不爱上学，家长会本能地警醒，并会去找外部环境的问题：学校的教学方式太过死板？老师的行为不当？孩子在学校遭受霸凌？当然，这些都有可能是原因。但如果孩子的表现和其他同学差别过大，那么家长就该警惕，是不是孩子的心理健康出了问题。

症状二：沉迷网络和游戏

现如今，我们几乎每时每刻都离不开网络。但如果孩子过于沉溺于虚拟世界，甚至放弃自己的前途学业、人际关系，那可能就不仅仅是管不住自己了，而是心理出现了问题。

症状三：拖延

孩子如果仅仅偶尔出现拖延的情况，可能只是因为犯懒。但如果一直拖延，事事拖延，管制引导都无效，那么家长该做的就不是如何"教育"，而应该用科学的办法着手解决孩子的心理问题了。

症状四：不出门

孩子天性活泼，热爱户外活动，喜欢找各种乐子，如果长期不爱出门，做宅男宅女，那心理上很有可能是有问题的。

症状五：不与人交往

内向跟不与人交往是有区别的。内向的孩子虽然不爱主动表达，但是会通过眼神、身体语言等发出自己对人感兴趣的信号，他们不愿意成为人群中心，但挺喜欢呆在小伙伴中间。如果一个孩子不跟人交往,甚至连好朋友也越来越疏离,家长就要十分警惕了。

症状六:厌恶老师

跟第一个症状类似,家长除了找老师的原因,还得找孩子的原因。如果孩子之前一直对老师没有什么意见,突然开始厌恶学校厌恶老师,那也许是在释放他厌恶这个世界的信号。

症状七:早恋

男孩女孩互相有好感,是人之常情,心理健康的孩子能够处理好喜欢一个异性跟自己学业和生活之间的关系,老师家长对此报以宽松的态度,能够让孩子更容易处理好这个关系。但是,如果孩子认为"爱情"就是一切,没有爱情全世界都没有了,很可能是缺乏安全感所致。

症状八:砸东西

暴力行为就是心理出现问题的表现,如果此刻让孩子画一张画,拍一个视频,创作一段音乐,很可能会呈现出令人惊悚的作品。很多孩子会把自己关在屋子里,拼命地去摔东西、砸东西,一边砸一边还念念有词。这个时候,往往是孩子心理上有很多情绪需要发泄。

症状九:攻击他人

砸东西是对着物品撒气,攻击他人是对着人泄愤,这都是属于暴力行为。尤其对于已经懂事的青春期孩子来说,暴力行为不仅仅是性格所致,更是心理问题。

症状十:考试综合征

考试综合症是指患者由于心理素质差、面临考试情境产生恐惧心理,同时伴随各种不适的身心症状,导致考试失利的心理疾病,还可形成恶性循环。

症状十一:睡眠不规律

很多孩子对任何事情都没有兴趣,就爱躺在床上睡觉,不分白天黑夜地睡。而另外一些孩子却是不睡觉，或者睡眠质量不好，这又会导致他们白天无精打采。睡觉，也变成了心理问题的借口，或者寄托的方式。

症状十二：饮食出现问题

很多家长往往把孩子表现的"厌食"视为"挑食"，把"贪吃"视为"爱吃"，其实，无法抑制地不爱吃饭和一吃就控制不住地停不下来，都是孩子心理问题的映射。

孩子出现以上这些信号所反应出来的症状，独立来看问题都不大，也可能是孩子青春期自立情结（俗称逆反）的表现。但如果一个孩子出现了五个以上的信号，家长就要高度重视了——孩子不仅仅是跟家长出现了代沟，也不仅仅是自立情结的乖戾行为，很可能他在经受人生中从未有过的心理障碍。这个时候，家长要及时和老师取得联系，共同商量解决方法，防患于未然。找准"病因"了，根据难易程度，家长能帮助孩子自行解决的，可以通过孩子自助的方式解决问题。父母和孩子不能自己解决的，就必须看心理医生，或做心理咨询了。

三、认识孩子，了解孩子的气质类型

中国传统文化源远流长，博大精深。流传千年的经典教育谚语层出不穷，发人深省。人们常说的"三岁看大，七岁看老"仍可古为今用。这句话说的就是小孩子在三岁的时候就可以基本看清其长大后的心理特点、性格特征等。到孩子七岁了，就基本可以知道孩子一生的发展状况。这句话虽然有些夸大的成分，但是其中也并不是毫无道理的，说明了孩子性格形成的关键期和重要性是不言而喻的。

1980 年，英国伦敦精神病研究所的教授曾进行一项实验，他在当地选取 1000 名 3 岁孩子，根据性格给他们分类做了记录。23 年后，教授再次接触这 1000 名孩子，彼时他们已经 26 岁。教授惊奇地发现，孩子们的性格和 3 岁时候几乎完全一样。

这个实验也就印证了中国传统文化中的另一句古语："江山易改，禀性难移。"这个"禀性"就是指人的气质。气质是先天性的，它是人的性格形成的基础。具有同一气质类型的人，在后天不同的成长环境中，和不同的教养方式影响下会形成不同的性格（个性）。

（一）气质类型及其特征

人的气质类型的划分方法有很多，但以古希腊医生、朴素唯物主义者希波克拉底的分类和俄国生理学家巴甫洛夫的分类最有影响力。

希波克拉底认为人体内含有四种体液：血液、粘液、黄胆汁、黑胆汁，有机体的状态决定于这四种体液的搭配。不同搭配比例形成了人的不同气质类型。气质类型按体液特性可以划分为：多血质、粘液质、胆汁质、抑郁质四种，这就是希波克拉底的体液学说。

俄国生理学家巴甫洛夫通过实验研究发现，神经系统的兴奋和抑制过程具有强度、平衡性、灵活性三种基本特性。根据这三种特性的差异组合，将人的高级神经活动分为兴奋型、活泼型、安静型和抑制型四种类型，而这四种类型与古希腊医生希波克拉底的分类恰好相对应，高级神经活动类型是人的气质的生理基础。这两种不同学说所反映的各自特点也十分相吻合，因此，教育心理学把人的气质分为多血质、粘液质、胆汁质、抑郁质四种典型的类型。但是真正属于这四种典型类型的人并不多，多数属于混合型的，且都有一定的倾向性。

1、胆汁质：胆汁质的人神经活动过程强但是不平衡。这种类型的人一般是感受性低而耐受性高；他能忍受强的刺激，能坚持长时间的工作而不知疲劳，显得精力较旺盛。这种类型的人表现常常是行为外向，反应迅速、敏捷，直爽热情，在克服困难上有坚韧不拔的劲头；智力活动具有极大的灵活性，但理解问题有粗心大叶，不求甚解的倾向；情绪兴奋性高，但是心境变化剧烈，脾气暴躁，难于自我克制。胆汁质孩子在婴儿时期，就表现出容易烦躁不安、易闹的特点。婴儿生活没规律，不好好睡觉，动不动就哭。所以胆汁质的孩子属于难教养型。

2、多血质：多血质的神经活动过程特点是强、平衡且灵活。这种类型的人感受性低而耐受性高；活泼好动，言语行动敏捷，反应迅速、注意力转移的速度都比较快，行为外向；容易适应外界环境的变化，善交际不怯生，容易接受新事物；注意力容易分散，兴趣多变，情绪不稳定。多血质的孩子一般属于好抚养类型。生活规律，比较活泼可爱，会讨父母的喜欢。适应能力强，情绪丰富多变。喜欢运动，反应敏捷。

　　3、粘液质：粘液质的人神经活动过程的特点是强、平衡但不灵活。这种类型的人感受性低而耐受性高，反应速度慢，情绪兴奋性低但很平稳；举止平和，行为内向；头脑清醒，做事有条不紊，踏踏实实，容易循规蹈矩；注意力容易集中，稳定性强；不善言谈，交际适度。粘液质孩子早期活动缓慢，积极主动性不强，不爱与人交往。

　　4、抑郁质：抑郁质的神经活动过程的特点是弱，而且兴奋过程更弱。这种类型的人感受性高而耐受性低；多疑多虑，内心体验极为深刻，行为极端内向；敏感机智，别人没注意到的事情他能注意到；胆小，孤僻，情绪兴奋性弱，寡欢爱独处，不爱交往；做事认真仔细，动作迟缓，防御反应明显。抑郁质婴儿的特点是安静胆小。不适应陌生环境，一遇到陌生人就会哭个不停。

　　《西游记》的作者吴承恩通过鲜明的人物形象塑造出孙悟空、猪八戒、唐僧和沙和尚四种不同气质特性角色，成为这四种气质类型的典型代表。唐僧是典型的粘液质的气质类型，安静稳定，寡言少语，注意力难转移而且很固执，但目标明确；孙悟空则是胆汁质，直率热情，精力旺盛，行动敏捷，易冲动；多血质的猪八戒则活泼好动，喜欢交往；而浑身上下都透着抑郁质的沙僧自然是行动迟缓，孤僻，但善于观察到别人不容易察觉的细节。

（二）性格是怎么形成的？

1、先天气质是性格形成的基础

　　0—3 岁的婴儿，气质特征表现得淋漓尽致。有的婴儿天生精神充沛，好动喜哭；有的婴儿活泼好动，喜欢和大人对眼神、做笑脸和言语交流；有的婴儿喜欢安静，喜欢观察周边环境，多睡眠，少交流；还有的婴儿胆小，一点点动静都十分敏感，喜欢哭闹。这些都是孩子气质特征的表现。

孩子慢慢长大，精神充沛的孩子越来越精力旺盛，整天手脚不停，形成了好动的性格；从小喜欢和爸妈对眼神、做笑脸的孩子，和父母语言交流频繁，和爷爷奶奶互动经常，不反感和生人交往，这样的孩子就很容易形成乐观活泼的性格和善交朋友的性格；当然，也有的孩子生来性情温和，动作迟缓，说话和走路都会比别的小孩要迟，如果父母不注意行为习惯的训练，孩子有可能形成做事磨蹭的性格，更有可能形成又慢又懒的性格；那些天生性情脆弱的孩子，耐受性低，抗挫力不够，同样有可能形成做事犹豫不决和悲观被动的性格。

人的天生气质分为四种类型，每个人身上都会具备四种气质，只是其中有一种在某些人身上占比最大，因而显现为我们的主导气质。不过，这并不表示，拥有一种气质的人，必定拥有这个气质类型的所有特征，只是说明拥有的倾向性比较高。

气质没有好坏之分，而性格却有优缺点之别。气质更多地受个体高级神经活动类型的制约，主要是先天的。而性格更多地受社会生活条件的制约，主要是后天的。气质是表现在人的情绪和行为活动中的动力特征（即强度、速度等），无好坏之分。而性格是指行为的内容，表现为个体与社会环境的关系，在社会评价上有好坏之分。气质可塑性极小，变化极慢。性格可塑性较大，环境对性格的塑造作用较为明显。因此，人的性格是由"先天气质"和"后天习惯"两部分决定的，"先天气质"也只是发挥基础性作用。

气质类型	人物典型	气质特征	性格表现	
			优点	缺点
胆汁质	孙悟空	感受性低 耐受性高 性情急躁 动作迅猛	勇敢果断 不畏艰难 坚持到底 自律性强	暴躁易怒 缺乏同情 太过固执 自大自满
多血质	猪八戒	感受性低 耐受性高 性情活跃 动作灵敏	乐观活泼 把握现在 同情心强 善交朋友	冲动浮躁 半途而废 肤浅脆弱 容易懊恼
粘液质	唐僧	感受性低 耐受性高 性情沉静 动作迟缓	容易相处 随遇而安 思考严密 为人宽容	又慢又懒 不易悔悟 不爱表达 冷漠旁观
抑郁质	沙和尚	感受性高 耐受性低 性情脆弱 动作迟钝	细腻敏锐 忠诚可靠 富有天分 深刻透彻	钻牛角尖 犹豫不决 自我中心 悲观被动

2、行为形成习惯，习惯形成性格

孙悟空在护送唐僧西天取经的路上，历经九九八十一难，斩妖除魔，排忧解难，是因为他有不怕困难、不惧任何艰难险阻、勇敢果断的性格。他这样的性格是在菩提祖师的教化下，充分发挥了他的胆汁质特有的先天气质，通过10年的苦练上天入地和七十二般变化之术，慢慢习得的。他大闹天宫，暴躁易怒、自大自满的性格也是因为性情急躁的禀性，在花果山的群猴日常生活中不良行为习得的；人见人爱的猪八戒，多血质类型的典型代表。性情活跃是他的主导气质，在高老庄有家有妻,幸福的人间生活形成了乐观活泼、把握现在、享受生活的性格;从小进入寺庙,整天念经送佛的唐僧,性情沉静的气质,在这样的环境下,形成了思考严密、为人宽容的性格,也形成了不爱表达、冷漠旁观的性格缺点;感受性高、耐受性低的沙和尚,常年生活在流沙河底下,鱼虾为伴,也就形成了对周围环境特别敏锐的性格。整个西天取经的路上,沙和尚都表现出沉默寡言、吃苦耐劳、任劳任怨和做事忠诚可靠的品质。

《西游记》作者吴承恩,虚构的四个主要人物,性格鲜明独特,不仅符合人的四类气质特征,还给我们介绍了人的性格是怎样形成的。作者吴承恩不仅是伟大的文学家,也应该是我国最优秀的"心理学家"。

我们冷静下来,回想一下孩子的成长过程,看性格的形成是不是都是这个样子的。性格外向的孩子,是不是都是胆汁质和多血质类型的孩子,他们从婴儿期开始,就表现得性情开朗、活泼可爱,父母们都认为这样的孩子长大后善交际,情商高,人缘好。在成长中,父母们经常肯定孩子爱打招呼、爱表现、爱出风头,喜欢结交朋友等行为,孩子们的这些行为也就慢慢成了习惯,外向型的性格就形成了。性格内向的孩子,一般都是粘液质和抑郁质类型的孩子,他们从小就少言寡语、依恋父母、喜欢安静、胆小怕事,不入群,朋友少。如果没有父母特别的教育方式和特殊的教育环境进行改造,孩子性格内向是天生的,一生难以改变。

在此特别注明,孩子性格内向,绝对不是不好的性格,只不过是性格外向型家长不愿接受内向型孩子罢了。世界上70%以上的成功者其实是性格内向的人。

"江山易改,禀性难移。"说明人的气质在性格形成的过程中,发挥了重要作用;"三岁看大,七岁看老。"说明人的性格形成7岁前是关键时期。吴承恩老先生告诉我们,性格是由日常行为演变成习惯而来的,成长的环境产生了重要影响。

（三）给老师和家长们的建议

《论语》中记载了这样一则故事。有一天,子路问孔子说:"听到一个好的主张,要立即就去做吗？"孔子说:"你有父亲兄长在,怎么能听到这些道理就去做呢！"而冉由也来问同样的问题,孔子却说:"应该听到后就去实行。"这时,站在一边的公西华被弄糊涂了,不由得问孔子原故。孔子说:"冉由为人懦弱,做事总是退缩不前,所以我要激励他的勇气;子路行事轻率,勇气超人,所以要中和他的暴性,限制他太过刚勇。"冉由与子路二人,后来从政都有成就,不能不说与孔子的教育是有很大的关系的！ 心理学上将人的气质分为四种类型,子路坦率莽撞,可能属于胆汁质。而冉由谦虚谨慎,可能属于粘液、抑郁质混合型。

孔子在2500多年前提出的"因材施教"教育思想,成为教育学的重要教育原则,坚定不移,历久弥新。

1、因材施教,引导孩子形成良好的个性品质

气质无好坏,每一种气质类型的人都存在着向某些积极的或消极的品质发展的可能性。都有可能成为性格良好或不良、品德高尚或低劣的人。比如:"胆汁质"特征的孩子容易形成勇敢、爽朗、有进取心的品质,但是容易出现粗心、粗暴等缺点;"多血质"特征的孩子,容易形成活泼、机敏、爱交际等品质,但是容易出现轻浮、不踏实、情感不真挚等问题;"粘液质"特征的孩子,容易形成稳重、坚毅、实干等优良品质,但也容易变得冷漠、固执;"抑郁质"特征的孩子,细腻敏锐,忠实可靠,遵守纪律,但也容易出现多疑、怯懦、孤僻等缺点。因

此，老师和家长关键是要了解孩子的气质类型，并有针对性的实施不同的教育和训练，防止孩子产生消极的品质，有意识地把他们向积极地方面去引导。

2、因材施教，采取有针对性的教育方法

（1）胆汁质的孩子精力充沛，积极热情，喜欢说话，爱活动。同时这个类型的人还爱管闲事，爱惹事生非，急躁、粗心等。所以针对胆汁质的孩子就要经常提醒他们遵守纪律，约束自己的行为；对他们进行批评时，就要注意批评的口气和语言，不要大声训斥，更不能激怒他们。比如：你如果因为孩子作业写得乱，去大吼大叫的批评他，有可能你换来的不是他好好做作业，而是一气之下把作业本撕掉，或者干脆扔下作业出去玩了。

父母要注重保持安静和谐的家庭氛围，对待孩子的态度要平静，要求要严格，和他们说话就要平和、冷静，帮助克服孩子不安静和急躁的特点。可以设计一些动静结合的手工游戏，比如，折纸、画画、搭积木、下棋等，重点培养孩子的耐性和理性思维，以磨练和培养他们耐心细致的习惯。尊重孩子的合理要求和愿望，适当的进行"延迟满足"，让孩子学会等待，以便培养其耐心和自控能力。多陪孩子运动，要释放他们的剩余精力。

（2）多血质的孩子对人亲切、热情，见到生人也不拘谨，还能主动与人交谈，就是平时我们说的"自来熟"；上课喜欢发言，互动积极。课外主动亲近老师，很容易沟通。但是这种类型的孩子，往往注意力不太集中，容易分散精力，做事浮躁不踏实，虎头蛇尾，怕吃苦。

对于这种类型的孩子，家长要用亲切关怀的态度对待孩子，可以多给他们布置些任务，用较高的标准要求他们，并且让他们多做一些富于耐性的工作，特别是家务劳动，由简单的做起，循序渐进，做到有始有终。事情做完后，要求他们用言语描述所做的过程，克服虎头蛇尾、浮躁的特点，逐渐养成有条理的思维模式，养成吃苦耐劳的品质。遇到问题要"动之以情晓之以理"，不能强迫也不能放任自流。

这种类型的孩子如果教育失当，就容易形成注意力不稳定、做事虎头蛇尾以及情绪浮躁等不良品格。

（3）粘液质的孩子一般比较安定，也不张扬，情绪波动也不大，受到表扬会微微一笑，批评时也不辩解。动作相对比较迟缓，循规蹈矩。一般而言，这种类型的孩子在集体中显得比较安静，遵守纪律，听话，也不会惹事，注意力比较集中，做事情有一定的持久性，不容易受到周围刺激的影响，这些都是优点。缺点是沉默守旧，固执，不爱讲话，不太关心他人，相对比较冷漠。

在家里，父母要创造轻松、活泼、幽默的家庭气氛。对他要特别亲切、关心，时刻关注他们的情绪变化，多鼓励，多沟通；当指出他们的缺点和错误时，应该给与更多的思考时间，防止他们固执己见；要和他们多玩一些灵敏和有速度的游戏，不断克服动作迟缓的特点；鼓励并引导他们多接受新鲜刺激的事物，让孩子多参与，以便逐渐改变守旧的特点；鼓励和引导他们与外界打交道，刺激孩子的表演欲望，逐渐改变孩子不爱讲话的特点；鼓励孩子多参加集体活动，融入到团队和集体中去。

粘液质的孩子听话懂事，家长很容易放松对他们的教育。如果教育的不好，很容易形成保守、固执、冷漠、不关心集体等性格，父母们要高度重视。

（4）抑郁质的孩子一般都比较胆小，不爱讲话，说话声音也小，不爱与人交往。受到表扬也绝不会"喜形于色"，受到批评也是沉默不语，即便是被冤枉也不会去辩解。在老师眼里似乎有他没他都无所谓，但是回到家里却能把学到的东西都能表现出来。这个类型的孩子安静守纪，注意力集中，有丰富的想象力，情感体验细腻持久，善于发现细微的变化。缺点就是胆小，不爱说话，孤僻，自卑，敏感，沉闷。

这里有一个特别值得老师们警觉的案例：《他是小偷吗》

二年级的鹏鹏性格内向、不爱说话胆子较小，但是学习还是不错的。有一天班里一个同学新买的转笔刀不见了，到处找没有找到后就告诉了老师，老师就在班里挨个问同学，当问到鹏鹏时，鹏鹏脸"腾"就红了，赶紧低下头也不敢看老师，老师一看就说："我已经知道是谁拿的了，但是最好是这个同学主动自己承认。"一听这话，鹏鹏的脸更红了，同学们一听老师这么说，也好像是明白了什么似的，全班同学的眼睛都齐刷刷的转向了鹏鹏。下课后，老师把鹏鹏叫到办公室谈话，并让他交出转笔刀。并说："拿了也没有关系，只要还给同学，以后不再犯了，就是好孩子。"结果鹏鹏什么也说不出来，只知道哭，回家后说什么也不上学了。这正是因为老师缺乏对孩子气质类型特点的了解，过于主观和武断而造成的。通过鹏鹏的表现可以看出，他是个非常典型的抑郁质类型的孩子。

对于抑郁质的孩子，首先要给他一个轻松、快乐、温馨的家庭氛围。对待他的态度要特别亲切、温和、耐心，给予更多的关怀和照顾。不要在公开场合批评他们，要在能接受的范围内，或者趁别人不注意时，亲切而又轻描淡写地说明错误所在，并鼓励他们去改正，语言要平和，不能流露出厌烦和不满。在家里创设环境，鼓励他们多讲话，多表演等。多带他们参加公开活动，多参加体育运动，逐步锻炼他们的勇气和信心。尤其当环境发生变化时，更要特别地关心和照顾他们。通过一些"角色游戏"培养他们的交往和组织能力，要鼓励他们多和小朋友玩（最好和多血质的孩子），引导他们要多关心小朋友，以此来培养他们与人交往的能力。多带他们参加集体活动和户外活动，以便增强适应能力，克服孤僻、敏感多疑的毛病。

这种孩子如果教育的好，会很聪明细致、稳重听话、情感细腻。如果教育不好，就会成为胆小、敏感、孤僻、不易于适应环境和郁闷悲观的人。

在班级里，总有那么一两个学生属于胆汁质类型的人，也是属于难管型的孩子，令老师们十分头痛；也总会有那么几个属于抑郁质类型的学生，虽然好管，但也令老师特别的担心，他们是心理问题学生的高危人群。这就需要老师多观察，多和学生们相处，了解学生们的气质类型，对班上的学生有一个大致的分类，并做到心中有数。无论是在课堂上，还是在课外活动中，时刻关注不同类型学生的情绪和行为，能做到有的放矢、因材施教，教育就会达到满意的效果。

这位老师的做法很值得大家借鉴。

有一位老师组织学生秋游，因为是借用家长的车，不能耽误家长正常上班，所以提前一个多小时到了旅游景点。当时景点的大门紧闭，四周空无一人，加上北方的天气，秋天早晚已经很凉了。全体同学面对紧闭的大门，顶着瑟瑟的秋风，开始出谋划策，议论纷纷。首先是胆汁质的同学提出："老师，公园的门不高，这里又没人管，我们不要在这里傻等了，翻围墙进去吧！"；多血质的同学却想着自己的主意："老师是肯定不会让我们翻进去的，一个多小时不能傻等着，我自己找地方玩会儿去"；而抑郁质的同学又在那里自我伤感起来，非常沮丧的对老师说："老师，还有一个多小时，天又这样冷，可怎么办？"；只有粘液质的同学在耐心地等待着老师的安排。面对如此处境，你会怎么办？

这个老师这样对同学们说："同学们，今天老师没有考虑周全，让大家早到一个小时。请同学们不要着急，翻进去是违反纪律甚至是违法的，也很危险，这样的事情我们不能做，我相信同学们也是不会做的

（这是对胆汁质同学说的）；在这里我要特别警告个别同学，要注意遵守纪律，不能离开班集体，要一切行动听指挥（这显然是对多血质的同学说的）；由于没有计划好时间，个别同学的秋游兴致受到了一点影响（对抑郁质同学说的）；不过没有关系，我们正好利用这一个小时做个有趣的游戏好不好？"结果是可想而知，同学们吹呼雀跃开始做游戏。游戏结束了，也到了旅游景点的开门时间，大家进入景区开始了一天愉快的秋游。

在这一教育案例中我们看到，老师由于比较了解学生的气质类型特点，准确地把握了全班学生的心理活动，从而提出了有效的教育策略，成功地解决了学生教育活动中的突发事件，避免了矛盾的进一步激化。

作为家长面对的只有一个孩子就会更简单一些，只要了解自己孩子的气质特征，有针对性采用切实可行的教育方法和策略，相信会把孩子教育的更好。

3、利用孩子气质特征的优势弥补智力水平的短处

教师、家长可以利用表现在智力方面的优势气质，弥补各自的短处，促使孩子的智力都能向高水平发展。譬如：粘液质类型的孩子性情沉静，注意力稳定，但他们动作迟钝，注意力转移迟缓。在学习时，专注的时间就比一般孩子要长，这时就千万别打扰他。画画、设计、研究就是他们未来最合适的工作；多血质类型的人性情活跃、动作灵敏，注意力易于转移但也易于分散。这样的孩子在球场上最得心应手。在未来工作中处理纷繁复杂的事情比其它类型的人能力要强的多；胆汁质类型的人聪明灵活，但做事毛手毛脚、粗枝大叶。把对孩子智力训练的重点放在仔细检查、修正错误上；抑郁质类型的孩子，他们观察事物细腻敏锐，思考问题深刻透彻是他们智力活动的长处，但行动迟缓，爱钻牛角尖。在学习上擅长解答难度比较大的问题，未来从事创新设

计和科学研究是最佳选项。

4、教会孩子善于把握和调节自己的气质

古希腊大哲学家苏格拉底曾经创办一所学校,他在学校的门口立着一块牌子,上面写着:"认识你自己"。只有当孩子认识了自己,才能客观地评价和正确对待自己的优点和缺点,才能知道自己身上的不足之处,取人之长,避己之短,也才能从失败中总结教训,不断成长。而如果不认识自己,就容易失去自我或变得过于自负。通常来说,孩子对自己的评价过低,认为自己处处不如别人,什么也不会做,往往会真的做事畏缩、迟疑和被动起来。"我不行""我不敢""我不会"等等就是缺乏自信心的孩子常说的话。相反,如果孩子对自己评价过高,认为自己什么都比别人强,就容易自负,而自负容易导致孩子停滞不前,好虚荣,还容易使孩子意志薄弱,经不起挫折和打击。所以对于大一点的孩子,我们要教育孩子善于认识自己的气质特点,了解自己气质类型中积极的一面,有利于发挥其特长。了解气质类型中消极的一面,并注意调节控制和掌握自己的气质。如果一个孩子能经常有意识地限制自己气质的消极方面,就有利于形成良好的个性。相反,如果不能控制和把握自己的气质,而让气质中的弱点支配自己的行为,那么任何一种气质都有发展成不良心理品质的可能。因此,应该教育孩子善于分析和认识自己的优缺点,做自己气质的主人。

四、认识孩子，知道孩子的最佳学习方式

科学家们根据大脑信息传递的途径，将学习的类型分为视觉型、听觉型和动觉型。不同孩子会有不同的特点，一般情况都会突出某一种感觉，那么这一类孩子就属于这一类型的学习者。

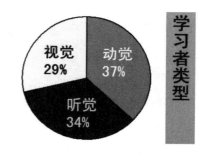

科学家们在香港地区对 2500 多名儿童进行了行为类型的测试，结果表明，有 29% 的孩子属于视觉型学习者，有 34% 的孩子属于听觉型学习者，有 37% 的孩子属于动觉型学习者，如图所示。

这一调查中的样本人群和比例是符合我们华人标准的，因此可以作为我们研究的标准。了解到孩子行为的类型，我们就可以采取更有针对性的方式方法对孩子进行教育和辅导。

（一）不同学习者类型的行为特征

了解了学习者的类型，我们就需要知道如何了解自己的孩子属于哪一种行为类型。

首先我们来看下面的图片，如图所示。

图片中的孩子是刚刚在游泳馆里游完泳出来的，我们先看左边女孩，她披着颜色艳丽的浴巾，目视前方，很安静的样子，显然是视觉型学习者；再看前面的三个孩子，一个女孩和两个男孩都在指手画脚、姿态各异，由此判断他们是动觉型学习者；最后面的孩子没有聚精会神，也没有表现出活跃的状态，他们可能是听觉型学习者。这张图是为了给大家一个更为直观大体感觉，认识三种不同学习者类型的基本特征，仅凭这张图确认他们属于哪一种学习类型，是不科学的。

1、视觉型的孩子

一般来说，视觉型的孩子上课时会目视前方，盯住老师，善于观察老师的表情，一般不爱说话，一旦说话速度很快，否则就不说。视觉型的孩子喜好自己看书学习，假如你拿一份报纸给他讲报纸上的内容，这时他们就会拿过报纸自己看。视觉型的孩子观察能力很强，能观察出事物之间的微小差别。在日常生活中，对色彩敏感，喜欢花花绿绿的衣服。这些孩子普遍喜欢看书，他们愿意用视觉来满足自己的求知需要，独立学习能力很强。

2、听觉型的孩子

听觉型的孩子一般喜欢听，从小就爱听妈妈讲故事。音乐响起，孩子马上会安静下来，注意力会高度集中。边看电视可以边做其它事情，但电视内容会记在心里。从外在表现来看，他们在思考或回答问题的时候,他们的眼神会左顾右盼。他们爱听长篇评书,喜欢和人推心置腹的聊天。他们上课积极举手发言,说话、演讲会有抑扬顿挫的节奏感,会刻意选择用词,语感好。对来自大自然的各种声响有自己准确的判断,对各种鸟儿的叫声特别感兴趣。

3、动觉型的孩子

顾名思义,动觉型学习者好动。在课堂上,热衷于上台表演;在实验室,喜欢动手操作;课堂外,热爱体育运动;在日常生活中,手脚不停,别人玩玩具,他们却喜欢拆卸玩具。别人喜欢观察某种物品,他喜欢拿起了掂量掂量,敲敲打打。动觉型学习者看见熟悉的同学,会以肢体接触的方式去打招呼。他们思考问题的时候往往会低头看地,手脚不停抖动。与陌生人说话时还会脸红,并且语速非常慢。他们普遍喜欢手工课,手工作品很优秀。

（二）如何判断孩子的学习者类型

上述不同类型的学习者特征,大多是表征,若只从直观上来判断,往往会不够准确。因此,我们再来介绍几种其它的判断方法。

（1）让孩子表述过去发生的事情。

通过让孩子回忆过去发生的事情的场面情景,观察他是如何表述的就可以判断出孩子的学习者类型。例如,家长可以询问孩子,让他回忆某次过生日的场景,如果孩子是手舞足蹈、绘声绘色地讲述生日上高兴的事,那么我们可以判断这个孩子是动觉型的学习者。再如,你可以问孩子小时候最喜欢穿的衣服是什么颜色的,有什么图案,如果孩子能够准确地表述出来,基本可以判断孩子是视觉型的。又如,你记得小时候喜欢唱的哪些歌曲,如果孩子能够记得,或者还能唱出来,我们基本判断孩子属于听觉型的。

（2）通过孩子的作文来判断

　　通过阅读孩子的作文，你就会发现不同学习者类型的孩子写作文时所用的词汇也会有所不同。有的孩子擅长从空间立体、色彩的角度去描述他所看到的东西，那么我们判断他是视觉型；有的孩子在叙述时，把人物对象的动作描绘得栩栩如生，与自己平时的习惯性动作一模一样，则可以判断是动觉型；有的孩子会侧重描述声音，如风声、雨声、鸟兽声等等，这类孩子可以判断是听觉型。

（3）通过沟通方式来观察判断

　　不同学习者类型的孩子和别人交流沟通的方式也不一样。老师、家长了解了孩子的所属类型，就可以选择适合的方式与孩子进行更有效的沟通。例如，视觉型的孩子对听觉不敏感，你跟他说什么他会像没听一样，他们不喜欢让别人碰，有时候老师或家长会摸摸孩子的头，而这一类孩子就会躲；动觉型的孩子，别说摸摸头，抱起来转一圈他都非常开心；听觉型的孩子更愿意接受面对面的聊天。

（三）给老师和家长们的建议

阅读小故事

英国著名解剖学家麦克劳德杀狗的故事

　　在英国的亚皮丹博物馆里，有两幅藏画特别引人注目。其中一幅是狗狗的骨骼图，另一幅是狗的血液循环图，说起这两幅画，还有一个动人的故事。原来，这两幅图画是当年一个叫麦克劳德的小学生画的。

　　英国著名解剖学家麦克劳德，上小学时是学校出名的调皮捣蛋鬼。一天，他正和小伙伴们玩耍，偶然发现校长那只心爱的小狗正摇头摆尾地溜达过来。看着这只灵巧可爱的小狗，麦克劳德突发奇想，想看看动物的内脏究竟是什么样子的。于是，几个天不怕地不怕的孩子一起把狗杀了。

校长得知后很生气，把麦克劳德叫来，问道："你为什么要杀那可爱的小狗？"

"我想看看它的内脏是什么样子。"麦克劳德小心地说着。看着麦克劳德低下的头，校长想知道这孩子真是想看看狗的心脏是什么样子？还是在骗我？

"那你一定用心看了？好，你就画一幅狗的骨骼图和血液循环图给我吧"。

麦克劳德知道这下闯了祸，怎么办哪？他只好找来了许多画狗和介绍狗的书，认真研究起来，狗的心脏在那里？它的胃又是怎样的，它有几组肋骨？……看着看着，他对解剖产生了兴趣，真的画好两张图样交给校长。校长见他认错态度诚恳，图形画得认真、出色，便免去了对他和其他几个学生的处分，最终血腥的杀狗事件就这样过去了。

麦克劳德在画图的过程中通过对狗的骨骼、内脏的仔细观察，对解剖学产生了极大的兴趣，同时深深地体会到自己知识的缺乏，从此发奋刻苦学习。

后来麦克劳德因为发现了胰岛素和加拿大科学家班廷共同获得了1923年度的诺贝尔生理学和医学奖。据说他描绘的那两幅画图，一直收藏在英国的亚皮丹博物馆中。

麦克劳德曾说：这么多年过去了，那件事一直萦绕在我的脑海里，不能忘记，更不能忘记那位可敬的小学校长。

麦克劳德是一名视觉型学习者，善于观察学习，也许是一名动觉型学习者，擅长动手学习。当然，也可能是一位两者兼备的超能学习者。最值得敬佩的是这位小学校长,他独特的处罚方式,保护了学生的学习兴趣,更保护了学生的学习方式。

在当今教育环境下,视觉型学习者和听觉型学习者都是老师喜欢的对象,因为他们听话,不会影响课堂学习秩序。备受打击的该是动觉型学习者了,他们调皮捣蛋,破坏性强,不受老师和同学们的欢迎。在班上,学习不够好的孩子大多发生在这类孩子身上。甚至有很多家长抱怨自己的孩子,怎么就不像其他的孩子一样,安安静静的看书学习呢?亲子关系不够融洽的也往往发生在这类孩子身上。37%的群体,如果这个学习群体不受关注,不受欢迎,甚至还受到批评与处罚,这样的教育怎么能说得上是面向全体学生,关注每一个学生的个性发展呢?动手能力、操作能力强的孩子,恰恰是最有学习潜力的孩子,在未来的工作岗位上也是最受欢迎的人。

那老师和家长该怎么教养动觉型学习者呢?

1、面向全体学生,重点关注动觉型学习者

每一个学生都有自己的气质类型,也有自己的不同学习方式。老师把精力分散在每一个学生身上是不现实的,分类关注,把重点放在动觉型学习者身上,还是很容易做到。在朗诵课文时,可以让动觉型学习者们站起来,边朗诵,边配合动作演示;在教学图形认识时,可以让动觉型学习者们上台来作图;在教学认识某种物体时,视觉型学习者先观察,再描述。动觉型学习者先摸摸模型,再描述;在布置家庭作业时,可以多布置实践性作业给动觉型学习者们;在音乐课教学中,让动觉型学习者多融入表演环节;在体育课教学中,动觉型学习者是给其他学生示范的领头人;在美术课上,让动觉型学习者们做手工来代替美术作品……

2、认识孩子,接纳动觉型学习者

动觉型学习者的学习方式虽在班级不是很受欢迎,但却是最佳的学习方式。动手学习的过程，是一个实践的过程。常言道："实践出真知。"这种学习方式若能伴随孩子一生，在今后的工作学习中，从实践中来，到实践中去，走理论和实践相结合的道路，才是真正的成功之路，成才之路。

作为父母，养育这样的孩子，在管教上确实有点棘手，但拥有最佳学习方式的孩子，才是不幸中的万幸。父母要以长远的眼光看待孩子，接纳孩子。父母要到学校主动和各科老师沟通，汇报孩子在学习中的表现，把孩子在动手学习中发现问题，动手解决问题的学习优势介绍给老师，得到老师们的理解和支持。父母和老师，在认识孩子、发现孩子的潜能上形成共识，达成一致，才能真正保护孩子的学习兴趣和学习能力。

3、因材施教，让每一个孩子专注于自己的学习所长

南宋诗人陆游勉励儿子学习所写的诗中说道，"纸上得来终觉浅，绝知此事要躬行。"告诫读书人不要只读书，读死书，必须要亲身参与实践。对于听觉型学习者来说，不但要在书本中学习，更要在实践中学习；对于视觉型学习者来说，书本上的知识是呆板的，融入到实践之中，知识才能活灵活现，更要鼓励他们积极参与实践。当然，如果只有实践，没有强大的书本理论做支撑，学习也是空谈。老师、父母要鼓励动觉型学习者动手学习外，也要引导孩子积极向书本学习，不断在书本中汲取营养，强大自己的理论基础，这样在学习的道路上才走得更远。

五、认识孩子，发现孩子的潜能特长

我的家教小故事

1990 年 9 月 23 日下午 5 时 5 分，女儿呱呱落地了，初为人父的我，兴奋和喜悦洋溢在脸上。三两天忙碌之后，感觉有点辛苦，其实，这个辛苦的背后是难以掩饰的责任与压力。

女儿的爸妈都是教师，养育女儿的压力和焦虑是可想而知的。我在闲暇之余，翻看一些育儿的书籍，有时信心满满，有时也十分彷徨。

我们三口之家安置在学校里，女儿在校园广播和音乐之中快速成长。细心的爱人几次对我说，学校一开广播，或是每次放音乐，女儿就开始手舞足蹈，很兴奋的。我没有以为然，直到女儿八个月大时的有一天，我确信了我女儿有音乐天赋。

1991 年 5 月的一天，我连襟的儿子满周岁，我们一家去吃喜酒。那时的农村，办喜事总该还有点"响动"，我连襟就在正堂屋放一双卡录音机，悠扬的音乐荡漾在每一位宾客的笑脸上。我抱着女儿，距连襟家还有近 500 米，女儿听到了欢快的音乐，就兴奋了起来，双臂摇摆着不停。当我们来到堂屋正中间时，女儿看到放着歌曲的录音机，更是兴奋不已，双臂随着音乐的节奏打起节拍来。我托举着女儿，她的双臂随着旋律上下挥舞，左右交叉，随节奏摆动，真像一位音乐指挥家，逗得满堂宾客阵阵喝彩。

就是这一天，亲朋好友都说我女儿有音乐天赋，我也是这么认为的。从此，我女儿就走上了音乐之路。音乐学院钢琴专业毕业后，就顺理成章地成长为一名优秀的钢琴教师。

女儿所走的路，似乎是冥冥之中上天的安排。她喜欢音乐，4岁时学电子琴，8岁时改学钢琴。在学钢琴的路上，吃了比其他孩子更多的苦，但也一路音乐，一路欢歌，顺利地走上了她所钟爱的音乐事业之路。她很幸福，我也很满足！

细思女儿的成长之路，多次让我想到一句富有哲理的话，重要的不是你有多聪明，而是你如何聪明。

我女儿不是那种语文、数学学科成绩拔尖而显得十分聪明的孩子，却是那种其它天赋比较突出的孩子。在我因为女儿语数外成绩不拔尖而感到焦虑之时，身为校长的我，在一次无锡之行的培训路上，接触到了美国加德纳教授的"多元智能理论"，让我坚信，我女儿也是很聪明的，也让我坚定地陪伴她走上音乐旋律智能发展之路。

（一）多元智能理论概述

上世纪的 1983 年，美国哈佛大学教育研究院发展心理学教授霍华德·加德纳出版了《心智的结构》一书，多元智能理论由此诞生了。

加德纳博士认为人在实际生活中所表现出来的智能是多种多样的。起初，他把人类的智能分为七种，每一个人都拥有七种智能。即：语言文字智能、数学逻辑智能、视觉空间智能、身体运动智能、音乐旋律智能、人际关系智能、自我认知智能。

加德纳博士提出这个理论后，没有停止研究的脚步，在美国各个学校进行课程设计、教学与评估的研究，并推广到家庭教育中。他的研究成果获得许多著名奖项，越来越多地被世界上更多的心理学及教育学专家所接受。大多数人可以在多元智能的内涵中发现自己的多项长处，因此不仅在美国社会广受欢迎，而且在世界范围迅速得到接受和推广。到1995年，他的理论进一步完善，并增加了新的研究成果——自然观察智能，还提出了"多元智能会随着人类文化发展而演变，它是有生命力的，将来可能还有多元智能的新发现"的观点。

中华民族是一个有智慧的民族。我国古人早就总结出"天生我才必有用""三百六十行，行行出状元。"的观点，这是不是与加德纳的多元智能理论不谋而合呢？

语言文字智能——是指有效地运用口头语言或书写文字的能力。这项智能包括把文法、音韵学、语义学、语言学结合在一起并运用自如的能力。孩子的主要表现为：喜欢玩文字游戏；对语文、历史之类的学科比较感兴趣；说话时常常引用他处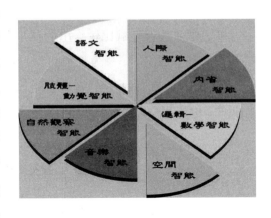读来的信息；喜欢阅读、讨论及写作。这类孩子的学习是用语言、文字来思考。理想的学习环境必须提供的教学材料及活动：阅读材料、录音带、写作工具、对话、讨论、答辩和演讲等。未来的职业选项为律师、演说家、编辑、作家、记者等。

数学逻辑智能——是指有效运用数字和推理的能力。这项智能包括对逻辑的方式和关系、陈述和主张、功能及其它相关的抽象概念的敏感性。孩子的主要表现为：特别喜欢数学或科学类课程；喜欢提出问题，并通过实验来寻求答案；喜欢寻找事物的规律和逻辑顺序；喜欢挑剔他人的言谈及行为的逻辑毛病。这类孩子的学习是靠推理来思考。理想的学习环境必须提供的教学材料及活动：可探索思考的事物，科学资料，动手操作，参观博物馆、天文馆、动物园、植物园等。未来的职业选项为数学家、税务、会计、统计学、科学家、软件开发等。

视觉空间智能——是指准确地感觉视觉空间，并把所知觉到的表现出来的能力。这项智能包括对色彩、线条、形状、空间及它们之间关系的敏感性，也包括将视觉和空间的想法具体地在大脑中呈现出来，以及在一个空间的矩阵中很快找出方向的能力。孩子的主要表现为：对色彩的感觉很敏锐；喜欢玩拼图、走迷宫之类的视觉游戏；喜欢想象、设计和随手画画；喜欢看绘本和书中的插图；学习平面几何、立体几何要比学代数感兴趣或容易得多。这类孩子的学习是用意象及图像来思考。理想的学习环境必须提供的教学材料及活动：艺术、积木、影像、PPT、想象、视觉游戏、图画书、参观美展、画廊等。未来的职业选项为导游、室内设计师、建筑师、摄影师、画家等。

身体运动智能——是指善于运用整个身体来表达想法和感觉，以及运用双手灵巧地生产或改造事物的能力。这项智能包括特殊的身体技巧，如平衡、协调、敏捷、力量、弹性和速度以及触觉所引起的能力。孩子的主要表现为：喜欢体育运动，很难长时间坐着不动；喜欢动手的游戏或学习，如编织、雕刻、手工，制造玩具；与人交流时喜欢用手势或其他的肢体语言；喜欢户外活动，喜欢惊险的娱乐活动。这类孩子的学习是透过身体感觉来思考。理想的学习环境必须提供的教学材料及活动：游戏、动手操作、体育运动等。未来的职业选项为演员、舞蹈家、运动员、雕塑家、机械师等。

音乐旋律智能——是指察觉、辨别、改变和表达音乐的能力。

这项智能包括对节奏、音调、旋律或音色的敏感性。孩子的主要表现为：喜欢唱歌，有比较好的歌喉；能轻易辨别出音调准不准，对节奏把握的很好；常常一边学习，一边听（哼）音乐，学习效率高；乐器一学就会，一首新歌只要听过几次，就可以很准确地把它唱出来。这类孩子的学习是透过节奏旋律来思考的。理想的学习环境必须提供的教学材料及活动：乐器、音乐带、CD、唱歌时间、听音乐会、弹奏乐器等。未来的职业选项为作曲家、歌唱家、演奏家、音乐评论家、调琴师等。

人际关系智能——是指察觉并区分他人的情绪、意向、动机及感觉的能力。这包括对面部表情、声音和动作的敏感性，辨别不同人际关系的暗示以及对这些暗示做出适当反应的能力。孩子的主要表现为：比较喜欢参加团体性质的运动或游戏，不太喜欢个人性质的运动及游戏；当他们遭遇问题时，比较愿意找别人帮忙；喜欢教别人如何做某件事；在人群中或伙伴中，往往是"领导者"角色。这一类的孩子靠他人的信息反馈来思考。理想的学习环境必须提供的教学材料及活动：小组作业、朋友、群体游戏、社交聚会、社团活动、社区实践等。他们适合从事的职业有政治、心理辅导咨询、公关、推销以及行政管理等。

自我认知智能——是指有自知之明并据此做出适当行为的能力。这项智能包括对自己有相当的了解，意识到自己的内在情绪、意向、动机、脾气、欲求以及自律自知和自尊的能力。孩子的主要表现为：天天写日记记载自己所做的事情，以及自己的想法；有睡觉前反省的习惯；习惯于通过别人的评价来了解自己的优缺点；经常独处，思考未来人生目标。这类孩子通常以深入自我的方式来思考。对他们而言，理想的学习环境必须提供给他们秘密的处所、独处的时间和自我选择的自由等。未来适合从事的职业有生涯规划师、心理咨询师、神职等。

自然观察智能——是指善于观察自然界中的各种事物，对物体进行辨别和分类的能力。孩子的主要表现为：有着强烈的好奇心和求知欲，看到什么问什么的习惯；有着敏锐的观察能力，能了解各种事物的细微差别；对天文、地理等自然现象特别敏锐，对动植物特别感兴趣。这类孩子以发现、探究的方式来学习和思考。对他们而言，最理想的学习场所是大自然，必须提供的学习材料是地球仪、动植物标本、科技馆、博物馆等。未来适合的职业是：天文学家、生物学家、地质学家、考古学家、环境设计师等。

（二）您孩子的聪明属于哪一种？

1905 年，法国心理学家比奈和西蒙发明的智商测试方法，仅局限于语言、数学、空间推理能力三个方面，以学校里的学业内容为基础，测量孩子的判断、理解和推理的能力，可以良好地预测孩子在学校中的学业成就。加德纳的多元智能理论关于智力的范围就更宽泛，它能帮助大众认识到自己身上的许多长处，能预测孩子就业后的整体人生成就。

多元智能代表每一个人都会有八种不同的智力，只是在不同的人身上组合不同，经过后天适宜环境的刺激，有的智力已经显现，变成了显能，而有的还没有显现出来，变成了潜能。

父母发现孩子的显能与潜能，就是发现孩子的聪明之处，是至关重要的一步。显能就是显而易见的，那怎样发现孩子的潜能呢？我们先看看梁启超夫妇是怎样做的。

近一两个世纪以来，在我国培养孩子最成功的，如果把梁启超夫妇排在第二，恐怕还没有人敢说自己是第一。

梁启超夫妇一共养育了九个儿女，常言道："一娘养九子，九子九个样。"恐怕就是说的他家吧。

　　长女梁思顺，诗词研究专家，中央文史馆馆员；长子梁思成，著名建筑学家，中央研究院院士，中国科学院学部委员；次子梁思永，著名考古学家，中国科学院考古研究所副所长；三子梁思忠，美国西点军校毕业，参与淞沪抗战，25 岁病逝；次女梁思庄，著名图书馆学家，北京大学图书馆副馆长；四子梁思达，经济学家，出版巨著《中国近代经济史》；三女梁思懿，著名医学家和社会活动家，多次代表国家出席国际红十字会议；四女梁思宁，早年就读南开大学，后奔赴新四军参加革命，优秀中国共产党党员，国家高级干部；五子梁思礼，火箭控制系统专家，中国科学院院士。

　　梁启超本人是近代中国的思想家、政治家、教育家、史学家、文学家，堪称人中龙凤。所生育的 9 个子女，也是人才辈出，走出了 3 个院士，全都是各行各业的优秀代表，人称"一门三院士，九子皆才俊"。他在教育子女的过程中，首先，他做到的是无论在哪里工作，孩子小的时候，必须和父母生活在一起。他走到哪里，家眷就跟到哪里。目的就是陪伴孩子成长，及时发现孩子的潜能。其次，他能做到的就是必须和孩子保持良好的沟通关系。通过沟通，了解孩子的学习生活情况，了解孩子的兴趣志向。现在收集到的梁启超家书 300 多封，字字饱含深情，封封寄予厚望。再次，他特别重视孩子的兴趣培养和趣味教育。他在一篇文章《学问之趣味》中说："假如有人问我，你信仰什么主义？我便答道：我信仰的是趣味主义……凡人必常常生活于趣味之中，生活才有价值，若哭丧着脸捱过几十年，那么生命便成沙漠，要来何用？"梁启超以"趣味主义"来影响子女的成长，只要孩子们对某件事物感兴趣，梁启超全力支持，希望他们尽心尽力地做就好："天下事业无所谓大小，只要在自己的责任内，尽自己力量做去，便是第一等人物。"

梁启超教育子女的成功，令我们羡慕与佩服，成功的经验有三条：一是亲子教育，二是沟通教育，三是兴趣教育。其实这三条我们每一位家长早就熟记于心，令我们所折服的是他每一条都比我们做的好，做的到位。

也就是这三条，如果能做到位，把握以下两个原则，就能很好地帮助我们找到孩子的潜在智能，也就是孩子的聪明之处，让孩子更聪明起来。

第一个原则：对孩子的认识和了解一定来源于生活，而不是来源于学校所反映出来的考试成绩，老师的某些肯定等。孩子生活中每一个真实的瞬间累积在一起，最后成为孩子本身最真实的一部分。这就需要父母有一个打持久战的心理，必须把对孩子的了解放在生活的始终，而不是某一阶段或者一张纸试卷来了解孩子的潜能。有些机构用一张纸试卷来测试孩子的潜能，加德纳先生也从不认可。

例如：有这样一个孩子，家里来了客人，在没有家长再三叮嘱孩子，要求孩子热情接待客人，多和客人交流的情况下，孩子主动去和客人打招呼，在与客人互动的过程中，孩子很享受这个过程，并且有很爽的心理体验，这就说明孩子的人际关系智能、语言文字智能是孩子的潜能。如果家长在日常生活中，多次发现孩子在与人打交道、交流互动的过程中，都有这种很爽的感受，发现孩子很享受这种过程，有那种与别的孩子不一般的感觉，这就说明这个孩子确实具备这种潜能。让孩子这种潜能遇上肥沃的土地，一定会生长出鲜艳的花朵，结出硕大的果实。这样的孩子将来做人力资源管理、公关、销售等工作，一定会得心应手、稳操胜券。

再如：一个孩子喜欢思考一种现象后面的本质，经常会对一些数字的东西很感兴趣，对逻辑的东西很感兴趣，如果时间越久，兴趣越浓，我们就可以判断这个孩子的数学逻辑智能比较占优势。

第二个原则：给孩子一个自由宽松的生活环境，让孩子去正常表现，父母才会有机会发现孩子的潜能。偶尔一次两次的发现是不能确定的，必须要有若干次的表现，才能确定孩子身上这种潜能。这就要求家长必须做到：

1、不要限制孩子的生活自由，多种多样的生活方式让孩子去体验，去参与，孩子的某方面兴趣才会表现出来。

2、细心地陪伴孩子，在陪伴中认识孩子，发现孩子。非亲子教育是很难做到的。

3、仔细地观察与判断。走近孩子的伙伴群，悄悄观察孩子与别人有什么不一样，次数多了，判断结果也就可以确定了。

（三）给老师和家长们的建议

加德纳教授提出的多元智能理论在中国教育界产生了很大的影响。由陶西平同志主持的"借鉴多元智能理论，开发学生潜能的实践研究"，从 2000 年开始，到目前为止，已有上千所项目学校在运用该理论开展教学改革实践研究，在推动教育改革方面产生了明显的实效。

多元智能理论对我国千千万万的家庭产生了巨大影响，发掘孩子潜能，培养智能特长已成为众多家长的共识。特长培训轰轰烈烈近三十年，有无数多的家庭和孩子受益，也有无数多的家庭和孩子深受其害。

成熟的"多元智能理论"尽管是"舶来品"，但它是科学的，是符合人性的，是符合教育规律的，也符合中国的历史文化，已是不争的事实。教育科研部门和项目学校研究推广几十年，很难大面积的在幼儿园、学校和家庭生根、开花、结果也是不争的事实。更为严峻的是，有若干多的家长盲目从众，超前培训，多项培训，让孩子们价值观歪曲、性格扭曲而苦不堪言。

面临这样的现实，老师和家长们到底该如何做呢？

德国哲学家雅斯贝尔斯在他的《什么是教育》里面说："教育本质是：一棵树摇动另一棵树，一朵云推动另一朵云，一个灵魂唤醒另一个灵魂。"学校教育是一棵树，家庭教育就是另一棵树；老师是一朵云，父母就是另一朵云；老师、父母的一个正直、善良、智慧的灵魂，去唤醒孩子正在沉睡的另一个灵魂。任何时代的教育，学校是主体，教师是主导，去"摇动"家庭，去"推动"家长，去"唤醒"学生。家校协同教育，才是最好的教育。

1、建立家校互导机制。

时代在日新月异，观念在天天更新。家庭教育思想观念能不能跟得上新教育的发展变化，看学校发挥的主导作用怎样。多因素组合的智力观、多样化的人才观、积极平等的学生观、个性化施教的教学观、全面发展的评价观，需要学校通过校园网、校报、家长会等去正确导向，"摇动"学生家庭这棵树。在更新教育思想观念方面，家长是被动的接受者。

知晓学生的气质类型、学习方式、智能优势，家长是发现者，教师是接受者。0～6岁是孩子大脑发展的关键期，也是各个智能发展的敏感期。孩子的多项智能大多在敏感期陆续呈现，家长要及时发现，向老师报告，共同商讨因材施教策略，为教师实施个性化教育正确导向。

2、建立家校互动机制。

个性化教育离不开多样化的课堂教学，教师个人的力量是有限的。倡导有专长的家长，担任志愿者走进课堂，协助教师教学，是不错的做法。现在就有很多的幼儿园组织开展家长志愿者服务，成为了一道美丽的风景线。

每个学生都具有在某一方面或几方面的发展潜力，学校提供了合适的教育和训练，每个学生的相应智能水平都能得到发展。因此，学校应该为学生创设多种多样的，有利于发现、展现和促进各种智能的情景，为学生的学习提供多样化的选择，使学生能扬长避短，激发潜在的智能，充分发展个性。有学校已经开发出几十上百个兴趣班组、校园社团，供学生自主选择参与。父母应该积极配合，当好学生的参谋，当好教师的助手，家校携手，让孩子在自己喜欢、擅长的领域得到个性化发展，把智能变成优势。

3、建立家校互评机制。

这些年来，教育评价的改革是滞后的，已经严重制约了素质教育前进的脚步，成为学生个性化教育的枷锁。绝大多数学校依然停留在传统的以标准的智力测验和学生学科成绩考核为重点的评价手段上。教育评价制度改革是必须的，在近一两年内，一定会以雷霆万钧之势在中小学校展开，家校互评也一定是教育评价制度改革的一大趋势。以等待的心态迎接上级的改革是消极的，学校、教师自主改革创新，不断尝试实践，才是负责任的积极行为。

依据多元智能的理论基础，可以确立为：学校以展示性评价为主，促进学生全面发展；教师以及时性评价为主，现场肯定学生的表现，鼓励学生个性化发展；家长以过程性评价为主，记录孩子的成长经历，呵护孩子个性成长。通过多种渠道，采取多种形式，在多种不同的实际生活和学习情景下，切实考查学生解决实际问题的能力和创造出作品的能力。

学校"搭台"，学生"唱戏"是展示性评价的基本形态。故事演讲、主题演讲、辩论赛和情景作文等展示学生的语言文字智能；生活数学竞赛展示学生数学逻辑智能；美术创作、板报设计、导图制作等展示视觉空间智能；剪纸、泥塑、木雕、自制玩具等作品，和各种体育竞赛展示学生身体运动智能；文艺节目汇演展示学生音乐旋律智能；志愿者社区服务展示学生人际关系智能；"今天我当家""我是小主人"主题PPT方案设计展示学生自我认知智能；每学年一次春、秋游，展示学生的自然观察智能。

在课内外教育教学活动中，老师关注学生的言行，学生无意的一句话，不经意的一个动作，都有可能是学生潜能的爆发点，老师及时给予积极性评价，引导学生发现自己潜在智能，激励学生在成长中有意识把潜能锻炼成优势。

和孩子一起共建一个智能发展的成长档案，是家长评价孩子的最佳方式。孩子智能发展是一个较为漫长的过程，在这个过程中，孩子创作的作品、获得的荣誉就是他的成长足迹。无论到哪一个成长阶段，孩子翻翻他的成长档案，都会给予孩子无限地成长动力。当孩子的某个智能蜕变成孩子的特长或某方面的优势，特长、优势就成为了孩子随身携带的"护卫宝剑"，可以闯荡天下了。

有位哲人曾说过："如果你不能成为大道，那就当一条小路；如果你不能成为太阳，那就当一颗星星。决定成败的不是尺寸的大小，而在于每天都要做一个最好的自己。"做最好的自己，就是要知道自己的长短处，和自己的发展优势，成为一个不一样的自己，每天都在做超越自己的自己。

成功的标准不是单一的，社会给每个人提供了不同的舞台，只要在自己的舞台上竭尽全力扮好自己的角色，将自己的价值发挥到极限，不管是令人瞩目的，还是普通平凡的，那都是一个成功者。比如：梅的凌寒，兰的幽香，竹的坚贞，菊的淡泊，都在自己的天地中展示着独有的风韵；鹰击长空，鱼翔浅底，虎啸深山，驼走大漠，都在自己的领域中尽显独特的魅力。当然，在现实社会中，或许我们每个人都有自己无法实现的梦想，或许我们的理想和现实存在差距，但是，许多事情是我们无法改变的，我们所能做到的就是不要茫然，改变自己的心态，改变自己的情绪，改变自己的思考方式，尽自己最大的努力让自己的生命充分燃烧，追求做最好的自己。

如果我们的教育按照"做最好的自己"教育理念来实施，真正做到因材施教，我们的教育要少走多少弯路，少出多少教育"事故"，也能培养出更多的不一样的人才。如果我们的父母们能遵循"做最好的自己"教育理念，尽早地发现孩子的最佳智能和潜在智能，采取扬长避短的教育方式，我们的家庭教育立马会变得非常的轻松，孩子的成长也会变得非常的快乐与幸福，他们的笑脸一定如春阳般灿烂。

六、智慧原则
—— 只有方法做对了，孩子才会笑口常开

　　成语小游戏：在下列关于"笑"的成语中，找出一个能解释为"领会到对方没有表明的意思而微微一笑"的词语。

　　笑容可掬、不苟言笑、笑逐颜开、捧腹大笑、回眸一笑、眉欢眼笑、会心一笑、谈笑自若、一颦一笑、含笑入地、一笑千金、笑里藏刀、啼笑皆非、嬉笑怒骂。

　　答案在本文结尾部分告诉您。

　　在教育工作者的心目中，教育是很复杂的系统工程。它是一门科学——教育学、教育心理学，还涉及到大脑科学、生理科学、生物科学等。当好一名老师，尤其当一名优秀的老师，确实比较难。难就难在如何针对一个班级四五十名各不相同的学生进行有效地因材施教。

　　在父母的心目中，养育孩子难吗？说难也难，难就难在如何找到适合孩子的方法有效地教育孩子。说不难，也不难，父母摆正心态，认识孩子，及时纠偏，"对症下药"，孩子还是能够教育得很好的。

（一）用农民的常识做教育

　　我国是几千年的农业大国，农业繁衍了生生不息的人类，也盛产了许许多多会种田的"老把式"。一代一代的的口耳相传，既有种田的

经验，也有种田的智慧。种田有种田的常识，做教育有做教育的常识，表面上看，互不相干，本质上看，还有很多相似之处。

农民都知道，水田适合种水稻，旱地适合种蔬菜，沙土适合种西瓜，南山适合栽果树，北山适合植山竹，这叫"因地制宜"，是农民的基本常识；父母、老师应该知道，男孩女孩有很多不一样，用同样的方法要求每一个孩子，部分孩子会不适应。每一个孩子都是独立的个体，气质不同、智能有别，学习方式不一样，用同样的教育方式方法去教育各不相同的孩子，肯定会有孩子跟不上。因此，教育提倡"因材施教"，这是教育的常识。

一个农民家庭，大儿子是种地瓜的，产量多叫丰收。二儿子是种水果的，水果口感香、甜、脆，品质好才叫丰收。三儿子是养花的，花香鲜艳叫丰收。什么是丰收，评价的标准不一样是农民的常识；孩子各有各的喜好，各有各的智能，各有各的梦想，成功的标准不一样是学校教育的常识。教育一旦把考试作为研判教育的唯一手段，把分数作为衡量学生的唯一标准，把升学率作为评价学校的唯一尺度之后，教育者所遵从的只有知识、分数，只有空洞的说教，只有僵硬的制度，只有束缚人的铁笼，而唯独没有"人"、没有"人性"、没有"人文"，教育就会在远离常识的路上越走越远。

在同一片土地上，农民种的庄稼，当别人家的庄稼长得茂盛，自己家的长势不好时，农民从没有埋怨自家的庄稼，没有指责庄稼为什么没有别人家的长得好。相反，农民总是从自己身上找原因，是干旱了，是缺少肥料了，还是得了某种"疾病"。总是在找到原因后，立即采取补救措施，这是农民的常识；孩子身上有缺点时，许多家长却一味指责，总喜欢拿自家的孩子跟别人家的孩子去比较，很少想过自己的责任，在自己身上找原因。父母是孩子的榜样，父母是"原件"，孩子是"复印件"，孩子身上的缺点总在父母身上找到相似点，矫正孩子的缺点，首先"修改原件"，这是家庭教育的常识。

在同一块土地上，有的果树结出的果子又大又甜，而有的却小而涩。可从没有哪位果农去指着果树打骂抱怨，而是通过观察树叶、树枝，是不是背了阳光，或是挖开一块泥土，分析土壤是不是水分不足，肥料含量不高。阳光、水分和肥料是果树生长必要条件，这是农民的常识；家长为教育孩子彻夜难眠，有没有想到孩子除身体成长需要的营养外，心理成长也还需要营养呢？孩子的心灵深处的需求是什么？怎样满足孩子的精神需求呢？这是家庭教育的常识。

一年二十四个节气，就是农民种植养的时间表。"清明早，立夏迟，谷雨种棉正当时"，"谷雨前后种地瓜，最好不要过立夏"是农民种植作物的常识；7岁前是孩子性格养成的关键期，12岁前是孩子品德、学习、生活等行为习惯养成的关键期，抓住关键期的教育，孩子的身心才会健康成长是教育的常识。

农民日复一日在田地里劳作，细心关注庄稼的长势，默默耕耘，一份汗水，一分收获是农民的常识；父母年复一年养育孩子，悉心照料孩子，在孩子未成年之前，陪伴是最好的教育是家庭教育的常识。

农民内心淡定，春有耕耘，秋有收获，时间一到，自然该开花的开花，该结果的结果，这是农民的常识；人生不是短跑，也不是中长跑，是一场马拉松，马拉松从来没人抢跑，因为绝不会"输在起跑线上"。教育是慢的艺术，也是等待的艺术，允许孩子慢慢来，慢慢成长，"牵一只蜗牛去散步"，这是教育常识。如果我们急功近利，心急火燎，拔苗助长，竭泽而渔，对孩子实施过度的教育，过早地给孩子加重学习任务，特别是将幼儿教育小学化，或者让孩子上不完的补习班、特长班、兴趣班，则只能将孩子葬送在起跑线上。

当然，农民种植作物、养殖动物，与教育的对象是"人"还有很多不同。教育的常识还很多。

教育是人的教育，是人的灵魂的教育，是做人的教育，教育中最珍贵的是人，最值得关注的是人，而不仅仅是知识的简单掌握，认识的一味堆积，分数的单方面获得，这便是教育最基本的常识。

教育是生活的过程，或者说教育就是生活。孩子们来到学校，其实也就是一个生活的过程，我们需要做的，就是营造一种好的教育环境，让孩子们过上一种幸福的教育生活，让他们得以自然地生长，这也是教育的常识。但如果我们的教室让孩子感到压抑，我们的学习让孩子无所适从，我们的课堂让孩子枯燥无味，我们的校园让孩子望而生畏，我们的学校让孩子的学习生活没有一点幸福可言，又怎能为孩子的未来幸福人生奠基？

教育不是万能，教育不可能让每个孩子都成为科学家、思想家、军事家，也不可能让每个孩子都上清华，上北大，上名牌大学，这是常识。但是如果我们的教育都是按照这样的标准去要求孩子，如果我们在孩子成长的过程中，不顾孩子的感受和身心健康，完全以爱的名义去绑架孩子，以"可怜天下老师心""恨铁不成钢"去胁迫孩子，如果我们把不断膨胀的功利心、浮躁心一股脑儿压在孩子瘦弱的身上，如果我们给教育附加了太多的功能，给教育以太多的绑架，教育上的乱象丛生，诸如绿领巾、雷人标语、血腥誓词、烧香拜佛、撕书烧书、状元雕塑、杀人投毒等等，也就见怪不怪了。

如果我们忽视孩子之间的个性差异，一把尺子卡到底，一个标准量到底，要么就会过早地给孩子贴上失败的标签，要么就会把孩子教成越来越像同一个人。教育，应该尽可能不设防线不过多干涉；教育，应该允许孩子大胆假设和质疑；教育，应该允许孩子试错犯错；教育，应该鼓励孩子在思考中多转几个弯；教育，应该注重孩子学习的主动性和多样性；教育，应该让孩子更多地接触美丽的大自然和奇妙的科学世界；教育，应该充满幻想和奇思妙想；教育，应该是五彩斑斓的万花筒和各种花草争奇斗艳的百花园，这些都是常识。

什么是常识？林语堂老先生对"常识"有独到的见解，常识，乃"寻常之见"，也就是一些简单而基本的道理、准则。既然是一些简单而基本的道理、准则，为什么有的人却始终领会不进去？为什么有的人在常识面前常常不识？为什么有的人甚至还要干出许许多多有违教育常识的事呢？

我以为，不是不懂教育常识，也不是缺乏教育常识，而是缺失一颗"心"，那就是对事业的责任心，对教育的敬畏心，对孩子的仁爱心。

作为教育者没有教育知识不可怕，可怕的是没有教育常识。一个教育者没有教育知识，可以走进教室，拿起书本，可以重新学习，不断提升。而教育常识本来就是他具有的，他懂得的，这与学不学习无关，就如同我们不能叫醒一个装睡的人一样，对于一个不用心的教育人，永远不要指望他遵循教育常识。因为遵循教育常识与否和我们用不用心做教育关联紧密。

陶行知先生说过，好教育培养出好人，坏教育培养出坏人。什么是好的教育，什么是坏的教育。我觉的，凡是遵循教育常识的教育就是好教育，而那些林林总总反教育常识的教育都是坏教育。

但愿这样的时代多一些遵循教育常识的好教育！

（二）用园艺师的技能育孩子

我喜欢绿植、花卉和盆景，家里摆放的绿植四、五盆。因为绿植便宜，死了就换，但花卉与盆景比较贵，以后就很少购买了。

楼下有一个花卉店，那是我经常光顾的地方。店面外摆放盆景，造型优美，十分诱人。跨进店门，进入眼帘的是各种名花异草，花香扑鼻，沁入心田。再往里走，摆放许多绿植，绿油油的，讨人喜欢。

由于我经常光顾，和女老板很熟。后来知道女老板的丈夫是一名当地很有名气的园艺师——李师傅，他一直在园圃工作，很少来门店。我想了解一些养花养草的秘诀，就去园圃拜访了他。

绿树掩映下郊外的园圃，蜜蜂忙碌，蝴蝶飞舞。走过一圈后，发现李师傅在一角落里正在给一株绿植培土。和李师傅搭讪聊了起来，说我是来学习取经的。李师傅憨憨一笑，十分谦虚地说："什么经不经的，也就是一些常识而已。"坐下了寒暄片刻，我便发问请教："李师傅，为什么你门店里的盆景、鲜花和绿植归类摆放，整齐一致，而这里我感觉是杂乱无章啊？"李师傅便起身，说："我带你走一圈就知道了。"

我们首先走到南边的围墙边，这里有盆栽的绿植和花草，也有地栽的，成片成块。李师傅说："这边的植物都是喜水的，每天必浇的马蹄莲、水仙花、满天星……"再走几步，他指着栀子花、兰草说："它们也是喜水的，三、四天浇水一次。"再指着紧挨西边围墙的发财树、橡皮树说："那是十天或半月浇水一次的"，"我把它们摆放在这边，就是浇水方便而已。"

我们交谈着，沿一条正中间的小径来到北边的围墙边，他指着左手边的盆栽植物给我介绍，仙人球、多肉、虎皮兰、沙漠玫瑰等都是喜阳耐旱的植物，不能给它们浇水，靠雨水就可以了。右手边的太阳花、向日葵、蓝雪花、茉莉花都是喜阳喜湿的，把它们放在北边朝南方位。

最后，我们来到了他搭建的砖瓦棚里面，这里阴暗潮湿，摆放着龟背竹、文竹、红掌、白掌等。不用李师傅介绍，我便说："李师傅，它们是不是都是喜阴的植物啊？"李师傅微微一笑，点了点头。

走了一圈坐了下来，目光环绕四周，高的绿植，矮的花盆，错落有致；绿植掩映，鲜花点缀，五彩斑斓；色块成型，盆景衬托，气质高雅。恰恰是一道道美丽的风景，我怎么说是杂乱无章呢？我为刚才的妄言而羞愧，随即给李师傅道了歉。

为了缓解尴尬局面，我便转移话题和李师傅攀谈起来。问了一些家庭情况和身体状况，以及店面的经营情况，最后还是聊到了他的日常工作。得知李师傅是一位365天都不能闲着的大忙人，土壤要不断改良，花卉栽培繁殖，盆景嫁接修剪整形，每天必须的浇水、施肥，还要杀虫治病。偌大一个园圃，仅靠他一个人侍弄，可见李师傅是一位技术全面的高级园艺师。

和李师傅告别后，回家的路上，我一直在想李师傅说的"什么经不经的，也就是一些常识而已"这句话。在李师傅眼里，分植物的喜好摆放便于浇水施肥是常识，在我眼里，分辨植物的喜好是技术；在李师傅眼里，按季节栽培繁殖是常识，在我眼里，找准合适的时间栽培繁殖就是技术；在李师傅眼里，什么植物适合做盆景，什么花草适合做盆栽是常识，在我眼里，识别植物的气质美、外形美就是技术。这些技术里面，蕴含的不就是作为教育所稀缺的"因材施教"的道理吗？

当我们养育孩子时，也要通过学习去发现：他属于哪类孩子？他在哪些方面更有天分？又在哪些方面容易出问题？在有天分的方面要多鼓励，给他机会，重点培养，让他的天分充分发展，成为他走天下的优势。在容易出问题的方面，要及早引导孩子，规避问题，千万别让问题演变成孩子的人格缺陷。这样做的好处在于，养育的过程事半功倍。更重要的是，孩子成长得开心快乐，他有更多机会在自己擅长的领域，把事情做得很好，获得更多成就感。而如果找错了方向（比如用错了养植物的方法），孩子也能长大，但可能不会长得那么好，因为他没有办法把自己最精彩的部分展现出来。

转换一下视角，我们不难发现某些学校另类的"因材施教"。甲班的孩子学乒乓球，乙班的孩子学舞蹈，丙班的孩子学吹笛子……请问整班的孩子都是同一智能的孩子吗？都有同一的兴趣爱好吗？学校美其名曰"全面发展，因材施教"，岂不可笑至极？某一省级重点高中，在高一学生进入学校时，学校就按照中考成绩编排了班次，成绩最好的是"清北班"，其次就是"985班"，再次就是"211班"，分数最低的就是"职业班"了。居然也说是为了因材施教。如此的"因材施教"，岂不是对孔子的教育思想的严重玷污？

园艺师的常识也好，技术也罢，为我们教育工作者和父母如何真正落实因材施教提供了宝贵的经验。

（三）但愿老师、父母拥有更多的教育智慧

在我的眼里，我父亲是一位有教育智慧的人。

我的父亲是一位农民，1941年出生，只读过三年的私塾。和天下的父亲一样，勤劳简朴，深爱他的儿子们。在教育我们四兄弟上，我看到了父亲智慧的一面——目标长远，信念笃定，因材施教。

目标长远——在我小的时候，他和姑父交谈时，我在他们身边听到的一句话，"一代离土，二代富有，三代贵有。"我不懂这句话是什么意思，问过父亲。姑父在旁就给我解释说，希望你们四个儿子，通过读书改变命运，吃上"皇粮"，不再"脸朝黄土背朝天"。也希望你们下一代比较富裕，再一代有"贵族"出现。直到今天，也快五十年了，这一

场景历历在目。上世纪七十年代，也正是农村最艰难的年代，父母心目中最大的愿望就是希望我们这一代再也不像他们一样当农民。

信念笃定——我父亲自己读书不多，但他坚信知识改变命运。从他给我们四兄弟取的名字文、章、诗、书（四个名字的后一个字）就可以看出，他多么地崇拜知识，敬畏教育。上世纪的农村，是靠劳动力吃饭的年代，我父母两人，要养活全家七口人，是多么的艰难。他们无论怎么辛苦，从不在嘴上说半个"苦"字，无论亲戚朋友怎么劝说，他也没有动摇让我们把书读好的决心。当然，我们也没有辜负父母的愿望，八十年代，我上师范，老二读财经学院，在我们当地是响当当的。现在，除老三英年早逝外，我们三兄弟住在全国著名的宜居城市，也算是实现了父亲的"一代离土"的目标。

因材施教——农民有农民的生活常识，智慧的人就是擅长于把古人流传下来的"普遍真理"融会贯通到日常生活中来。我父亲压根儿就不知道什么叫"因材施教"，但他懂得什么样的"材"将来可做什么样的"料"。他发现我从小能说会道，会写一笔好字，就不断鼓励我多看书，说我一定能当一名吃上"皇粮"的老师。我家老二，从小思维缜密，喜欢象棋，数学成绩好，但不善言谈，属于粘液质气质类型。父亲就经常鼓励他，将来可以当银行会计。在农民父亲的眼界里，也就这两份职业是崇高的。

我父亲是一位智慧的教育者，严格要求我们，但从没有打骂过我们。他喜欢看书读报，有意地引导我们多看书，也常常从外面带些书刊回来，让我们去读。他懂得保护我读书的热情，在我 10 岁左右，边看书边放牛，不慎让牛吃了生产队一大片麦子，生产队罚了我家 50 斤稻谷。我吓得不敢回家，可父亲没有惩罚我。他还会耍一些小聪明，常常以请教的方式问一些时事问题，来端正我们的"三观"。经常当着我们的面，在外人面前夸我们各自的优点，我们为了保护这些"优点"，努力地去维护"优点"的形象，就成了最好的自己。

在此，《跑跳笑乐教育》提出第五个教育新原则：

教育新原则五：智慧原则

"智慧"二字并不是神秘的字眼，在字典里解释为："迅速地正确认识、判断和发明、创造事物的能力。"用在教育上，就是遵循教育规律，运用教育科学常识，对教育现象做出正确的判断，并实施有效的教育和因材施教。并能及时发现问题，找到问题背后的真正原因与解决的办法，解决问题。这就是教育智慧。具体地说，抓住孩子气质的优势，扬长避短培养好性格、好品质是教育智慧；抓住孩子独特的智能，因材施教培养兴趣特长是教育智慧；了解孩子的学习方式，选择最合适孩子的学习方法，提高孩子的学习力是教育智慧；及时发现孩子身上的缺点和问题，找到"病因"，发明、创造好方法，好措施，"对症下药"解决问题是教育智慧。

教师、家长拥有教育智慧并不难，难就难在会不会做一个有心人。"有心人，天不负。"法国古典作家拉罗什富科说："最大的智慧存在于对事物价值的彻底了解之中。"多学习，多观察，多思考，认识孩子，了解孩子，是成为一名智慧型教育者的前提。当你收获到更多教育智慧的时候，同时一定会收获到孩子发自内心的会心一笑。

第四章
让孩子们乐起来

幸福一定是快乐的，但只有快乐不一定就幸福。感官上的快乐是短暂的，只有满足精神的愉悦，快乐才会长久。快乐只有和人生价值与目的相联系，获得的幸福才具有人生存在的意义。

幸福感促进学习的内驱力，学习的内驱力促进学习的成功，学习的成功成就孩子的幸福感。幸福感越强，学习内驱力就越足；内驱力越足，学习越成功；学习越成功，幸福感越强。这是一个积极的良性循环，也是学习的奥秘。

"做最好的自己"是孩子获得爱与尊重，实现自我价值的最好途径，即孩子实现人生幸福的最佳途径。

一、教育的最终目的究竟是什么

教育的最终目的是什么？

有人说，教育的目的是培养全面发展的人；有人说，教育的目的是培养学生自我教育的能力；也有人说，教育的目的是培养独立、自律的学习者；还有人说，教育的目的是培养有人文精神的有人性的人。我认为以上的这些说法都不足够准确地回答这个问题。

（一）教育的出发点在哪里？ —— 学会生存 获取幸福

人类教育的逻辑起点自然是人类社会的产生。从猿到人的转变是由于生产劳动，猿在劳动中逐渐形成以大脑和手为核心的主体机制。大脑可以思维，手可以操作，这就使人区别于一般动物而变成"高级动物"。

有了主体机制才有可能成为具有实践认知能力的主体人，人类才能把自己提升为认知和改造客观世界的主体，从而把客观世界变成人类改造和认知的客体。而要认知和改造客观世界是需要有主体能力才可以的。人类社会是人类在社会实践中创造出来的自身存在形式，生产劳动、制造工具、繁衍生息等经验的口耳相传，教育起到巨大的推动作用，从而教育就诞生了。

"高级动物"的人和其它动物一样，都有生存的欲望，在学会生存的生产劳动过程中，教育的形态就形成了。

教育的形态不仅是人类的专利，动物世界也存在教育。

小鸟孵化后，鸟"妈妈"会教会它辨别食物，什么东西可以吃，什么东西不能吃；羽翼丰满后，鸟"妈妈"会教会它展翅飞翔；随后，鸟"妈妈"还会教育它们如何觅食，如何辨别敌友等。小鸟在整个成长的过程中，和我们的孩子一样，是在"妈妈"的呵护和教育下慢慢成长起来的。培养小鸟如何生存，就是教育。

网络上曾传播过一段很感人的视频。大黑熊带着年幼的小熊在冰封雪盖的大山里觅食，一座高山挡住了它们的去路。大黑熊找到了上山的路，很快就爬到了山顶。小熊沿着"妈妈"的足迹慢慢爬着，几次爬到山腰陡峭处后溜了下来，它不得不再找一条稍微缓一点的新路往上爬。就在小熊快到山顶边沿时，令人不解的一幕发生了，大黑熊毫不犹豫地把小熊推下了山坡。是大黑熊不要它的"宝宝"了吗？当然不是。正当"吃瓜群众"大为不解的时候，令人感动的画面出现了。小熊再次爬到了山顶，这时，守候在山顶的大黑熊张开了双臂，拥抱它的"宝宝"，在雪地里留下了它们欢快的足迹。

这是一段生动的教育场景，大黑熊在训练小熊在恶劣环境下的生存能力。打开电视，走进《动物世界》，看到的无不是一帧帧精彩的教育画面。

由此可见，教育不仅仅存在于人类社会，而动物的教育意识远远早于人类，它的起点很早就从动物世界开始了，出发点是培养下一代的生存能力。生存能力越强，繁衍就越快，进化也就越快，于是就有了我们现在美丽的大自然和美好的世界。

人类的教育何尝不是如此。

人类进化到今天，教育的形态发生了翻天覆地的变化，家庭教育、学校教育和社会教育成为当今教育的主体形态。随着社会的发展与科技的进步，"学会生存"的内涵随之发生了巨大的变化。1972 年，联合国教科文组织报告《学会生存》中，强调教育要：学会求知、学会做事、学会共处、学会做人。教育的出发点进一步宽泛，目的直指人类不仅要生存，还要更好地生活，幸福地生活。幸福是人类生存的终极目标，越发接近于人的本质属性—— 追求幸福。

（二）教育的落脚点在哪里？ —— 培养幸福的能力

联合国教科文组织报告《学会生存》中，强调的培养孩子的"四会"能力，是一种高度的概括，事实上，这"四会"有着深刻内涵，凡是孩子在未来学习、工作和生活中的方法，技能等都应该学会，或者说都要打下基础。因此培养"四会"的能力，实际上就是培养孩子健康健全的心理品质以及为人处世和社会交往的能力。实质上，也就是孩子获取幸福的能力。

"学会求知"：就是知道怎样探求知识、获得知识。现在的学习首要的不是知识本身，而是获得的能力、方法和技巧。这里"知"的含义不仅仅是指书本上的知识，而且指广义上的"认识"。因此，求知能力就是人获取一切知识的基础。

求知不是一时之事，而是一世之事。《学会生存》报告中提出的首要观点就是"终身学习"，人的一生都在学习之中。求知不仅是提高自身、完善自身的本领，求知的过程是使人愉悦快乐的。孔子说："知之者不如好之者，好之者不如乐之者。"做一个学习上的"乐之者"就是无比幸福的事情。

"学会做事"：首先学会自理自己的日常生活，对自己的一生负责，让自己的日常生活有序、精致、精彩，这是幸福生活的基础。

其次，做大事是从做小事开始的。"一屋不扫何以扫天下"，在做家务劳动、社区服务的小事过程中，收获能力，收获经验，收获自信，收获成就感。从一点一滴的小事中，不断收获自己的"小确幸"，从而体验到做事的幸福。

再次，就是学会全身心投入做最重要的事。上学阶段，读书学习是最重要的事。养成好的学习习惯，找到最适合自己的学习方法，不断满足好奇心，积极探究性的学习，因循兴趣而自主性学习，在学习中感受快乐，在快乐中成长，享受幸福的教育生活。

做自己喜欢的事，是人生幸福的重要支点，会做事是获取幸福能力的必要条件。

"学会共处"："学会共处"是21世纪经济全球化的背景下，人与人之间、民族与民族之间、国家与国家之间，互相依存程度越来越高而提出的一个十分重要的教育命题。它的本质是学会共同生活，学会与他人共同工作和合作。

"学会共处"，首先学会与他人共处。学会尊重他人，理解他人，包容他人；学会关心、分享与合作；学会平等对话，相互交流；学会用和平的、对话的、协商的非暴力的方法处理矛盾，解决冲突。

其次，学会与集体共处。树立"我为人人，人人为我"的意识观念，收获集体的温暖；学会与社会共处，树立法律意识、规则意识，努力改变自己来适应社会环境。

再次，学会与自然共处。多亲近和保护大自然，争取大自然有益的回馈。

学会共处，主要不是从书本中学习，它的最有效途径之一，就是参与目标一致的社会活动，学会在各种"磨合"之中找到新的认同，确立新的共识，并从中发现幸福，体验幸福。

　　"学会做人"："学会做人"在这里超越了单纯的道德、伦理意义上的"做人"，而包括了适合个人和社会需要的情感、精神、交际、亲和、合作、审美、体能、想像、创造、独立判断、批评精神等方面相对全面而充分的发展。从这个意义上说，"学会做人"与我国教育方针强调的"在德、智、体诸方面都得到生动、活泼、主动的发展"相吻合，正是我们追求的教育目标和终身学习的最终目标。

　　"学会做人"，首先要做一个真正的人。人是由高级意识形态和低级生物形态相结合而成的，精神依托在身体里，不可能独立存在。虽是依托，但精神可反作用决定身体。有的人精神控制身体——真正的人；有的人身体控制精神——不能算人。因此，学会做人，就是要做一个有精神的人，一个能精神控制身体的人。

　　短暂的满足感，会来源于物质和欲望，但真正的幸福感，一定是来源于精神。精神幸福才是真的幸福。培养人的精神，也就是在培养人的幸福感。

　　其次，是要做一个人格完整的人。只有清醒的自我认知的人，心理特征完整统一的人，才会感受到自己的幸福；只有科学的世界观、正确的人生观和积极的价值观的人，才会传播幸福、创造幸福。

　　再次，做一个全面发展的人。厚德的人有福，智慧的人惜福，健康的人享福，有能力的人造福。也只有一个全面发展的人才能实现一生幸福。

　　幸福既是一种状态，更是一种能力。只有具备发现幸福、传播幸福、创造幸福和享受幸福能力的人，才会拥有属于个人的一生幸福。

（三）教育的最终目的是什么？　——让孩子一生幸福

　　我曾在多次的家长培训活动中，问过家长们同一个问题：培养孩子的目的是什么？有的说"给自己养老送终"，有的说"光宗耀祖"，有的说"做一个对社会有用的人"。当然，回答最相似的答案是：学习成绩好，考个好大学，找个好工作，有个好家庭。在我的耐心引导下，最后还是有家长说出了"让孩子一生幸福"令我满意的答案。当我的"怎样培养孩子的幸福能力"主题讲座结束后，再次回应"培养孩子的目的是什么"时，家长们欣然接受了"让孩子一生幸福"的观点。

1、追求幸福是人的本质属性决定的

幸福是人类生存的终极目标，追求幸福是人的本能。马斯洛需要层次理论在世界心理学界产生了非凡的影响，既被大多数心理学家们认可，也被大众所接受。"需要层次理论"的基本观点之一就是：人的五种需要是最基本的，也是与生俱来的；基本观点之二就是：低层次的需要（生存需要）得到部分满足之后，就有更高层次的需要。

"需要层次理论"告诉了我们：当人的生理需要、安全的需要得到完全或部分满足之后，人就有第三、第四、第五层次的心理需要。"归属和爱的需要"就是结交朋友，建立家庭，追求爱情，也就是在追求家的幸福，爱情的幸福；"尊重的需要"一是尊重自己，有尊严，有成就，有独立，有自由。二是对他人的名誉或地位的尊重，让自己有威望。这就是在追求尊严与地位的幸福，幸福感随之上升一个层次；"自我实现的需要"就是人们追求实现自己的能力或者潜能，并使之完善化。这就是追求有价值感的幸福，人的幸福感更上了一个层次。由此可见，追求幸福就是在不断满足与生俱来的心理需要。也说明了人追求幸福的过程，也是不断努力、积极向上、自我实现的人生历程，是积极的，是社会进步所需要的。

2、追求幸福是推动社会发展的内部动力

人在不断满足自己的心理需要，追求更高层次的幸福，就必须不断学习，不断进步，并付出努力，创新创造，这样也就推动了社会各行各业的发展。社会发展了，物质文明和精神文明提高了，人们的幸福感也就会得到进一步的提高。因此，追求幸福和推动社会发展是相辅相成的。

普通人在追求个体幸福时，乐于助人，善于分享，也就成为了"善人"；名人在追求个体幸福时，励志打拼，愈挫愈勇，事业成功，给人们分享了成功的经验，给国家和社会做出了贡献，这样也就成了"名人"；再伟大的人，也是从追求个体幸福开始的。在追求个体幸福的过程中，发现没有众人的幸福，个体的幸福也不会长久，或是大家都幸福了，个体才更幸福的道理。于是，也就有了"抛头颅洒热血"革命先烈；有了崇尚科学、救国救民的钱学森、邓稼先等老一辈科学家；有了追求真理、改造世界的毛泽东、邓小平等老一辈无产阶级革命家。

"小人""恶人""坏人"也有追求幸福的权利，只不过他们在追求个体幸福的过程中，人生观错误，价值观消极，为了个体的幸福，不择手段，损人利己，卖国求荣，祸国殃民，栽倒在追求幸福的道路上。

英国作家欧文曾说："人类的一切努力的目的在于获得幸福。"当今社会的进步，人们的幸福，是亿万人民不懈努力追求幸福的结果。

3、追求幸福是社会主义教育的必然要求

追求幸福是人类社会的永恒主题。党的十九大明确提出"中国共产党人的初心和使命，就是为中国人民谋幸福，为中华民族谋复兴"，这是庄严的政治宣言。在当今人们生活条件得到极大改善、社会环境和谐、科学技术高度发达的时代，追求幸福已成为人们生活的主题。正如习近平总书记所指出的，"不断地追求幸福美好的生活，是永恒的主题，是永远进行时，是做不完的事情，所以我们还要继续做下去。"

社会主义教育是为人民大众服务的。把"让孩子一生幸福"列为当前和今后的教育目的，符合党的宗旨，符合党的奋斗目标，符合广大人民的愿望。"办人民满意的教育"，教育的目的就要和人民的愿望保持高度一致。

苏霍姆林斯基说："教育的理想在于使所有的儿童都成为幸福的人。"乌申斯基说："教育的主要目的在于使学生获得幸福，不能为任何不相干的利益牺牲这种幸福，这一点是毋容置疑的。"前苏联两位著名的教育家给教育的目的进行"盖棺定论"，我们还有什么理由让功利主义教育横行校园，伤害我们未来的社会主义建设者和接班人呢？

当教育出现种种乱象，令我们为之扼腕叹息时，不得不这样反思：我们的教育目的对吗？学校教育、家庭教育和社会教育三者的教育目的一致吗？

当我们把教育的目的锁定为"让孩子一生幸福"时，学校、家庭和社会三者教育目的一致时，学校才会静下心来做真正有意义的教育，让学生享有幸福的校园教育生活，不把升学率当成学校工作的"生命线"；老师才会关注学生的精神成长和全面发展，不把考试当成教育的"法宝"；家长也才会明白成长比成绩更重要，让孩子享有幸福的童年，不把考分当成孩子的"命根"；社会才会知道"德才兼备"的人才是真正建设祖国的人才，不把"清北"录取人数作为评价学校教育质量的标准。

但愿教育多一点人性，少一点"内卷"；但愿孩子们少一点"痛苦"，多一点幸福。

二、幸福坐标——让孩子真正幸福一生

幸福是个极富魅力和诱惑力的词汇，它是人生的最终目的，追求幸福是人类所具有的天赋权利。幸福具有主体性，是人们存在和生活的基本目标。幸福的内容丰富，寓意深远。

（一）幸福与幸福教育

1、什么是幸福？

"幸福"是一个社会学名词，是一个哲学问题，也是一个宏大、永恒又艰难的命题。古往今来，无数先哲对幸福进行历史的追寻，也提出了许多闪光的思想，但幸福依然没有形成一个统一的概念，还是一个待解的难题。

两千多年前，号称古希腊"三哲"的苏格拉底、柏拉图和亚里士多德，分别以知识论、和谐论和德行论提出了各自的幸福观点。继"三哲"之后，古希腊无神论哲学家伊壁鸠鲁对幸福的阐述更为直接和丰富，他说："幸福是一种快乐的体验"，"幸福的生活是我们天生的善，我们的一切取舍从快乐出发，我们的最终目标乃是得到快乐。"他把快乐分为两种，一种是身体快乐，另一种是精神快乐。他强调精神快乐才是幸福。

人类进入到 20 世纪，美国著名的心理学家马斯洛提出"需要层次理论"，马斯洛从他的需要层次理论出发，指出个人基本需要的满足是人类幸福追求的核心内容。这种幸福观表现为一种"幸福层次论"，暗示了"幸福的本质在于个人基本需要的满足"。

在我国，孔子说："学而时习之，不亦说乎"、"有朋自远方来，不亦乐乎"。孟子说："父母双全，兄弟无故，一乐也；仰不愧于天，俯不怍于人，二乐也；得天下英才而教育之，三乐也！"这里的"悦"与"乐"实际上是一种情感满意状态，也是一种幸福。范仲淹倡导"先天下之忧而忧，后天下之乐而乐"，文天祥提倡的"人生自古谁无死，留取丹心照汗青。"，这是一种以"众乐"为价值取向，具有崇高境界的幸福。

在我们日常生活中，大家耳熟能详的并被大众所接受的幸福观很多，如"快乐是福""健康是福""平安是福"等，这是一种现实感的幸福。

这些对幸福涵义的不同理解，都有其合理的成分，但受到时代发展的制约，又都存在片面和不足之处。马克思恩格斯则从实践的角度出发，以主客体之间的关系为考查对象，认为人的需要及其满足问题是人类生存的第一个前提，是感受幸福与获得幸福的最根本的基础。在此基础上，马克思恩格斯指出"人生的重大需要、欲望、目的的实现是幸福心理体验的客观内容，属于物质的客观范畴；而幸福从本质上来说是主观上的心理体验，即是一种对于人生重大需要、欲望、目的的实现的客观的、必然的、不以人的意志而转移的心理体验。"马克思主义幸福观克服了以往幸福观的不足之处，将主观的幸福的心理体验与客观的物质世界和人的实践活动结合在一起，成为近代的科学的幸福观。

人类进入新时代，正值社会出现信仰危机、价值危机的关键时刻，习近平总书记提出了独到的幸福观。习总书记在不同场合强调"人世间的一切幸福都需要靠辛勤的劳动来创造""人民什么方面不幸福不快乐不满意，我们就在哪方面下功夫""幸福是奋斗出来的""奋斗本身就是一种幸福""为奋斗者提供更多追求幸福的机会"等等。这些关于幸福的论述，是习总书记的"个体幸福观""人民幸福观""劳动幸福观"和"奋斗幸福观"的深刻阐述，既体现了习总书记的家国情怀，又深植于人们的现实生活实景，具有深厚的思想蕴含和鲜明的时代特质，显示了其幸福观的理论品格，也构成了其幸福观的基本要义，是马克思主义幸福观的继承与发展，是当代中国人，特别是青年一代树立正确幸福观、科学追求人生幸福的行动指南。

到底什么是幸福？这个问题既简单奇妙，却又模糊混沌。没有人能给出一个确切的、为世人公允的定义或答案，但却给了我们颇多的启迪和感悟。换一个角度，回答"幸福是什么"的问题，就没有那么困难了。

幸福是什么？

幸福是一种主观感受。幸福是一种心理体验，属于意识范畴。不同的人有不同的幸福感受，幸福与不幸福在于每个人的独特体验中。换言之，幸福是人类个体认识到自己需要得到满足以及理想得到实现时产生的一种情绪状态。

幸福是一种客观状态。幸福问题是一个价值问题，价值反映的是客体对主体特定需要的满足程度。需要是对客观对象的需要，这决定了作为客体满足主体需要程度的价值，是客观的，蕴含于价值中的幸福也必定是客观的。

幸福是和谐发展。幸福是各种好事的整体优化与和谐发展。个别和短时的快乐未必是真的幸福，个别和短时的痛苦也未必是真的痛苦，再好的单一事件都构不成完美的生活和全面的幸福。幸福在时间上、内容上，都只能指其整体优化和相互协调的状态。幸福指数是许多快乐指数的有机整体。

由此，我们就明白了"幸福"与"快乐"的关系。幸福一定是快乐的，但只有快乐不一定就幸福。幸福具有长久性、稳定性，通常与重大的目标、价值实现相联系。日常生活的快乐只有和人生价值与目的相联系，获得的幸福才具有人生存在的意义。因此，及时行乐的快乐不是幸福，短暂的委屈、焦虑、害怕、痛苦、挫折等不良情绪也不影响人的整体幸福。

幸福是一种状态，更是一种能力。生活中大量存在"生在福中不知福"的人，他们从来没有感受到幸福的快乐与价值。不是幸福没有来"敲门"，而是感受幸福的能力太差。因此，一个人的幸福能力就显得特别重要。

2、什么是幸福教育？

简单地说，教育的根本性目的就是为了孩子一生幸福，围绕这个目的实施的教育就是幸福教育。一方面强调教育的目的是为了孩子的一生幸福，另一方面强调教育的过程是孩子体验幸福的过程，二者是辩证的统一。把教育的目的回归到人，体现出教育对人的关照，其目的是培养孩子的幸福情感和幸福能力，培养能够发现幸福、传播幸福、创造幸福和享受幸福的人。

苏霍姆林斯基认为："在教学大纲和教科书中，规定了给予学生各种知识，但却没有给予学生最重要的东西——幸福。理想的教育是培养真正的人，让每一个从自己手里培养出来的人都能幸福的度过一生。这就是教育应该追求的恒久性、终极性价值。"这种恒久性和终极性价值的实现实际上是教育本身的内在要求，是千百年来教育发展的内在本真。

孟建伟指出："所谓幸福教育，就是一种将幸福视为最核心和最终极的价值理念的教育。"[①]幸福教育是一种目的论，它不仅让人们在教育

---

① 杜金玉．幸福——教育的终极追求【J】．江苏教育研究．2009.7

的过程中获得幸福，而且更要让人们终生充满幸福。幸福教育又是一种方法论，它将本体论与幸福论同认识论与技术论有机地结合起来，并将生命本体的幸福置于优先地位，从而让人们真正从灵魂深处来感受和获得教育。因此，可以说幸福教育是目的论和方法论的统一，它既让人们在教育中获得最真实的幸福，又在幸福中实施切实的教育。它是在现实的教育活动中，让人切实地获得对自我的真实感、满意感和同一感。它在人性沐浴下，自我感觉的同一，是将幸福感和价值观融入教育活动全过程的指导思想或者理念。

幸福教育不是一种教育内容，而是一种教育观念、教育追求和教育理想，是回归教育的本来面目。幸福教育追求完整健全、积极健康的人生成长。幸福教育就是教师幸福地教，父母幸福地养，孩子幸福地学，就是在幸福中开展教育，在教育中体验幸福。通过教育创造幸福，通过幸福促进教育。

德国著名文学家赫尔曼·黑塞曾经写过这样的诗句："人生的义务，并无其他。仅有的义务就是幸福，我们都是为幸福而来。"教育，是教会每个个体追求幸福的事业。我们真正需要建构的是指向"幸福"的教育，而不是指向"成功"的教育。

这种教育观念就是要告诉我们：为了孩子的明天，教育要为孩子未来的幸福人生奠基；为了孩子的今天，孩子接受的教育过程本身应该是幸福的。这一教育观念，必须植根家庭，植根学校，政府倡导，社会支持。落实在学校教育的课内与课外，落实在家庭教育的方方面面，改革政府督导教育的评价模式，改变社会教育的大环境，让家庭教育、学校教育和社会教育方向一致，力量凝成一股绳，否则，幸福教育就是一句空喊的口号。

（二）找准自己的幸福坐标

哲理小故事

　　天使老抱怨天堂生活枯燥无味还有各式各样的禁锢，天使经常美慕地自言自语："凡人的生活好幸福呀！"流露出对人间生活的无限向往。

　　一天，上帝把天使叫到跟前，说："你那么向往人间生活，我今天派你去巡游人间，告诉我你看到听到的一切。"天使叩谢上帝满足了自己的"心愿"。天使细心观察着人间发生的一切。天使感觉人间的一切都是那么新奇，他巡游了很多地方，累了乏了。他在一个闹市口歇息，观察来来往往凡人的言行举止。

　　一个衣衫褴褛的乞丐看到一个小男孩左手拿着面包，右手拿着牛奶，吃口面包，喝口牛奶。乞丐摸了摸"叽里咕噜"乱叫的肚子，咽下一团又一团口水，美慕地自言自语："唉，能吃饱饭，真幸福呀！"

　　小男孩看到一个小女孩坐着爸爸的摩托车来到肯德基，买了一个大号的外带全家桶，津津有味地啃着汉堡，喝着可乐。小男孩看了看手中的面包和牛奶，美慕地自言自语："唉，能吃这么多的美味，真幸福呀！"

　　小女孩坐在爸爸的摩托车后座上，看到一辆漂亮的黑色轿车从身旁快速驶过，绝尘而去。小女孩低头看了一下"突突"作响的摩托车，美慕地自言自语："唉，坐这么漂亮的汽车，真幸福呀！"

　　小轿车里是一个逃犯，他正在逃避警察的追捕，可他终究没能逃脱警方的围追堵截，在出城前被戴上了冰凉的手铐，坐着呼啸的警车回到了城里。他透过车窗看到一个乞丐在路上漫无目的地行走，美慕地自言自语：唉，可以自由自在无拘无束，真幸福呀！"

　　天使向上帝汇报了巡游人间的所见所闻。天使还道出了憋在心里的困惑："每个凡人都有属于自己的幸福么？"

　　上帝微笑着说："有呀！幸福是随着凡人的肉体一起降生的。"

　　"那为什么每个凡人对幸福有不同的理解呢？"

　　"那是因为他们没有找寻到属于自己的幸福坐标。"

　　天使若有所悟："哦！我懂了。以前老抱怨不幸福是因为没有找寻到我自己的幸福坐标，偏离了找寻幸福的正确航向。"上帝面带微笑点头。

　　幸福是什么？食不果腹的乞丐说，衣食无忧是幸福；身陷囹圄的犯人说，无拘无束是幸福；病魔缠身的病人说，快乐健康是幸福；流浪漂泊的游子说，合家团圆是幸福；孤苦伶仃的老人说，儿孙满堂是幸福；寒窗苦读的学子说，金榜题名是幸福；深陷爱河的恋人说，生死相依是幸福；诲人不倦的教师说，桃李满天下是幸福……不同的人给出了截然不同的回答，那是因为他们选取了不同的幸福坐标，关于幸福的理解也各不相同。

　　早些年前，本人在《读者》上阅读过一篇关于"寻找最幸福的人"的文章。大意是这样的：

　　有一名记者以"寻找最幸福的人"为主题做社会调查，她从大城市到小城市，从县城到乡村，采访了无数多的不同职业、不同层次、不同年龄段的男女老少，都没有得到她认为理想或满意的答案。

　　一天，她来到大山里采访。几声嘹亮的山歌传过来，她很是惊奇。沿着歌声方位寻找过去，原来是一位在耕地的老伯，一边赶着牛耕地，一边唱着山歌。她走近大伯，认真观察，六十来岁的年纪，深深的"三"字形皱纹写在脸上，汗水浸透的脸庞泛着红光，掩饰不了快乐与幸福的神情。

　　大伯发现有人在等待，便停下手中的"活"，把牛赶到山腰吃草，自己在一棵大树下坐下来，摸出随身携带的旱烟，等待到来的"客人"。

　　记者走近大伯，和大伯寒暄起来。在友好的谈话中，记者陆陆续续得到了一些信息。大伯今年65岁，身体硬朗。老伴也很健康，在家里忙家务。两个儿子都各自成了家，大孙子参加了工作，小孙女正在上大学。儿子媳妇都很孝顺，给的钱足以让他不需要劳动。

　　记者问他为什么还干这样的体力活时，大伯说道："我是可以不需要干了，可身体不让我停下来，劳动就和你们城里人搞锻炼一样。"大伯还说："我和老伴都很满足，该吃就吃，该喝就喝，该玩就玩。但劳动是一件很高兴的事，这块地准备种上芝麻和绿豆，收获后自己留一点，剩下的送给儿子他们。"大伯指着那片山坡，很是兴奋地说："打算把那边荒坡开垦出来，栽上果树，将来周边的人有果子吃。"

　　记者离开时，握着大伯的手激动地说："我终于找到世界上最幸福的人。"

　　我们常说："幸福的人都是相似的，不幸的人各有各的不幸。"世上的万事万物都有它的普遍性和特殊性。普遍性的东西一定有它存在的合理性，被大众所接受。那幸福的人相似点在哪里呢？记者在大伯的脸上和言语里找到了答案。

　　大伯的"山歌"和表情就知道他的情感状态是很快乐的，话语中知道他是一个很安康的人，也是一位自觉自愿辛勤劳动的人，也很享受当下的生活。还从话语中知道，他的工作与生活有目标，对未来充满着美好的梦想，更有积极价值的理想。"健康""快乐""享受""目标""梦想""理想"这些关键词构成了他真正幸福的生命状态。

　　那我们如何找到属于自己的幸福坐标呢？为了把抽象的幸福坐标形象化，我们来制作一个具体形象的幸福坐标。

坐标横轴代表"现在"，坐标纵轴代表"将来"。因为我们每一个人都生活在"现在"和"将来"的坐标系里。横轴正向代表"健康""快乐""享受"，纵轴正向代表"目标""梦想""理想"。这六个关键词就是坐标系里面的指标要素，也就是幸福的"六要素"。

第一象限：生活在第一象限里面的人，绝大部分时间处在快乐的心理状态，有很高的安全感，有健康的生理和心理，而且，在自由自觉心境中，通过辛勤劳动、诚实劳动、创造性劳动来实现自己的人生价值，既享受通过劳动所带来的比较满足的生活条件，又享受通过劳动所带来的精神愉悦和

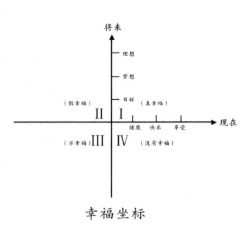

幸福坐标

自我实现的成就感。并且，他们有自己的工作目标，处在一种充实的生活状态，对未来充满希望，有自己的梦想，更有自己的理想。生活在第一象限里面，横坐标和纵坐标都是"正"的，代表积极的生命状态，我们称生活在第一象限里面的人，就像上述"大伯"一样的人，是真正幸福的人。

第二象限：生活在第二象限里面的人，他们有很少的快乐，常常处在压力和焦虑之中。为了工作和事业，不辞辛苦，身体一直处在"透支"状态。他们更不想耽误工作和事业，停下来享受当下，一心给予事业成功后享受更好的幸福生活。他们每日奔着目标前行，对未来充满信心和希望，有梦想，更有远大的理想。他们的生命状态一直处在每一次成功之后短暂的快感之中。他们一直奔着下一个目标负重前行。生活在第二象限的人，横坐标是"负"的，是消极的生命状态，但纵坐标是

"正"的，是积极的。我们把生活在第二象限里面的人称之为把成功当幸福的人。

当今社会，生活成本高，工作竞争强，心理压力大，是客观现实的。把成功当做幸福的人，普遍存在，似乎是社会的主流价值。也就为什么有那么多人不认为自己是幸福的主要原因。更有那么多的事业成功者，猝死在下一个更大目标的前进路上。我们不能因为现实问题和主流价值观问题，就放弃真正的幸福，成为"成功"的奴隶。完全可以通过改变认知，调整心态，积极阳光，在享受当下的同时，实现自己的人生价值和理想，成为一个真正幸福的人。

第三象限：生活在第三象限里面的人，和生活在第二象限的人一样，有着相同的心理状态，都有消极的一面。长期处在生活的重压之下，不是压抑，就是焦虑。身心不是亚健康就是很不健康，甚至处在痛苦之中。更悲催的是他们看不到前景和希望，梦想像肥皂泡一样不断破裂，理想在幻想中。他们的纵横坐标都是"负"的，生命状态都是消极的，根本就没有幸福可言。更消极的人，就会产生绝望，甚至有轻生自杀的念头。我们把生活在第三象限的人，称之为把解脱当幸福的人。

当然，生活在第三象限的人是极少数。只要他们积极主动地不断建立新的生活目标，坚定信心，树立理想，积极自救，寻求帮助，是完全可以走入第二象限或第一象限来的。

长时间生活在第二象限的人，是很危险的。在不断追求成功的路途中，如遇不测，事业失败，梦想破碎，理想灰飞烟灭，看不到前景，是很容易掉入第三象限的。这也就是"富翁"变成"负翁"后，大多自杀的原因。

第四象限：生活在第四象限里面的人，就像少数"富二代""富三代"一样，天天在寻求快乐，有健康的身体，却住在"安乐窝"里，躺在

"舒适区"里。但他们没有生活目标，不谈梦想，没有理想，精神极度空虚，轻事业，重享受。更有甚者，像吸毒鬼一样，只在乎暂时的快乐。我们把这部分人称之为把享乐当幸福的人。

坐标中的四个象限，分别代表真幸福、假幸福、不幸福和没有幸福的四类人，真幸福的人，幸福观是一致的，都有积极向上的阳光心态，在学习、工作和生活中寻找快乐，身心健康，会享受当下的生活。生活有目标，有追求，有理想，对未来充满美好的憧憬，六个关键词构成的生命状态是相似的。

亲爱的读者，您是真正幸福的人吗？找到自己的幸福坐标了吗？

在漫漫人生旅程中，我们首先要找寻属于自己的幸福坐标，才能把握找寻幸福的正确航向，在正确航向的指引下方能获得完全属于自己的幸福，品尝幸福带来的快乐和愉悦。

我们的孩子是完全可以生活在第一象限里面，成为一个真正幸福的孩子。父母、老师完全有能力让孩子成为学习的"乐之者"，生活的"乐天者"，读书是苦，但苦中有乐。短暂的委屈、压抑、焦虑、失败和自卑等不良情绪是有办法消除的。保持身心健康，享受父母之爱，享受家庭温暖，享受快乐有成的教育生活，让孩子成为一个学习有目标，生活有梦想，事业有理想的人，一个真正幸福的人。

如果您是一个把"成功"当幸福的"忠实粉丝"，请特别注意孩子的精神成长，让孩子具有强大的情绪管理、抗压抗挫的能力，避免孩子掉入第三象限的"陷阱"。

（三）人生幸福的十种能力要素

1988年4月，霍华德金森24岁，是美国哥伦比亚大学的哲学系博士。他毕业论文的课题是《人的幸福感取决于什么》。

　　为了完成这一课题，他向市民随机派发出了一万份问卷。问卷中，有详细的个人资料登记，还有五个选项：A 非常幸福。B 幸福。C 一般。D 痛苦。E 非常痛苦。历时两个多月，他最终收回了五千二百余张有效问卷。经过统计，仅仅只有121人认为自己非常幸福。

　　接下来，霍华德金森对这121人做了详细地调查分析。他发现，这121人当中有50人，是这座城市的成功人士，他们的幸福感主要来源于事业的成功。而另外的71人，有的是普通的家庭主妇，有的是卖菜的农民，有的是公司里的小职员，还有的甚至是领取救济金的流浪汉。

　　这些职业平凡生涯黯淡的人，为什么也会拥有如此高的幸福感呢？通过与这些人的多次接触交流，霍华德金森发现，这些人虽然职业多样性格迥然，但是有一点他们是相同的。那就是他们都对物质没有太多的要求。他们平淡自守，安贫乐道，很能享受柴米油盐的寻常生活。

　　这样的调查结果让霍华德金森很受启发。于是，他得出了这样的论文总结：这个世界上有两种人最幸福。一种是淡泊宁静的平凡人，一种是功成名就的杰出者。

　　如果你是平凡人，你可以通过修炼内心、减少欲望来获得幸福。如果你是杰出者，你可以通过进取拼搏，获得事业的成功，进而，获得更高层次的幸福。

　　他的导师看了他的论文后，十分欣赏，批了一个大大的"优"！

　　毕业后，霍华德金森留校任教。一晃，二十多年过去了。如今，霍华德金森也由当年的意气青年成长为美国一位知名终身教授。

　　2009年6月，一个偶然的机会，他又翻出了当年的那篇毕业论文。他很好奇，当年那121名认为自己"非常幸福"的人现在怎么样呢？他们的幸福感还像当年那么强烈吗？他把那121人的联系方式又找了出来，花费了三个月的时间，对他们又进行了一次问卷调查。调查结果反馈回来了。当年那 71 名平凡者，除了两人去世以外，共收回 69 份调查表。这些年来，这 69 人的生活虽然发生了许多变化（他们有的已经跻身于成功人士的行列；有的一直过着平凡的日子；也有的人由于疾病和意外，生活十分拮据），但是他们的选项都没变，仍然觉得自己"非常幸福"。而那 50 名成功者的选项却发生了巨大的变化。仅有 9 人事业一帆风顺，仍然坚持当年的选择——非常幸福。 23 人选择了"一般"。有 16 人因为事业受挫，或破产或降职，选择了"痛苦"。另有 2 人选择了"非常痛苦"。

看着这样的调查结果，霍华德金森陷入了深思，一连数日，霍华德金森都沉浸在自己的思绪当中。两周后，霍华德金森以《幸福的密码》为题在《华盛顿邮报》上发表了一篇论文。

在论文中，霍华德金森详细叙述了这两次问卷调查的过程与结果。论文结尾，他总结说：所有靠物质支撑的幸福感都不能持久，都会随着物质的离去而离去。只有心灵的淡定宁静，继而产生的身心愉悦，才是幸福的真正源泉。

在接受媒体采访时，霍华德金森一脸愧疚：20 多年前，我太过年轻，误解了"幸福"的真正内涵。而且，我还把这种不正确的幸福观传达给了我的许多学生。在此，我真诚地向我的这些学生致歉，向"幸福"致歉！（摘自 ID·znL118。原创作者：孙延兵）

幸福是一种生命状态，更是一种能力。

在这样一个只能成功，不能失败的主流价值年代，一个物质欲十分猖獗的时代，人要保持心灵的淡定宁静，是何等的艰难。本来，国家和平，社会安定，繁荣昌盛，物质丰盛，人们应该是很有幸福感的，却有很多人感受不到幸福。

一个人外在生活很不幸，依然可以有幸福的能力，比如很励志的2010达人秀全国总冠军——无臂钢琴师刘伟，他依然很乐观开朗，没有那种敏感残缺。一个人外在生活可以很好，有足够的钱，有社会地位，有自己的事业，又很有能力，有人爱，有俊美的外表，又有很多粉丝，但是依然会有不幸福的。就像香港演员张国荣，他很好，甚至很多年以后大家都还很怀念他。作为一名歌手一名演员，但是他丧失了幸福的感知力，感受不到心底的幸福。因此，保持心灵的淡定宁静，是需要各种能力的，拥有幸福的能力才是获取幸福的路径。

1、**学习能力** 信息化社会，科技时代，知识的更替日新月异。不会学习的人，很难改变自己，自觉去适应这个社会，被社会边沿化的人是很难提升自己的幸福品质的。学习是一件很快乐的事，终身学习的人一定在享受着"乐之者"的幸福。被国人号称"先生"的杨绛女士，享年105岁。她一生酷爱学习，著作等身，103岁时出版中篇小说《洗澡之后》。凡是见过杨绛先生的人，都评价说她是世界上平凡而高雅、孤独而幸福的女人。在她的著作《干校六记》中，有这么一段话："成天坐着学习，连'再教育'我们的工人师傅们也腻味了。有一位二十三岁的小师傅嘀咕说：'我天天在炉前炼钢，并不觉得劳累，现在成天坐着，屁股也痛，脑袋也痛，浑身不得劲儿。'显然炼人比炼钢费事。坐'冷板凳'也是一项功夫。"可见，学习不得要领，学习能力有限，学习就是一件苦差事。

正处在读书阶段的孩子，"学习力"是何等的重要不言而喻。"学习力"强的孩子，收获的是满满的成就感、快乐感、幸福感。在某些学校或家庭，"学习力"弱的孩子，常常收获到的是老师的批评，同学们的鄙视和父母们的抱怨，孩子毫无幸福可言。

本书的第一、第二章，介绍的是孩子"学习力"的培养。让孩子"跑"起来，就是教会孩子会学习、能学习。让孩子"跳"起来，就是教会孩子爱学习，积极主动地学习。孩子的"学习力"强大了，是孩子一生幸福的本领。

2、情绪管理能力　人是情绪化的动物，一言一行被情绪左右。成功时，高兴快乐；失败时，颓唐沮丧；受到表扬夸奖时，兴奋喜悦；受到批评打击时，伤心烦躁；遇到感兴趣的事，积极主动；遇到讨厌或不擅长的事，消极怠慢……

因此，每个人要管理好自己的情绪，让自己去理性处理日常中碰到的事和人。管理好自己的情绪，才有能力去爱别人。不能管理好自己情绪的人，常常让自己与别人痛苦，容易错失爱的机会，甚至会伤害人。

快乐不一定幸福，但幸福一定是快乐着的。孩子学会消除、排解不良情绪，对孩子的学习、成长帮助很大。让孩子多参加学校组织的心理健康辅导课，积极参与学校里的社团活动，学会调节自己的情绪。孩子以积极的心态面对学习上的困难，就一定会克服困难，跨越"鸿沟"，超越自己，不间断地收获学习带来的快乐。

3、时间管理能力　工作、学习、餐饮、会议、通勤、娱乐、睡眠，所有的这些让人们常常感到时间紧迫，这在一定程度上让我们在忙碌一天后感到挫败和沮丧，究竟是时间在控制我们，还是我们在控制时间，这就需要我们具备时间管理的能力。

会做一份规划表，把工作、学习和日常生活统筹安排在时间表里，把每日要做的最重要的事情，剔选三件安排在最有效率的时间段内，并做到今日事当日毕。坚持一段时间，您的时间管理能力就提升上来了。

培养孩子的时间管理能力，也要从做学习计划表开始。勤做计划表，养成良好的学习习惯，孩子的时间管理能力自然就形成了。（本书的第二章第三节做了专题介绍，请您不厌其烦回头看看。）

　　把神经系统调校到身心合一的状态，更有效发挥自身能力，调节情绪和心态，掌握生命的控制权，更加有效的应对压力和快速变化的外在环境，时间管理发挥重要的作用，会让我们更幸福、更健康。

　　4、目标管理能力　有小目标，才会有大目标；有大目标，才会有梦想；有梦想，也才会有理想。只要学习、工作、生活有目标，人生才有希望，有未来，有为之奋斗的方向。电影《银河补习班》中有这么一句经典台词："人生就像射箭，梦想就像箭靶子，如果你连箭靶子都找不到，那每天拉弓就毫无意义。"如果我们每天都在做毫无意义的事情，那还有什么幸福可言呢。

　　有目标也才会有使命，发自内心的使命感让我们由内焕发工作的动机和激情，并有效的克服学习、工作和生活中的困难。明确的目标和使命可以帮助我们更加有效的整合内部和外部资源，从而建立起有效的资源系统和行动指南。当组织的目标和愿景有效地与个人的成长目标和内心使命一致时，组织就会成为个人实现自我成长目标的平台和路径，最终实现组织和个人的共同成长和双赢，从而会在组织中找到温暖与幸福。

　　孩子也是一样，有学习目标，才会好好学习，有使命感才会天天向上。孩子不断设定自己的学习目标，不断更新自己的学习计划表，就是在做目标管理。形成习惯了，能力自然也就提升了。

　　5、人际交往能力　1938 年，哈佛大学发起了一项研究，叫做"哈佛成人发展研究"。从这长达 75 年的研究中，他们得到的最清晰的结论就是：良好的关系让人更快乐和更健康，不过起决定作用的并不是朋友的数量，而是关系的质量。因此，人际关系与幸福人生是密不可分的。怎样培养孩子的人际交往能力呢？首先要了解人际交往能力的构成。

人际交往能力由六方面构成：

①人际感受能力。指对他人的感情、动机、思想等内心活动和心理状态的感知能力，以及自己言行影响他人程度的感受能力。

②人事记忆力。指记忆交往对象个体特征，及交往情景、交往内容的能力。也就是记忆与交往对象及其交往活动相关的一切信息的能力。

③人际理解力。即理解他人的思想、感情与行为的能力。人际理解力是现代企业管理中重要的工作技巧，也是人力资源管理人员必须具备的关键素质之一。人际理解力暗示着一种去理解他人的愿望，能够帮助一个人体会他人的感受，通过他人的语言语态、动作等理解并分享他人的观点，抓住他人未表达的疑惑与情感，把握他人的需求，采取恰如其分的语言帮助自己与他人表达情感。

④人际想像力。站在对方的地位、处境、立场思考问题，评价对方行为的能力。也就是设身处地为他人着想的能力。

⑤风度和表达力。这是人际交往的外在表现。指与人交际的举止、做派、谈吐、风度，以及真挚、友善、富于感染力的情感表达，是较高人际交往能力的表现。

⑥合作协调能力。这是人际交往能力的综合表现，是企业团队合作的必要能力。

在这样一个价值多元的时代，一个合作共赢的时代，人际交往能力就显得尤为重要。培养孩子的人际交往能力从孩子开始玩做起。多和孩子玩角色游戏，丰富孩子的角色语言；鼓励孩子发展自己的朋友圈，学会与各种各样的玩伴相处；鼓励孩子和大朋友玩，能和比他大的孩子们玩到一起，那才叫做玩出了高水平；给孩子自由安排的时间，去做他喜欢做的事；教会孩子会欣赏别人，懂得礼貌，懂得合作，学会沟通与分享；引导孩子自己解决矛盾与冲突。

孩子良好的交往能力，同孩子的学习能力、语言发展、智能活动、情绪反应、社会行为等相辅相成，互相影响。因此，一个人的人际交往能力，不是一下子养成的，是随着孩子的综合能力不断提高而慢慢发展起来的。

6、沟通能力 人是社会动物，我们需要有人相伴，需要有亲密感和归属感。事实上，很多有关幸福的研究最后都得出了相同的结论，即良好的关系是幸福的重要来源。然而矛盾的是，虽说人生中最大的快乐都与他人相关，但最痛苦的体验却也跟他人有关，比如血缘关系、夫妻关系、亲子关系中的相互控制和伤害，工作中的各种冲突、指责和勾心斗角等等。关于这种痛苦，总是和我们在与他人相处时沟通不畅密切相关。因此，人的沟通能力也显得尤为重要。

表达，是将思维所得的成果用语言等方式反映出来的一种行为。表达以交际、传播为目的，以物、事、情、理为内容，以语言为工具，以听者、读者为接收对象。会表达自己内心想法和需求的人，就一定会得到他人的理解与支持，以此缩小两人之间的心理距离。

倾听，一个真正善于沟通的人，不仅能够非常好地通过表达来诉说自己的情感和需求，还能很好地引导他人表达自己的情感和需求。这个世界上大多数人都是不善于表达和沟通的，他们习惯于发泄情绪，而不是表达自己的需要。这个时候，我们就需要通过聆听，甚至是提问和引导的方式，来理解他们的情感和需求，然后以此为基础寻找解决办法。

述情，是指用不伤害关系的方式表达自己的需求、愿望和感受。人们在表达和沟通上常犯的错误是要么有了情绪或需求不说，闷在心里，隐忍，等到忍不住了就爆发了，要么常常用指责和抱怨的方式表达和沟通。隐忍伤自己，指责和抱怨伤害对方。而述情是情感关系里最合适的，不伤害任何人的沟通方式。

共情，理解并支持对方，善解人意。这几乎是所有人都希望具备的能力，可惜很多人都没有。大家基本都是习惯了讲道理、教育对方、给建议，而不知道很多时候对方需要的其实是同理心。

允许，尊重差异、允许成长。人们之间吵架，发生分歧，很多时候都是因为不允许所导致的，不允许对方跟自己不一样，不允许对方有些特点，不接纳真实的对方，想要控制对方或改变对方。这会让双方都痛苦，有了允许的能力，才能给对方做真实自己的机会和空间。

表达、倾听、述情、共情、允许，都是沟通的基本方法，在日常教育孩子的过程中，有意识地培养孩子的沟通能力，为孩子的一生幸福奠定良好的基础。

7、底线把控能力 决定人生是否幸福，有两条底线必须把控得住。一条是道德底线，另一条是法律底线。

德乃立身之本。刘备少才而多德，神机妙算的诸葛亮为之鞠躬尽瘁，武艺超群的关羽、张飞、赵云等人为之成就霸业；"及时雨"宋江，义字当头，多为人排忧解难，号令梁山 108 将为之赴汤蹈火；谦卑儒雅的唐僧，手无缚鸡之力，却能招募武功盖世的徒弟为其实现理想。意大利盛传一句名言，"道德常常填补智慧的缺陷，而智慧却永远填补不了道德的缺陷。"可想而知，一个人具备良好的道德品质是何等的重要，道德教育是何等的重要。

古希腊大哲学家亚里士多德说："遵照道德准则生活，就是幸福的生活。"守住道德底线，就是遵照道德准则。

法乃谋事之基。任何触碰法律底线的事都有可能是灭顶之灾。药家鑫、马加爵、艾建国之流，本是天之骄子，有美好的前程，却命丧黄泉；李 xx、张 x、房 xx 之辈，头顶明星光环，而身陷囹圄。

只要不违反国家的法律，那么人人都有完全的自由，并以自己的方式追求自己的利益。法治社会，法网恢恢，疏而不漏。一切想凭侥幸心理，突破法律底线谋求个人幸福的人，幸福终究会毁于一旦。

2022 年 1 月 1 日正式实施的《中华人民共和国家庭教育促进法》明确规定，家庭教育的首要任务就是"立德树人"，道德教育、法制教育是家庭教育的主要课题。从小培养良好的行为习惯是道德教育、法制教育的根本路径，行为习惯好了，良好的道德品质也就水到渠成了。

8、抗挫抗压能力 抗挫能力又称为逆商，是指人们面对逆境的反应方式，即面对挫折、摆脱困境、超越困难的能力。逆商 AQ，和智商 IQ，情商 EQ，并称 3Q。心理学家们认为，一个人的成功必须具备这 3Q，在智商、情商相差不大的情况下，逆商往往起着决定性的作用。

如何培养孩子的逆商？笔者认为，首先要从小培养孩子的生活独立自主的能力。教育家苏霍姆林斯基曾说："必须让孩子知道生活里面有一个困难的字眼，这个字眼是跟劳动、流汗、手上磨出老茧分不开的。这样他们长大后，才会大大缩短社会适应期，提高面对挫折的能力。"孩子 3 岁开始，做到自己的事情自己做。6 岁开始，参与家务劳动，分担家庭责任。12 岁以后，就要有挣钱养活自己的意识，开始尝试做一份工作来养活自己。通过做家务，参与家庭劳动，让孩子学会吃苦，挑战困难，为抗挫能力打下坚实的基础；其次，教会孩子正视挫折，接受失败。当孩子有困难时，父母教给孩子的应该是迎难而上，找到解决困难的办法，而不是绕难而走，甚至妥协低头。把孩子遇到的问题都当作是一次教育契机，带着孩子一起分析原因、寻找解决办法，让孩子相信办法总比困难多；当孩子学习或做事失败时，教给孩子的是坦然接受，寻找失败的原因，多鼓励的方式，帮助孩子增强自信和勇气。在困难面前不低头，在失败面前不气馁，是孩子抗挫能力的直接表现，让孩子在适当的挫折中学会坚强和勇敢；再次，父母要时刻关注孩子的情绪表现，帮助孩子宣泄不良情绪，走出情绪低谷。超过心理承受能力的失败或打击，需要家长适当介入和协助，过度挫折容易使孩子产生害怕和畏难情绪，不敢再接受挑战；最后，就是父母做出榜样，让孩子看到父母在困难或失败面前乐观、积极的生活态度。家长对待挫折的态度和行为，会潜移默化地影响孩子的态度和行为。

人生是一场充满冒险的旅行，明天和意外谁都不知道哪个先来到。据统计，中国青少年自杀率居世界之首。网上经常爆出学生跳楼自杀事件，屡见不鲜，并且有愈演愈烈之势。究其根源，都与孩子的抗挫能力有关，因此，如何提高孩子的逆商，正成为有远见父母的必修课。

9、发现幸福能力　生活中有无数多的人"生在福中不知福"。有的人说自己没有幸福，有的人说自己没有感受到幸福。是幸福之"神"真的没有眷顾到这些人吗？幸福给予人是公平的，只是您愿不愿意去享有。幸福没有贫富贵贱之分，没有处境容颜之论，更没有附加任何苛刻条件的限制。只要拥有快乐平常之心，就会时刻拥抱快乐中的幸福，把生活变得如意美好。幸福，有时的确很简单，悄然的就出现在我们的身边。我们时时哀叹幸福与我们失之交臂，差之甚远，那是因为我们不曾真正用心去感受与发现的原因。

前面我们讲了，幸福是一种主观感受，是一种客观状态。处在不同心理需求层次的人，对幸福的感受是不一样的。只有自己明白自己要的幸福是什么，您才具备感受幸福的特殊能力，也才能发现属于自己的幸福。

"不畏浮云遮望眼，自缘身在最高层。"遮挡我们发现幸福的"浮云"究竟是什么？

在现实生活中，很多人认为，成功了才有幸福，不成功就没有幸福。权利地位、金钱美女、名声显赫，大概是我们多数人内心所向往的成功吧，可那些成功人士的内心，是否真的感受到了幸福呢？成功是多元化的，也就是说衡量成功的标准有很多种，可以是一个人的地位和财富，可以是一个人的创造力和影响力，可以是一个人对他人的帮助和贡献，也可以是一个人在自身基础上的提高和超越，因此，我们也应该从不同的角度理解成功，并鼓励自己选择最适合自己的成功之路，以便在为成功奋斗的过程中，实现自己的价值，收获更多的幸福。因此，以追求金钱、地位、虚荣为目的的成功，就是"浮云"，是找不到真正的幸福的。

幸福在于找到属于自己的人生目标。在充满变化的世界里，对于未来我们很难把控，但有目标、有规划的人永远是最快乐的，因为当你为自己制订了一张清晰的人生蓝图时，你便完成了一次追逐梦想的过程，而在追逐梦想的路上，本身就是一种幸福。

幸福在于找到属于自己的生存方式。在当今社会里，幸福最先光顾的永远都是那些不断奋斗进取的人们，他们吃苦耐劳、意志坚强，他们是精神上的富翁，他们体验幸福与幸福的几率要比普通人多得多。幸福不是获得的多，而是计较的少，要有一颗感恩的心态，懂得珍惜，与人为善，要多体会人生的美好，培养感受幸福的能力。

幸福在于找到属于自己的内心需要。人人都各有所好，分清工作和生活的边界，把自己的兴趣爱好当做生活的一部分，既是开心工作的润滑剂，也是满足自己内心的需要。做自己喜欢的事，就是做真实的自己，从中发现幸福，感受幸福的快乐。

幸福还在于找到知足的快乐。追求幸福最有效的办法就是"降低你的欲望"，对我们现有的一切感到满足。知足是打开幸福之门的钥匙，人要学会知足，这是构筑幸福生活不可或缺的要素。即便你的境况不那么尽如人意，但只要你把知足放在心中，就能够找到幸福。如果能摆脱名利的束缚，不受它的迷惑，心灵自然豁达、坦然。只有懂得看轻名利的人，才会不为名利所累，才会抵达生活的另一极。成功并不是生活的唯一目标，成功只是表现，幸福才是目的，我们还要有更为广阔的生活空间，拥有一颗淡定、从容、悠闲、美好的心灵，就会发现生活中处处都有幸福。

在当前升学、就业竞争十分残酷的时代，让孩子拥有成长的幸福，在很多家长的眼里，是一件不可能的事情，对孩子们来说，也许是一种奢望。许多孩子找不到学习的快乐，找不到成长的幸福，是当今教育存在的最大弊病。因此，培养孩子的幸福感，以及发现幸福的能力，不得不成为解决教育问题而值得研究的课题。

10、创造幸福能力　幸福不仅是一种能力，还是一门学问。我们不仅要善于发现和感受生活给予的幸福，还要不断创造幸福，让人活得更有意义。

印度大诗人泰戈尔说过："幸福是要靠自己去争取的，而不是等着它降临。"只要你认真的完成每一件事，不求完美，只求更美，用心去完成它，遇到困难不退缩，遇到陷阱不乱跳，遇到诱惑不糊涂，遇到挫折不却步，用自己最大的忍耐力和坚持力勇敢地去实现自己的价值，就一定收获幸福美好的一生。

人们常说：人生不如意十有八九。积极的心态创造生活，才有可能获得人生的幸福。不幸福的人认为生活是痛苦的，这是因为他看到了生活坎坷的一面，而幸福的人看到的是生活的丰富多彩，因为他能把握生活，享受生活。要用积极的心态看待生活，保持阳光心态。心理学家的研究表明，幸福与心理暗示紧密相连，积极的心理暗示引导一个人慢慢走进幸福。苦难是人生必有的一面，不经风雨，怎么见彩虹。祸与福总是背靠背，失败也是一种机会，积极行动起来，独立自强带你走出困境，困难面前，要常常暗示自己"我很幸福"。要想不一直在困境中挣扎，就要靠自己的双手来创造，命运掌握在你自己手上，每天努力一点，一点一滴的耕耘都是在孕育着你未来的成功。

创造幸福就是要做一个快乐的人。自己给自己找事做，自己给自己找快乐。记得有一句话这样说："常记一二，忘记八九。"就是记住生活中最快乐的一二件事，忘记生活中最痛苦的八九件事。这种生活态度，会让您勇敢的生活下去，也会让您的生命更加的坚强和快乐。

创造幸福就是学会做一个平凡的人。人生在世，最重要的是要有幸福感。出了名的，发了财的，升了官的，帝王将相，才子佳人，凡夫俗子，他们人生的长度都是一样的。有句话说得好："走进坟墓，我们将会平等地站在上帝的面前。"我们本是凡人，本有自己的幸福与快乐，不必为种种"浮云"强迫自己去做那些并不想做的事，不必为别人对自己的评价而耿耿于怀，也不必在痛苦、伤心、难过时候，一边强颜欢笑，一边却在舔着自己的伤口。要品味做一个凡人的幸福，平凡乃人生的一种境界，肤浅的人生，往往哗众取宠、华而不实、故弄玄虚；而平凡的人生，往往于平淡之中显本色，于无声处显精神。平凡，只要不平庸，依然可以作出不平凡的业绩，创造出美好的未来生活。

创造幸福就是要做一个品德高尚的人。俄国作家托尔斯泰曾说："做好事的乐趣乃是人生唯一可靠的幸福。"当你能够帮助他人时，你会获得对方真诚地感谢与友好。更重要的是，你会产生一种"我很有用，我很有价值"的成就感。能够让你活得更有意义，更有价值，且能够远离孤独与寂寞；当自己快乐时，不忘分享快乐，随时随地收获一份小小的幸福；当别人有求于你时，成人之美也是一种幸福，收获了尊重，收获了真情，收获了温暖。学会付出与奉献，从而开启利他之路，既帮助了别人，又认同了自己。这是双赢之路，这是和谐之旅。一定要记得帮人就是帮己，要想温暖他人，首先你得自己活成一束光。

幸福是创造出来的，也是奋斗出来的。习近平总书记在 2018 年新年贺词中寄语中华儿女："幸福都是奋斗出来的"。只有国家强盛，人民才安康。为了中华民族的伟大复兴，一代代中华儿女前赴后继，为之奋斗，为之牺牲，目的就是让全体人民过上幸福美满的生活。每一个中华儿女为了自身价值奋斗，是一种幸福，为了更多的人获得幸福而努力奋斗，收获的是更大的幸福。

三、幸福感——孩子学习的内驱力

小阅读

恒河猴实验告诉了我们什么？

几十年前，当时被欧美封神的教育界大师华生认为，婴儿只应该对食物产生依恋，只要食物充足，就能健康成长。母亲是可有可无的，而过度的亲情只会溺爱孩子，让他们成年之后丧失独立自强的精神。他提倡越早把婴儿和妈妈分离，就越容易培养孩子的独立性。孩子哭就任他哭，哭一夜也不要去理会，这就是广为流传的"哭声免疫法"。因此，当时在美国风靡一时的做法就是孩子出生后立即断奶，让孩子自己睡小屋，尽量避免跟孩子亲密接触，以此来培养所谓的"独立性"，这样做的父母不计其数。

后来，心理学家哈洛为了打破这个谬论，做了轰动世界的恒河猴实验。他把一部分刚出生的小猴子和它们的"妈妈"进行了分离，出生之后就让这些小猴子独立生活在笼子里。按照当时华生的育儿理念，与"妈妈"分离的小猴子，应该比在"妈妈"呵护下的小猴子更强壮、更独立、更聪明。但是几个月之后，这些小猴子和正常猴子却产生了巨大的差异。这些和"妈妈"分离的小猴子在遇到同类之后，竟然是目光呆滞，手足无措，不知道该如何与其它猴子相处，并且这些小猴子无一例外的对笼子里的毛巾产生强烈的依恋，它们都喜欢抱着毛巾，或者用毛巾裹着自己的身体。当哈洛想换掉脏毛巾的时候，这些小猴子全部产生了激烈地抵抗反应，它们恐惧地尖叫，并且缩成一团。但是，对于这些猴子来说，毛巾又不能吃，猴子们为什么会如此依恋毛巾呢？这就让哈洛困惑不解。于是他设计了一个更加巧妙的实验，也就是"代母实验"。

哈洛给刚出生的小猴子提供了两个"妈妈"，一个是钢丝做成的"妈妈"，胸前挂着奶瓶，只能够提供食物，但是不能给予拥抱。另外一个是毛绒玩具做成的"妈妈"，抱起来非常的柔软舒服，但却无法提供食物。

按照华生的理论，挂着奶瓶的铁丝"妈妈"，应该更受欢迎。但是谁也没有想到，实验结果却是恰恰相反。那个摸着很舒服的绒布"妈妈"居然打败了挂着奶瓶的铁丝"妈妈"，所有的小猴子大部分时间都会粘着绒布"妈妈"，只有饿了的时候，才会去找挂着奶瓶的铁丝"妈妈"，并且小猴子们是一吃完奶立马离开，有些甚至一刻都不愿意离开绒布"妈妈"，即使是吃奶，也要挂在绒布"妈妈"身上。哈洛觉得还不够，于是就把一些小猴子会害怕的东西放在笼子里面，小猴子一看到这些可怕的东西，就开始往绒布"妈妈"怀里钻，铁丝"妈妈"却被晾在一边。最后，哈洛干脆把绒布"妈妈"拿走了，只留下挂着奶瓶的铁丝"妈妈"，然后再去吓唬小猴子，可即使是被吓得瑟瑟发抖，小猴子们也绝不会去靠近铁丝"妈妈"。没有绒布"妈妈"的怀抱，小猴子就蹲在地上缩成一团，一边颤抖，一边尖叫。这个"代母实验"让哈洛得出一个结论：爱源于接触而非食物，温暖的接触才是母亲的本性。

你以为实验到这就结束了吗？没有。在数年之后，哈洛发现了这些猴子身上更为惊人的变化。那些在绒布"妈妈"呵护下长大的猴子，出现了严重的自闭、抑郁、自残等心理问题，甚至在它们生下自己孩子之后，会对自己的孩子暴力殴打，甚至是残忍杀害自己的孩子。这到底又是怎么回事呢？于是哈洛进行了新一轮的实验。

哈洛给绒布"妈妈"增添了一个可以晃动的功能，小猴子可以跟绒布"妈妈"互相玩耍了，于是奇迹就出现了，这样长大的小猴子不再出现自闭、自残的现象，可以正常地融入同类之中。于是，哈洛就得出了一个震惊世界的结论：爱存在三个变量，是触摸、运动、玩耍。只要你能够提供这三个变量，就能够满足一个灵长类动物的全部需要。

这之后，哈洛的实验还在继续，他在一批小猴子出生之后，不给它们任何的假妈妈，就让它们孤独的生存。八个月之后，他再把绒布"妈妈"和奶瓶"妈妈"放进笼子里，然后再用玩具去吓唬小猴子，结果呢？小猴子没有奔向任何一个"妈妈"，它们只是缩成一团瑟瑟发抖，发出绝望的叫声。长大后这些猴子自然无法融入猴群，并伴随着自残、暴力攻击等行为。哈洛发现小猴子一旦和母亲分离超过90天，就等于是错过了陪伴的关键期，伤害就是一辈子，没有办法弥补了。

最后，还有更加让人沉默的一幕。哈洛对绒布"妈妈"进行了改造，加上了一个可以发射铁钉、喷冷气的装置，让这个绒布"妈妈"变成"坏蛋妈妈"，吓得小猴子到处乱窜，可是让人意外的是不管这个"坏蛋妈妈"怎么攻击虐待它们，小猴子都不会离开，它们只是会在被攻击的时候躲得远远的，一旦绒布"妈妈"停止攻击，小猴子就会立刻回到"妈妈"的怀抱里面，紧紧抱着那个刚才还在攻击它们的"坏蛋妈妈"。这也是很多孩子哪怕一直被打、被骂、被羞辱，也依然会爱他们的父母的原因。

恒河猴的实验确实残忍，但也让人们及时看清了同样的残忍正发生在我们的身边。当前，有很多妈妈生下孩子之后，就迫不及待把孩子交给祖父母，自己出去打工，这对孩子来说，不是一样的残忍吗？

哈洛的理论发表之后，一夜之间，华生就成为妈妈们最讨厌的人。

华生育儿法彻底被推翻，可是，在华生的理论被国外摈弃数年之后，这套"洋垃圾"却漂洋过海被中国的一群营销号发现了，他们如获至宝，疯狂地宣传，甚至还有所谓的育儿专家用这套垃圾理论开课赚钱，导致千千万万的中国儿童成为这套邪恶理论的牺牲品。

哈洛的恒河猴实验告诉我们：温暖的陪伴是最好的爱，也是最好的教育；触摸、运动、玩耍是陪伴孩子最好的礼物；满足孩子的情感需求是孩子一生幸福的重要条件。

很幸运，我生长在一个幸福的家庭。上世纪六十年代，尽管缺吃少穿，父母的陪伴是我们最大的心理慰藉。记得十岁那年，我因爬树玩耍摔断了右腿，没有听到一句来自父母口中责备的话语，只看到妈妈自责的表情和无怨无悔的日夜陪伴。近一个月的时间都是爸妈轮流陪我睡觉，轮流背我上学。这种无声的爱，让我幸福感爆棚，哪还有什么理由不好好学习读书呢？

七十年代的农村，各家各户靠劳动力挣工分分得口粮。我帮生产队喂牛挣工分，弟弟每天打猪草分担家务，我们兄弟俩一早一晚各负其责，尽心尽力，没有半点的偷懒耍滑。那又是什么力量推动着我们兄弟俩如此全力以赴呢？一方面来自父母的榜样，他们起早贪黑，辛勤劳动，给我们树立了样板。更重要的还是父母的爱：一份份温暖的陪伴，一份份温馨的关怀。在同一个煤油灯下，我和弟弟写作业，爸爸在旁看书；一起参加生产劳动之后，爸爸陪我们下棋或游泳；徒步近十里路，爸爸陪我们看电影……

如果孩子的情感需要没有办法得到回应，那么，对孩子而言，家也是绝境。当你冷漠地看着孩子的时候，他的内心世界和那些可怜的小猴子是一模一样的。满足孩子的情感需求，让孩子时时刻刻都有一种很幸福的感觉，孩子才会拥有一颗感恩的心。有感恩之心的孩子，做任何事情都不会让父母失望，特别是孩子的学习，力求做的更好。

（一）幸福感的来源

前面我们回答了幸福是什么，那幸福感又是什么呢？

幸福感是指人类意识到自己需要得到满足及理想得到实现时产生的一种积极情绪状态，个体根据自己的生活和情感标准对其生活质量综合评价所表现出的内在的一种积极的体验。这种标准通常基于一种积极的评价方式，对生活保持乐观向上的态度。用通俗的话来讲，幸福感就是更多的积极情绪，更少的消极情绪，以及对生活的满意度。

我国已经全面进入小康生活时代，人们追求幸福感已成为新潮。在这个社会和谐、物质不缺的年代，基本满足了人们生理和安全的需求，但总还有很多人觉得缺少幸福感，那又是为什么呢？

我们先看看马斯洛需求层次理论是怎么阐述的。

马斯洛认为，人类的多种需求，在不同的时期表现出来的迫切程度是不同的。人最迫切的需要才是激励人行动的主要原因和动力。人的需要是从外部得来的满足逐渐向内在得到的满足转化，可按其性质由低到高分为五个层次：

1、生理需求：是指维系生存及延续种族的需要。生理上的需要是人们最原始、最基本的需要，如吃饭、穿衣、住宅、医疗等等。它是最强烈的不可避免的最底层需要，也是推动人们行动的强大动力。

2、安全需求：是指寻求受保护与免于遭威胁从而获得安全感的需要。安全需要，如希望拥有交通安全、环境安全、食品安全等，安全需要比生理需要较高一级，当生理需要得到满足以后就要保障这种需要。

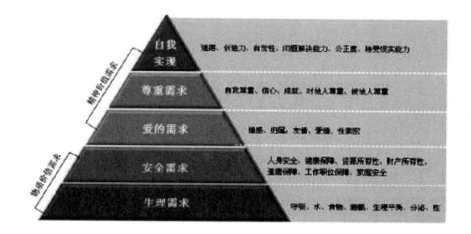

每一个在现实中生活的人，都会产生安全感的欲望、自由的欲望、防御的实力的欲望。

3、归属与爱的需求：也叫做社交需求，是指个人渴望得到家庭、团体、朋友、同事的关怀爱护理解，是对友情、信任、温暖、爱情的需要。社交的需要比生理和安全需要更细微、更难捉摸。它与个人性格、经历、生活区域、民族、生活习惯、宗教信仰等都有关系，这种需要是难以察悟，无法度量的。

4、尊重需求：尊重的需要可分为自尊、他尊和权力欲三类，包括自我尊重、自我评价以及尊重别人。尊重的需要很少能够得到完全的满足，但基本上的满足就可产生推动力。

5、自我实现需求：自我实现的需要是最高等级的需要，是一种创造的需要。有自我实现需要的人，往往会竭尽所能，使自己趋于完美，实现自己的理想和目标，获得成就感。马斯洛认为，人在自我实现的创造过程中，产生出一种所谓的"高峰体验"的情感，这个时候的人处于最高、最完美、最和谐的状态，具有一种欣喜若狂、如醉如痴的感觉。

马斯洛把由低到高的五种需求，分为低级需求和高级需求两大类。

即生理需求和安全需求为低级需求，主要是物质层面的。归属与爱的需求、尊重需求和自我实现需求为高级需求，属于精神层面的。

马斯洛还这样说："高级需要的满足能引起更合意的主观效果，即更深刻的幸福感，宁静感，以及内心生活的丰富感。"这段话的意思就是告诉我们：一个人深层的幸福感，源自高级需要的满足。

在马斯洛的另一段话中，他予以强调："低级需要比高级需要更部位化、更可触知，也更有限度……我们只能够吃这么一点食物，然而爱、尊重、以及认识的满足几乎是无限的。"这段话的意思也就是告诉了我们，高级需要的满足，会给人以无限的幸福和宁静感，而低级需要的满足，带来的幸福感非常有限。

高级需要的满足是幸福感的来源，它应该在我们的追求中占据更大比例，这样我们才能不断提高自己的生活质量。在实际生活中，满足低级需要是很容易的，但高级需求的满足，其特点是不容易做到，而且需求是无限的，这就为幸福感的绵延提供了可能。比如爱和尊重，有谁会觉得自己的爱太多了呢？人的自我实现又有千万种可能，更高价值的自我实现获得更具有生命意义的幸福。

一个人的大脑，有时候也会欺骗自己，比如我们面对低级需要，可能会付出比获取高级需要更多的心力，我们错误地认为自己在追求幸福，其实，只是在追逐变层的快乐而已，这种快乐，具有很大的不稳定性，波动性，不持久性。

大部分人的大部分生活，都在与低级需要纠缠，这也并非是说很多人太不明智，而是低级需要当然也有其存在的巨大价值，它构成一个人生存的基础，但它又与幸福遥遥相望，并不一定直达幸福彼岸。这也就是当今有很多人还觉得不够幸福的主要原因。

没有人愿意回避幸福，但将自己的期望与行动统一起来，做对的事，做智慧的事，并非人人皆懂，渴求幸福，却又做着与其违背的事，追逐着低级需求的满足，很容易南辕北辙。幸福需要学习，需要自己去品悟。

（二）学习幸福感

　　幸福感对青少年健康成长和发展具有重要意义，包含了学生发展的重要内涵，是评估学校教育质量的重要指标。2016 年，中国教育科学研究院张冲教授和国际幸福教育联盟主席孟万金教授共同主持了《中小学生综合幸福感发展现状和教育建议》的研究，他们选择了北京市、上海市、重庆市和山东省、安徽省、浙江省、广东省涵盖我国东部、中部、西部三大区域的中小学生作为研究对象，对小学五、六年级和初中一、二年级学生，采用心理幸福感、学习幸福感、健康幸福感、社会幸福感和道德幸福感五大分量表，进行抽样测试，并结合众多专家学者的研究报告，进行比对和筛选，得出了如下权威性研究结论："总体而言，我国中小学生的综合幸福感水平较高，五个分量表得分由高到低依次为道德幸福感、健康幸福感、社会幸福感、学习幸福感和心理幸福感。"

　　从以上研究报告的结论可以看出，我国的中小学生的学习幸福感和心理幸福感还不够理想。报告中指出，学习幸福感量表中的学习动机和学习投入发展较好，但是学习策略发展较低。这说明中小学生有较强的学习动机和兴趣，但是并没有很好地掌握学习方法。

　　对于学生而言，学习是主要的任务，它在很大程度上决定了孩子的幸福感水平。影响孩子学习幸福感的因素包括学习动机、学习情感、学习习惯、学习策略和学习成绩等。

学习动机是直接推动学生进行学习的一种内部动力。它是一种学习的需要，这种需要是社会和教育对学生学习的客观要求在学生大脑中的反映。它表现为学习的意向、愿望或兴趣等形式，对学习起着推动作用。

好的学习动机诱发比较强烈的学习幸福感。有的孩子把报答父母的恩情当做自己的学习动机，孩子就会很听父母的话，按照父母的要求自觉学习、积极主动学习，同时享受感恩的幸福；有的孩子为了认识兴趣而学习，不断认识、探索、发现自己感兴趣的事物而得到内心的满足感到很幸福；有的孩子对祖国的语言文字很感兴趣，沉浸在阅读的海洋里，感受语言文字的美和读书的宁静而幸福；有的孩子为了获取更多人的尊重、肯定或奖赏，成为一名优秀学生而学习，当得到掌声和鲜花时，感觉无比的自豪和幸福；有的孩子有更远的学习目标，为了实现自己的美好梦想和更大的理想，将来能担当更大的社会责任而学习，当看到自己的进步，或取得好的成绩时，获得成就感的幸福。

孩子的学习活动是以认知活动为基础的，同时必然产生一定的情感体验。孩子在学习活动中，对教师、教材、教学内容、教学方法及学习本身都会产生一定的态度体验，这种态度体验就是学习情感。

孩子在学习活动中，所取得的每一点进步或成绩，有人及时发现，并给予及时的肯定或鼓励，孩子的学习情感一定是热情的、积极的，一直保持快乐、积极、向上的学习心态，学习过程是幸福的；孩子在学习活动中，遇到困难无人帮助与支持，遇到失败没有安慰与鼓励，受到委屈或打击，没有同情与抚慰，孩子的学习情感一定是失望烦躁、自卑抑郁和痛苦自责的，消极的情绪和负面的情感包裹着孩子，也就没有幸福感可言。

我们都知道，学习习惯好的孩子，学习效率很高。孩子能抽出很多时间去快乐地玩，去做自己感兴趣的事情，去感受大自然给自己带来的美好心情。一直保持这样一种快乐的学习状态的孩子，是很有学习幸福感和生活幸福感的。

学习活动本身是幸福的。孔子说："学而时习之，不亦说乎"，就是说从学习到实践，再学习，再实践是一件十分愉悦的事情。用学得的知识，解决生活中的问题，就是一种成功感的幸福；孔子还说："知之者不如好之者，好之者不如乐之者"，做学习的"乐之者"就是学习的幸福。孩子达到"乐之者"的学习境界，必须首先做学习的"知之者"，只有懂得怎样学习的人，才会喜欢上学习，爱上学习。因此，孩子的学习策略显得十分重要。

每一个孩子都是一个个独立的个体，不同的气质类型有不同的学习品质，不同的特质就有不同的学习方式，不同的潜能就有不同的兴趣爱好，所以，不同的孩子就有不同的学习策略。教师、家长要了解孩子各自的不同，去寻求最适合孩子的学习策略。只有学习方法做对了，孩子的学习才会免除更多的困扰和苦恼，也才能收获学习的乐趣所带来的幸福感。

孩子的学习成绩，是我们家长和老师不得不特别关注的，也是孩子十分在意的。有学习幸福感的孩子，一定是学习成绩优秀的孩子。学习成绩优秀的孩子，但不一定有学习幸福感。有些孩子没有通过正确的人生观和积极的价值观来确立自己的学习目的、目标和理想，所取得的学习成绩完全来自于比较低级的近景目标，或来自于父母的强逼利诱，或者来自于为了满足父母的虚荣而获得一点点可怜的自尊与他尊，他们只有短暂的学习快乐，而没有幸福的学习情感，可想而知，这样的孩子学习之路不会走得长远。为什么有名牌大学生自杀，恐怕这就是原因之一。

　　学习幸福感只是中小学生综合幸福感的重要组成部分之一。"学习幸福感"是在幸福教育理论诞生之后出现的新词语，不被大众所熟悉。其实，它早早就蕴含在学习的过程之中。没有学习幸福感，学习的枯燥与困扰，是很多人无法战胜的。

（三）学习的奥秘2

　　亲爱的读者，您是否还有印象，本书第二章第二节向您介绍过"学习的奥秘1"，只要孩子的学习形成"学"和"习"的良性循环，孩子的学习积极性、主动性会大大提高，学习也就是一件轻松而快乐的事情了。

　　下面我们来探究"学习的奥秘2"是什么？

　　我身边有这么一位十分了不起的老师，他姓杨，是市一中高中语文教师，全省语文学科带头人。

　　他大学毕业后直接分配在一所师范学校任教，后来中等师范撤销，就近安排在市一中。他在师范学校任教期间，是传说中的"男神"，以独特的教学风格和亲和力，以及他满腹经纶的智慧，折服了所有的学子，是男孩子的"哥哥"，女孩子心中的"白马王子"。他的所有学生，没有不喜欢上汉语言文学的，学生毕业后大多也担任语文教师。

　　他担任高中语文教师后，高考的竞争所带来的语文教学的压力比过去增加了不少。他要让学生从骨子里喜欢上语言文字，爱上语文学科，他采取了很独特的教学方式。

　　千古名篇《滕王阁序》是高二年级的必修课文，别的语文老师教完这篇课文就是一周，他可足足用了一年。这篇课文近100个生僻字，引用典故46个，加之古文言文理解的难度，学好这篇代表中国文学的巅峰之作，难度很大。杨老师从高二接手学生开始，就提前着手这篇文章的教学布局，给学生布置预习和探究性学习任务。花一个月时间自学生僻字，读熟课文；花三个月的时间在网上或历史书、课外书上面查找46个典故的出处和相关信息；再安排了一个月时间，让学生了解历史背景以及中国四大名楼的文史资料。这些时间都是学生利用闲散时间或挤出来的。当然没有耽误学生其它学科的学习。等到教这篇课文时，绝大部分学生已经诵读如流了，所涉及到的历史文化、时代背景和相关人物，学生已经基本了解，大大减轻了学习的难度。最后，通过杨老师精心的教学设计，精彩的教学讲评，学生们听得如痴如醉。

杨老师教完课文后，并没有就此结束，花半年的时间进行拓展教学和应用、体验、感悟等工作。暑假，他带领班上有条件的学生开展了游滕王阁、岳阳楼的研学之旅，现场体验文章中流传千古的优美锦句以及作者所表达的忧国忧民的思想情怀。通过《滕王阁序》《岳阳楼记》的现场教学，无不让每一个学生体验到我国汉语的词藻之美，修辞之美，含蓄之美，思想之美。

杨老师组编的《读"滕王阁序"有感》班刊在学校传阅，师生无不为该班学生丰富的文学素养发出溢美之词，为文章中流露的对中华文化的敬畏之心、报效祖国的爱国情怀发出由衷赞美。更为学生所学会的批判思维和独到见解所折服。

历届高考，杨老师班级的语文学科总是在全市独占鳌头，在全省也很有席位。他教学成功的秘诀就是历届学子发出的共同心声：跟杨老师学语文，就是一种幸福。

杨老师已经五十多岁了，可谓桃李满天下，有多名学子已经是中国文坛新秀。他发表的多篇文章都是有关学生学习幸福感培养的经验和论文，我从中深受启发。我也多次和他交流，他的幸福教育理念让我深受鼓舞。他说："一个孩子，如果不在学习中找到幸福的感觉，是没有学习动力的。"

教育新思维七：幸福感，孩子学习的内驱力

所谓内驱力是在需要的基础上产生的一种内部唤醒状态或紧张状态，表现为推动有机体活动以达到满足需要的内部动力。需要是产生内驱力的基础，而幸福感就是人们追求的目标之一，也是人们的需要之一。

幸福感是孩子学习的内驱力。

全球青少年社会与情感能力测评项目（SSES）的调查数据报告显示，社会与情感能力对学生的学业表现、教育期望、公民参与、社会关系、心理健康与生活质量（幸福感、生活满意度、考试焦虑）等生活结果均产生重要影响。

如果我们把学科学术知识和技能比作"硬能力"的话，那么社会与情感能力就可以比作"软能力"，别看是软能力，但对所有孩子的成长和未来至关重要。比如：抗压能力强、积极乐观的情绪状态能让学生现在以及今后更容易应对学习与工作中的不顺利；善于合作、彼此信任和相互包容的能力，是现代社会生活必不可少的一种能力；创造性和好奇心这两项人工智能难以取代的关键能力，越来越重要。

幸福感是积极心理学研究的核心概念，它强调人的积极情感体验和态度的重要性。幸福感强化学生在学习过程中积极的、正向的心理体验，让学生在学习过程中充分感受学习的快乐，体验自身力量，体验通过自己的努力最终达成目标的成就感和幸福感，从而建立起更强大的学习内驱力。

幸福感促进学习的内驱力，学习的内驱力促进学习的成功，学习的成功成就了孩子的幸福感。幸福感越强，学习内驱力就越足；内驱力

越足，学习越成功；学习越成功，幸福感越强。这是一个积极的良性循环，也就是学习的奥秘。

孩子的学习幸福感是孩子情感发展的重要内容，是孩子学习的内在驱动力，也是孩子综合幸福感的重要影响因素。具有高幸福感的青少年在学业成绩、动机、自尊感、对生活的意义、感恩及自我效能等方面都有较好的表现。美国教育学家布鲁姆（Bloom）说过："一个带着积极情感去学习的学生，应该比那些缺乏感情、乐趣或兴趣的学生，或者比那些对学习材料感到焦虑和恐惧的学生，学习的要更加轻松、更加迅速。"

上海市建平中学原校长冯恩洪说过这样一段话，"教育的最高境界不是把学生管住，而是让学生感动，让学生不好意思不这么做。"老师严谨的工作态度，无私的爱，切合人性的教学艺术与方式，无不感动着学生，让学生内心产生"不这样做会对不起老师"的想法，内驱力就被激活了。我们的家庭教育何尝又不是如此呢！

在我举办的幸福人生家长讲堂里，有一位小学三年级男孩的妈妈，姓周，就叫她周虹（化名）吧。

男孩读一、二年级时是留守儿童，在外务工的周虹特别担心孩子的学习和健康成长。她忍心辞掉月薪近万的工作，回家陪伴孩子，也走进了我的课堂。听了她对孩子的介绍，我也十分的揪心。

周虹说爷爷奶奶带出来的孩子，学习完全没有"上路"，学习习惯很不好，不给手机玩，连饭也不肯吃。更为严重的是和爸爸似乎有仇似的，爸爸回来了从不沾边。和妈妈说话时的眼神也是躲躲闪闪的，似乎这世界上没有他值得信任的人。

我知道孩子的问题出在哪里，但一口气也说不了那么多，只对周虹说："你孩子缺爱。"并叮嘱说："你现在什么也不做，只天天陪伴孩子，听我几天课后，我再给你方案吧。"

周虹很信任我，一连听了我6堂课，她似乎也明白了很多。我觉得时机成熟了，叫她下次来听课一并带上孩子。

男孩长得很帅气，也很机灵，只是走进我办公室，手脚就没有停过，更没有专注我和他妈妈的对话。我知道这孩子是在没有规矩的环境里长大的，现在和他说什么也没有用，想改变他还需要时间和"功夫"。

我在办公室里，给她制订了一套"三三方案"，即：用三个月时间修复和孩子的亲子关系，给孩子尽可能多的爱，让孩子体会到安全感、归属感和幸福感；用三个月时间培养孩子的生活习惯；用三个月的时间培养孩子的学习习惯。

周虹是一位特别爱学习的妈妈。她听完我设计的12堂父母课程，读完我推荐的2本育儿书，参加了5次亲子沙龙活动，还撰写了多篇心得体会，改掉自身许多毛病，在育儿方面越来越成熟，越来越睿智。

一年后，孩子犹如凤凰涅槃，浴火重生。和他爸爸的亲子关系得到极大地改善，手机瘾完全得到控制，学习有了巨大的进步。现在是一位读五年级的孩子，各个方面蜕变得特别优秀，夜读晨诵的读书习惯得到很好的养成，节假日早起还主动给妈妈做早餐。

周虹特别感谢我说："老师，原来培养孩子的幸福感有这么神奇。"

是的，当你孩子把你所说的话都当做"耳边风"的时候，任何教育都是零。只有孩子把父母的话当话听的时候，教育才有意义。

当孩子接受到来自父母足够的爱，孩子才会有足够的幸福感。有幸福感的孩子，才会有感恩之心，敬畏之心。这时候你对孩子的教育要求才发挥作用。

学校教育也是同样的道理。

孩子在校没有幸福感，谈何爱学校、爱老师、爱同学？孩子没有学习幸福感，有什么力量推动孩子克服学习困难，勤奋学习，努力学习呢？

一切建立在假、大、空上面的道德教育都是徒劳的，唯有让孩子在校享有幸福的教育生活，孩子才会有爱心、责任心、上进心、感恩之心的可能。

但愿"让幸福走进教育，让教育充满幸福"不是一句空有的口号；但愿苏霍姆林斯基所说的"教育的理想在于使所有的儿童都成为幸福的人"能成为教育现实。

四、做幸福的父母和老师

　　我的家乡在湖南西北边陲的一个小山村，"土地平旷，屋舍俨然，有良田、美池、桑竹之属。阡陌交通，鸡犬相闻。"陶渊明所描绘的也正是我那村子的写照。在村子的南面和西面是一座座连绵起伏的山岭，东面和北面是一弯由西向东的浕水河，上帝赐予这个小山村"天干不了，水淹不了"的自然条件，让这个山村享有"世外桃源"的美誉。我的祖辈们在这里日出而作日落而息，繁衍生息近千年，从没有听说过因自然灾害而村民外出逃荒或饿死人的传闻。

　　上世纪八九十年代，是我人生记忆最清晰的时段。土地分田到户，人们依靠辛勤劳动过自己的日子。每到农忙季节，日以继夜的劳动景象是一道道美丽的风景。抢收抢插的关键时刻，大家都把劳动力集中起来，今天在你家帮忙，明天到他家帮忙，后天在我家帮忙，相互协作，相互帮助。农闲季节，东家有喜事，全村人都来喝喜酒；西家有丧事，大家一起来帮忙。"一家有难，百家支援"的传统文化基因传承了几百上千年，写在骨子里的互帮互助的"契约精神"，在我们村子里演绎得淋漓尽致。没有暴力，没有歧视，有的只是相互关心，相互帮助。那个年代，尽管生产力落后，物质匮乏，但村民们勤劳致富的信仰十分坚定，追求幸福的愿望永不停息。孩童们快乐地成长，一家三代或四代每天生活在一起，幸福感无处不在，无处不有。

　　时至今日，年轻人都在沿海打拼，壮年人都在城里务工，留守在村

里的不是老人，就是小孩。昔日农忙时，你帮我助一起劳动的情景没有
了；农闲时，相互串门喝酒聊天的民风民俗也没有了。看得到的，只有
孤寡的老人和少有的几个小孩。尽管绿树成荫，尽管小楼房鳞次栉比，
但缺少了人的活动，就缺少了声气，自然也就只剩下荒凉与寂寥。

每年春节，我依然回老家给几位健在的家族前辈拜年。后辈们都
回来了，新年都过得十分的热闹，年货都十分的丰富，只是缺少了昔日
的年味和人们幸福的笑脸。

写到这里，大家可能会问：物质丰富了，人们过上了好日子，怎么
幸福的感觉却少了呢？难道是社会退步了吗？

要回答这个问题，我们不得不首先了解一下有关幸福的特性。

（一）幸福的特性

幸福是人们生活的永恒主题，人的任何一种追求，归根到底都是
对幸福的追求。古往今来，每个时代的人都在探索具有时代特征的幸
福涵义以及实现幸福的方法和途径。但由于时代发展的局限性，对幸
福涵义的理解和表达不尽相同，因此，难以获得追求幸福的真正途径，
难以在同别人具有相同的物质条件下感受到与别人相同的幸福感，甚
至是拥有比别人多的物质条件，反而感受到的幸福还不如别人多。这
也是为何当今时代的人们，在面对物质财富日渐丰富的同时，却也面临
着精神家园日渐消失，人们的幸福感普遍不高的现实问题。这一问题，
在我们的下一代孩子身上，表现的尤为突出。

前面我们回答了幸福是什么的问题，我们知道幸福是一种主观感
受，幸福是一种客观状态，幸福是和谐发展。幸福的主观性和客观性是
幸福的本质属性，是主观性与客观性的和谐统一。幸福是和谐发展，这

里的"和谐发展"有着不同层次要求。一是作为幸福的主体——人，要求人自身身心发展和谐，全面发展和谐；二是人生活的时代不同，对幸福的需求也不尽相同，这就决定了这个时代的人只能追求适合时代需求的幸福，幸福的需求与时代发展的和谐；三是不同的社会形态与意识对人的价值观要求不一样，实现幸福的方法和途径与社会发展和谐。因此，幸福的涵义具有鲜明的时代性、社会性和实践性。

1、幸福的时代性

在远古时代，人类刚刚产生，物质生活极度匮乏，能够生存下来是人类的最大目标，那么，追求物质满足自然而然成为对幸福的最主要理解。即使是今天也一样，在十分贫困的生活条件下谈幸福，也是不切合实际的。

封建社会和资本主义社会是劳动者和劳动产品被分离的时代，人民创造了大量的劳动产品，却无偿地被统治阶级占有，无产者生活艰难而困苦。幸福感是人人都拥有的，但这一时代主流的幸福观只能被统治阶级所决定，为了欺骗广大劳动人民，统治阶级就必然选择有利于统治人民的道德幸福观。封建社会、资本主义社会进入发展阶段，物质条件基本满足生存需要的时候，追求精神上的愉悦与幸福也成为人们追求幸福的一部分。这时，和谐的社会秩序、良好的人际关系、和睦的邻里关系等都成为了人们需求的一部分，也正因为如此，以德国古典哲学家康德为代表的德性主义幸福观应运而生，儒家的德福思想才能得以存在。

当代中国，是一个社会主义国家，走特色社会主义发展之路。人民当家作主，享有充分的民主自由的权利，温饱问题已经基本解决，正走在共同富裕的康庄大道上，人们更多的是追求爱的需要、尊重的需要和自我发展与实现的需要。因此，习总书记提出的"人民幸福观""劳动幸福观""奋斗幸福观"符合人们的精神需求，符合人民整体利益的价值取向。

因此，幸福不是一成不变的，而是随着时代的进步发展的，但始终不变的是幸福的主体感受性。

新时代的孩子，处在不愁吃不愁喝的年代，孩子的幸福理所当然地追求高级需求的满足，最大的愿望莫过于父母的尊重，老师和同学们的赏识以及成长和学业上的自我实现。"做最好的自己"是孩子获得爱与尊重，实现自我价值的最好途径，即孩子实现人生幸福的最佳途径。

教育新思维八：
做最好的自己是孩子实现人生幸福的最佳途径

做最好的自己，就是自己跟自己比，要让自己的今天比昨天做得好，明天要比今天做得好，天天都在做最好的自己。父母要善于发现孩子的优点和进步，每天都鼓励孩子要比过去做的好，让孩子看到自己实实在在的进步，孩子就越发认可自己，相信自己，孩子就活在春天里，活在阳光里。

做最好的自己，就是要找到自己的"最近发展区"，不断更新自己的发展目标，通过别人的教育和帮助，调动自己的主观能动性，发挥自己的潜能，超越其最近发展区而达到下一个发展阶段的水平，然后在此基础上进行下一个发展区的发展。孩子只有不断地超越自己，才有自我实现的感觉，也就找到了快乐幸福的源泉。

做最好的自己，就是要充分地认识自己，找到自己的兴趣爱好，发挥自己的特长和优势，做自己喜欢而擅长的事，让自己成为某一方面的优秀者或出类拔萃者。成功的标准不是单一的，社会给每个人提供了不同的舞台，只要在自己的舞台上竭尽全力扮好自己的角色，将自己的价值发挥到极限，不管是令人瞩目的，还是普通平凡的，那都是一个成功者。成功者的人生是幸福的人生。

新时代的年轻人，赶上了好时代。习近平总书记强调"人人享有人生出彩的机会"，就是号召每一个普通的中国人都能创造和实现人生幸福，使每个人拥有最大限度展示自己能力的舞台，进而能实现每个人的人生梦想。

2、幸福的社会性

幸福的获得要以个体需求的一定程度的满足为条件，而人的需求的基本满足要有一定自然条件和社会条件的支持。如，政治安定、经济发展、文化进步等，都可以为个人幸福的实现提供必要的社会支持。而美丽、清洁、怡人的自然环境无疑是个人达到幸福必须依赖的外部条件。从这个意义上来说，遵守社会公德，维护良好的社会秩序，这些看似是在为他人创造好的生活环境，事实上也是在为我们自己追求幸福生活创造条件。当代人类保护自然生态环境的努力，也是为了保护我们每一个人追求幸福的自由和权利。这充分体现了幸福的主体性与幸福的社会性是相辅相成，不可分开来的。通过为亲人、朋友、社会、自然做出自己的努力，才能为自己的幸福创造条件。

中国是一个社会主义国家，一个以共产主义为最终发展目标的国家，实现每个人的全面自由发展与幸福是我们的奋斗方向。中国特色社会主义进入新时代，实现中华民族的伟大复兴就是要实现国家富强、民族振兴、人民幸福。习近平的幸福观将人民幸福视作全面建成小康社会的现实目标，只有国家富强，民族振兴，才有幸福的社会和幸福的人民。人民整体幸福了，也就能凸显幸福的社会性。

3、幸福的实践性

马克思从社会实践即劳动出发考察幸福问题，认为人类的幸福只能从人类自身的历史中实现，人类在实践中追求幸福，并在实践中获得幸福。

劳动是最好的实践。马克思指出："一个种的整体特征，种的类特性就在于生命活动的性质，而自由的有意识的活动恰恰就是人的类特性。"这种有意识的活动就是劳动。

劳动是实现幸福的根本途径。习近平总书记在2013年全国劳动模范代表座谈会时的讲话中强调"劳动是财富的源泉，也是幸福的源泉"。人类在通过劳动以满足自身生存发展需要的物质前提的过程中，既满足了自身，又推动了社会进步。劳动不仅成就了个体之幸福，而且成就了全社会普遍之幸福。2015年6月1日，习近平总书记在会见中国少年先锋队代表时寄语全国各族少年儿童："幸福不是毛毛雨，幸福不是免费的午餐，幸福不会从天而降。人世间的一切成就，一切幸福都源于劳动和创造。"劳动是人确证自我、实现自我的根本途径。幸福是在劳动实践中获得的，人在劳动实践中，一方面创造了能够满足自身发展的物质条件，获得了享受幸福的基本条件；另一方面挖掘了人作为人的内在本质力量，人的精神层面的追求是更为深沉的幸福感。一切劳动者，只要不断学习，刻苦钻研，掌握真技术，锤炼真本领，才能在劳动中发现广阔天地，在劳动中体现个人价值、展现个人风采，感受劳动的幸福与快乐。

奋斗是最好的劳动，是最真实的幸福。并非所有的劳动都能实现幸福，在马克思的思想中，劳动直接表现为人实现幸福的实践方式，但是异化劳动（强迫劳动）不能让人体会到在劳动中的愉悦感和获得感。人只有在自由自觉的劳动中，才能体验到劳动带来的享受与幸福。因此，习近平总书记继承了马克思的观点，并提出只有辛勤劳动、诚实劳动、创造性劳动才能创造幸福。同时强调奋斗本身就是一种幸福，只有奋斗的人生才称得上幸福的人生。奋斗者是精神上最为富足的人，也是最懂得幸福、最享受幸福的人。

时代在发展，社会在进步，每一个人的幸福观要不断更新，彰显幸福的时代性、社会性与实践性。特别是为人父母者，为人师长者，更应该不断学习，修德修行，树立正确的人生观，践行符合时代需要、社会价值的幸福观，做一个真正幸福的人，把科学的幸福观"润物细无声"地传递给我们的孩子，我们的学生。

（二）如何做幸福的老师

老师，您辛苦了

您用谆谆教导熔以苦乐年华

把我锻成一根疾矢

射向传说中的伊甸

等我抵达那座心仪的田园

回望您的时候

您佝偻着的身影

是一张再也伸不直的弓箭！

这是一首题为《老师，您辛苦了》的散文诗，字里行间充满了对老师的歌颂，也流露出老师一生辛苦而结局令人心寒的悲悯之情。

当老师固然辛苦，除了辛苦之外，就不能收获快乐与幸福吗？显然不是。我不赏识少数老师只顾工作而不顾自身健康的人，也不赞同只有奉献，而没有享受生活乐趣的人，更不认可牺牲了家庭，自己的孩子都没有培养成功的人。

一个不幸福的老师，是培养不出幸福的学生的。老师的喜怒哀乐很容易写在脸上，不良情绪很容易传染给学生；老师的幸福观体现在一言一行上，学生很容易受到浸染与熏陶；老师宁静、淡泊、达观的生活态度，"润物细无声"的孕育着每一个孩子。

只有幸福的老师才会造就幸福的学生。幸福的老师能宁静内心，平和心态，理性地面对教育，做有理性的教育。这种理性，视野所及，看到的一定是学生，而不仅仅是生硬的分数。这样的教师，他一定会坚持以学生为本，关注的是学生的成长，关切的是学生学习生活的快乐，思考的是怎样为学生未来人生奠基。怎样让学生拥有一个幸福的人生，怎样让学生在拥有分数的同时，拥有一个良好的习惯，一个积极的心态，一个高尚的品德，一个健康的身体，一个全面发展的能力呢？

因此，做一个幸福的老师，从教育的使命和责任来看，是何等的重要。

如何做幸福的老师呢？

1、首先，要做一个真正幸福的人

幸福是人类的共同追求和最终追求。我们都因幸福而来，做一个真正幸福的人也是谋求任何职业幸福的基础。

首先，找准幸福坐标，让自己永远生活在第一象限内，保持真正幸福的生命状态。（亲爱的读者，看到这里，请您回忆一下本章第二节内容，或者是回头温习一下该内容）

其次，真正幸福的人是物质与精神、生理与心理、个人与集体、主观与客观、过程与结果、投入与回报、眼前与长远的有机统一，这是追求幸福的基本原理。

物质与精神的统一，就是追求物质需要的幸福和精神需要的幸福统一起来；生理与心理的统一，就是身体健康和心理健康的统一，生理需要和心理需要的统一；个体与集体的统一，就是个人幸福建立在集体幸福的基础之上，没有集体幸福、大众幸福、社会幸福，个人幸福就是空中楼阁；主观与客观的统一，就是主观感受与客观状态的统一；过程与结果的统一，就是没有幸福的过程，就没有幸福的结果。在追求幸福的过程中，劳动就是幸福，创造就是幸福，奋斗就是幸福；投入与回报的统一，就是没有辛勤劳动、诚实劳动和创造性劳动，就不可能有收获自我实现的精神幸福的可能，越是奋斗的人，获得幸福的回报越大；眼前与长远的统一，就是近期目标和理想的统一，眼前的幸福是不会长久的，具有远大的志向和理想是获得成功的重要前提，人的抱负层次越高，成就越大，幸福指数越高。

最后，坚定的信念、坚韧的品质和不屈不挠的精神是追求幸福的基本保障。劳动是幸福的源泉，幸福是奋斗出来的。人生旅途，避免不了失意、失败，避免不了艰难困苦，避免不了荆棘坎坷，只要意志坚韧，不惧失败，努力奋斗，才是笑到最后的人。

2、做一个童心未泯的老师

"花前自笑童心在，更伴群儿竹马嘻。"（宋 陆游）做生活的乐天派，笑口常开，也是一个幸福的人。

一个童心未泯的老师，一定是学生喜欢、尊敬和爱戴的老师。我在学校曾经主持过多次"我最喜欢的老师"学生投票评选活动，那些工作十分负责、教学特别认真、教学水平高的年轻教师屡屡"落马"，那些常与学生作伴，一起打球、跑步，一起欢歌笑语的老教师屡屡"上位"。这就说明一个问题，学生不一定只喜欢年轻漂亮的老师，而喜欢与自己没有"心理距离"的老师。收获学生的喜欢、尊敬和爱戴，就是当老师最大的幸福。

一个童心未泯的老师，一定是充满爱心的老师。爱的教育，是教育力量的源泉，是教育成功的基础。只有发自内心深处热爱学生的老师，才会热爱教育这个职业。我们每个人生存和发展的基础是自己的职业，你是厌倦它还是喜欢它，对整个心理的发展，对你的幸福感、成就感的获得，都是至关重要的。如果你不爱这个职业，这个职业也不会爱你，也就不会从这个职业中获得乐趣。

一个童心未泯的老师，一定是天真、幽默、浪漫而富有童趣、以教为乐的老师。功利主义教育是当今教育最大诟病。教育职业功利化，让我们在当今不够成熟的教育环境和不够完善的教育机制下走向偏执，容易产生负面情绪，负面情绪的经常爆发自然会对自己的身心健康和学生的发展产生不利影响。一个童心未泯的老师，一定和学生感同身受，以学生的心理需要为教育的出发点，所采取的教育方式方法是深受学生欢迎和喜爱的，教育也就是成功的，老师也就很容易收获到教育的最大乐趣。

3、做一个把职业当事业的老师

任何一种职业都会产生职业倦怠，任何人都有不可避免地产生职业倦怠。只有把职业当做自己个人事业的人，才会终身从事这项职业，爱这个职业，收获职业的幸福。

首先，要做胸怀理想、富有激情和诗意的老师。"抱负层次越高，成就也越大。"对于教师来说，必须为自己设定一个一生为之奋斗的目标。只有设定这样一个目标，才能把自己的所作所为锁定在这个目标上，一生为之努力，为之奋斗。其实，做一名名师和教育家并不难，任何教师都可以做教育家，关键在于有没有这个理想，和为这个理想而为之奋斗的梦想。有梦想，就有激情，生活才有诗意。当生活没有梦时，生命的意义也就停止了。

其次，要做一个以学为乐的老师。勤于学习，充实自我，这是成为一名优秀教师的基础。一个想成为名师或教育家的教师，必须从最基础的做起，扎扎实实多读一些书。当代著名教育家朱永新先生说过，教师应该有"三历"，即学历、经历和阅历。这里的"阅历"就是指读书阅读的过程，就是与最伟大的智慧者对话的过程，就是在获得智慧的过程中发展智慧的过程。教一辈子书的人，应该是读一辈子书的人。读经典，读名著，读陶行知，读杜威，读苏霍姆林斯基，就是在和崇高的教育思想对话。在享受宁静的读书生活的同时，收获教育的智慧，收获精神上的充盈与快乐。

最后，要做一个教育的有心人，成就自己的事业。教育事业是国家的事业，是民族的事业，教育人为之努力，为之奉献。作为一位老师，在为大事业贡献自己力量的同时，也应该有自己的小事业。当一位名师，一位教育专家，甚至是一位教育家，出版几本书，来实现自己的人生梦想，人生才会有意义。做一个教育的有心人，每天把自己的工作写成教育日记，把自己的教学反思整理出来，把写给学生或家长的信保存起来。五年以后，将那些最精彩的东西选编出来，就是最精彩的书。那些闪烁着"火花"的东西，会使读者产生强烈的心灵震撼，使自己的心灵得到莫大的慰藉，而收获满满的幸福。

4、做一个有社会责任和传播幸福的老师

苏霍姆林斯基说："教育的理想在于使所有的儿童都成为幸福的人。"教育不光是给孩子们知识，更重要的是培养学生幸福的情感、幸福的能力和一种积极的生活态度。当今社会，人们的幸福感低，社会乱象包括教育乱象层出不穷，很大程度上是我们教育造成的。在某种程

度上可以说，教育是病态社会的根源，所有教师不要逃避责任。

办学校也好，做教育也罢，都应该不忘初心，牢记使命，把"让孩子一生幸福"作为教育的终极目的，贯穿和落实到教育的每一个环节之中。每一个教育工作者都应该成为幸福教育思想的实践者，幸福人生的奠基者，幸福生活的传播者。

第一、创建幸福校园、幸福班级、幸福课堂，让学生享有幸福的教育生活。一个从没有体验过幸福的人，是不知道什么是幸福的；一个没有班级幸福感的人，谈何班级荣誉感、集体荣誉感，谈何爱学校、爱班级、爱老师、爱同学；一个没有学习幸福感的人，谈何爱学习。因此，创建幸福班级，打造幸福课堂是实施幸福教育的主阵地。老师是幸福教育的领路人，是幸福教育的先锋队。让幸福走进教育，让教育充满幸福，首先要让班级幸福起来，让课堂幸福起来。

第二、培养学生良好的行为习惯，为孩子幸福一生打下牢固的基础。品德习惯、学习习惯、生活习惯、健康习惯和交友习惯是构成学生行为习惯的五根支柱，每一个习惯都和孩子当下幸福和未来幸福息息相关。一个把"让孩子一生幸福"当做教育者真正使命的老师，一定不仅关注学生的学习习惯，还要关注学生其它方面的习惯，并把各项习惯的培养落实在日常的教学活动之中，落实在学校的教育活动之中。

第三、培养学生幸福的能力，为孩子幸福一生提供幸福的本领。幸福是一种主观感受，有幸福能力的人才能感受到工作、学习、生活的幸福。前文我们讲到"人生幸福的十种能力要素"，有的是需要父母从小开始培养的，有的是需要孩子在日常学习生活中慢慢习得的。这就需要我们的老师在自己的教育教学过程中，不仅注重"学习力"的培养，还要对学生进行"情绪管理能力""时间管理能力""目标管理能力"的培养，也要对学生进行"人际交往能力""沟通能力""底线把控能力""抗挫抗压能力"的培养，更要对学生进行"发现幸福的能力"和"创造幸福的能力"的培养。

第四、培养学生正确的幸福观，为孩子一生幸福指明方向。科学的世界观、正确的人生观和积极的价值观是孩子正确的幸福观形成的基础，加强学生的思想道德教育，教师要在各个学科教学中，恰到好处的寓德于教。同时，要在劳动教育和生活教育中，让学生体验劳动创造幸福，奋斗就是幸福的幸福观，让正确的幸福观指导学生们的学习和生活。

学校肩负着塑造幸福人生的天职，为幸福中国不仅培养有用之人，更重要的是培养幸福之人。老师，幸福教育的实施者，幸福生活的践行者。只有幸福的老师，才能培养出幸福的学生。做一个幸福的传播者，不仅承载着下一代幸福人生的使命，更承载着中国共产党十八大号召"共同创造中国人民和中华民族更加幸福美好的未来"的时代使命。

（三）如何做幸福的父母

2021 年，教育界的最大"黑天鹅"事件，莫过于中共中央办公厅和国务院办公厅联合制定的"双减"政策出台。"双减"政策的出台，一方面击碎了资本涌入教育界继续淘金的梦想，叫停了以逐利为目的线上线下的教育培训，整顿了教育培训市场；另一方面确实减轻了部分学生的校内外课业负担和校外培训的负担，把部分孩子从繁重的课业负担与超前超重的培训中解脱了出来。

中共中央办公厅和国务院办公厅联合出台有关教育政策，实属罕见。党和国家出重拳治理教育之乱象，说明教育之乱象已到了非治不可的地步。因为它已经开始动摇了国之根基——教育大计。事关我国中小学生的健康快乐成长，事关国家优秀人才的培养，事关广大人民的福祉和家长们的愿望。繁重的课业和培训负担，违背了教育的目的，违背了教育的规律，违背了人才培养的规律。这种"西医式"的"双减"政策，在一定程度上遏制住了学生课业负担越来越重的发展趋势，也遏制住了校外培训机构如日中天的发展势头，表面和局部正在向利好的方向转化。

然而，现实却还在狠狠地"打脸"。课业负担由学校转移到家庭，课外辅导资料市场异常火爆；校外培训机构由地上转移到地下；建制班培训转变成"一对一"天价培训；少数艺术类培训"挂羊头卖狗肉"。教育之乱象犹如打不死的蟑螂，昼伏夜出，继续危害教育的生态环境。

教育乱象的根源究竟在哪里？"刮骨疗伤"的药方是什么？这应该是当今教育专家们努力研究的课题，是教育主管部门着手解决的难题。

一个不可否认的事实，教育乱象发展到如此猖獗的地步，很多家长起到推波助澜的作用。一是一些家长的攀比心理作怪。比谁家的孩子报的补习班多，比谁家的孩子报的兴趣班多，比谁家的孩子学得更超前；二是父母的"望子成龙望女成凤"的高企图心理作祟。不管孩子喜不喜欢，也不管孩子是否适合，强迫孩子参加什么精英班、领袖班强化训练；三是家长的虚荣心作妖。怂恿或强迫孩子参加各种商业化名目的大赛、考级等，用获奖证书给自己和孩子的脸上贴金；四是家长推卸管教责任。把孩子从学校接回来，立马送到补习班，双休日和假期也就在各类名目的培训机构里渡过，把孩子的管教责任完全推给学校和社会；五是家长家教观念陈旧，方式落后。总是认为好成绩是书山题海苦练出来的，总是认为好成绩是补出来的，补总比不补强。

一个无法挽回的结果就是：部分孩子把能在课堂上解决的问题和能在学校完成的学习任务，依赖在补习班上解决或完成，破坏了孩子的学习专注力，破坏了孩子的自主、钻研、探索学习精神，养成了不好的学习习惯；过重的课业负担打击了孩子的学习积极性，致使孩子从小厌学，缺乏继续学习和终身学习的动机与动力，制约了孩子未来的发展；过重的课业负担和校外培训负担，影响了孩子的身心健康，影响了孩子的智力发展，影响了孩子的人格发展，更重要的是影响了孩子童年的幸福和未来的幸福。

我们都喜欢"学霸"，都喜欢品学兼优、身心健康、人格健全和全面发展的优秀孩子。可"学霸"从不补课，补课也补不出优秀孩子。优秀孩子是优秀的父母培养出来的，更是幸福家庭和幸福父母培养出来的。

读到这里，您一定会想，那寒门为什么出贵子呢？其实，"寒门出贵子"是极小概率事件，绝大多数"贵子"还是在幸福家庭培养出来的。纵观古今，"寒门"也只是缺衣少食，经济困难，但他们精神富足，良好的家风以及父母勤劳、善良、温柔等优秀的品质深深地影响了寒门学子。

一个没有幸福感的家庭，是缺少爱和温暖的；一个没有幸福感的家庭，是缺少和睦温馨氛围的；一个没有幸福感的父母，和没有幸福感的老师一样，同样培养不出幸福的孩子。因此，一个幸福的父母，是在孩子成长的过程中任何人无法替代的。

如何做幸福的父母呢？

1、做一个勤劳善良、心态平和、情绪稳定的父母

勤劳善良是中华民族的光荣传统，也是一个人的"底色"。谁丢弃了这个"底色"，谁就不可能幸福。勤劳为家庭创造良好的物质生活条件，善良改善家庭成员关系，改善周边人际关系，是家庭幸福的基础工程，父母就是这项工程的缔造者。

心态平和是一个人心灵淡定宁静的幸福心理状态。拥有平和的心态，就是要有自我满足感。物质欲太强的人，欲壑难填，不是栽倒在法律面前，就是累死在奔波的路上；拥有平和的心态，就是要让自己懂得

宽容自己，包容别人。不要大悲大喜，不要太过于悲观，不要太过于失望，也不要对自己或他人的要求特别的高。换句话说，有时候要接纳自己的些许不完美，接纳爱人的美中不足，接纳孩子的缺点和瑕疵；拥有平和的心态，就是让自己少一些自我膨胀。幸福是自己享受的，可以和他人分享，但切不可炫耀；拥有平和的心态，就是要让自己静下心来，淡淡地看云卷云舒，默默地看花开花谢。少一些庸人自扰，少一些自寻烦恼，多一些快乐，多一些从容，好好安排自己和家人的生活，做到恰到好处。

情绪稳定是一个人心理健康的精神状态表现，也是一个人幸福心理不可缺少的品质要素。火爆情绪，伤害自己，也伤及他人；情绪反复波动，自己苦恼，他人无所适从，整个家庭成员关系紧张。做一个情绪稳定的人，既不压抑，也不焦虑；既不颓唐，也不冒失；既不胆怯，也不激进。时刻注意调节自己的生活状态和心理状态，理智地控制情绪，做自己情绪的主人。只有这样，家庭关系和谐，亲子关系密切，一家人才能幸幸福福生活在一起。

2、做一个有"气度"、有"温度"、有"量度"的父母

"气度"就是指气魄风度，也是一个人心理素质的表现形式，它是决定一个人做人做事成败的重要因素。提高一个人的气度，即是提高一个人的素质修养。尊重他人、理解他人、欣赏他人、包容他人就是一个人的气度，一个人的素质修养，它是一个人获得自尊和他尊的重要途径，也是获得个体幸福的必要手段，更是一个家庭产生凝聚力的有效方法。一个人的气度是靠自己慢慢修炼出来的，孩子的气度是父母的榜样作用熏陶出来的。

家庭成员的凝聚力是催生一个幸福家庭，孕育一个幸福孩子的精神力量。父母恩爱，相互理解，相互包容，处理事情意见统一，面临困难共同发力，面对危机，团结一致。父母是一个家庭的"天"和"地"，是一个家庭的柱石。父母的凝聚力构成了一个家庭的坚强堡垒，生活在这样的家庭里，家庭成员都感觉特别的安全而幸福。特别是孩子，他们会特别的安心，知道无论遇到什么困难和危险，有父母在，天就不会塌下来。生活在这样的家庭里，孩子特别自信，特别阳光。孩子做事，就不会畏手畏脚。孩子学习，也会迎难而上。

"温度"在这里有两层意思：一是物质上的温度，就是知冷知热，知暖知饱，热汤热水，遮风避雨等，这是一个家庭应有的物质功能；二是精神上的温度，就是包容、爱护、支持、体贴、信任，这是一个家庭也应该具有的精神功能。物质功能加上精神功能就等于父母之爱。在某些家庭里面，物质的功能太多，而精神功能却太少。缺少包容，缺少信任，支持不够，体贴不够。如果孩子的成绩掉了几个名次，或者在某些方面，比别人家的孩子显得弱势一点，父母立马表现出抱怨和指责。无论是给孩子讲好话歹话，苦口婆心讲道理，都是一种不信任、不满意的语气。其实，这时的孩子，也十分的自责和懊恼，情绪低落，内心苦闷，需要的是来自身边亲人的体贴和安抚。父母的体贴和安抚，就是家庭的温度，是一种来自父母身上摸不着却感觉得到的"温度"。这种"温度"，会抚平孩子内心的伤口，让孩子感觉舒服一些；这种"温度"，会化作一股神奇的力量，给予孩子强大的精神动力，去改变自己，去奋发向上。

"量度"在这里也有两层意思：一是指父母处世做事的边界。虽然不可度量，但在每一个人心里，都有一把尺子。什么事可以做，什么事不能做。什么人可以交，什么人不能交。做事做到到什么程度，交友要保持什么距离，都是有边界的。破界就有麻烦，破界就有风险，不必要的麻烦和不可控的风险，会影响到自己的幸福和家人的幸福；二是指家庭的规矩。国有国法，家有家规。没有规矩，不成方圆。每个家庭成员共同参与制定规矩，共同遵守规矩，是阖家欢乐幸福的保障。在有规矩的家庭里长大的孩子，是品行端正的，是自由自觉的，是严肃活泼的。一个循规蹈矩的孩子，是深受大众欢迎的，也是人见人爱的。

3、做一个有目标、有智慧、有力量的父母

这里的"目标"特指家庭建设目标和家庭教育目标。

家庭建设是家庭幸福的基础工程，根据各自家庭的能力状况，按时间段规划，可以分为近期目标、中期目标和长远目标。近期目标达到了，随即规划又一个近期目标。中期目标完成了，为了长远目标能如期实现，也要随即规划下一个中期目标。长远目标实现了，也要规划下一个长远目标。总之，家庭建设有目标，未来生活就有盼头，就有美好的憧憬和希望。幸福就在"希望的田野上"，就在美好的"中国梦"里。

家庭教育是每一个家庭的重中之重，承载着三、四代人的幸福。父母是实施家庭教育的主体，每一个家庭成员都是学习者。不仅孩子需要家庭教育，每个家庭成员都需要接受再学习、再教育。根据各自的志趣选择自己的学习方向，打造学习型家庭。通过学习，提高自己的文化水平和人文素养；通过学习，提高自己的工作水平；通过学习，掌握新技能，更好地为家庭建设服务；通过学习，更新自己的教育理念，掌握培养孩子的科学方法，成为一个合格的父母。

家庭教育要有正确的目标，特别是孩子的教育。一是要把孩子的身心健康、人格健全、道德完善放在首位，努力培养孩子追求卓越、独立自主、持之以恒、勤俭节约等个性品质和良好的行为习惯；二是孩子的学习要以能力培养为主，自觉学习、自主学习、高效快乐学习是获得学习幸福感的有效途径；三是要善于发现孩子的天赋，挖掘孩子的潜能，培养孩子的特长。

做有智慧的父母，不仅体现在家庭关系的排位、解决家庭矛盾、处理突发事件上，更重要的是培养孩子需要智慧。这里，笔者重点谈谈培养孩子的智慧。

第一、培养孩子的目标要有前瞻性。近些年来，重点大学毕业的孩子，找工作确实容易一些，工作岗位也确实要好一些，这是不争的事实。之所以教育出现诸多乱象，与所有父母追逐名校热、"千军万马过独木桥"是分不开的。读幼儿园要选高档的，读小学、初中要选名优的，读高中要选重点的，读大学要上名牌的，这是当今我国处在经济转型期急需尖端人才衍生的结果，这种"竞争教育"带来了教育"内卷化"。再过十年、二十年，正值孩子们走入社会找工作的时候，科技高度发达，社会公平自由，经济繁荣稳定，各行各业收入基本平衡。正如西方发达国家一样，卡车司机、美发师和大学教授差不多的工资水平。职业没有贵贱，劳动创造幸福是可以看得见的未来，每一个孩子都可以在自己喜欢的职业中获得尊重与自我实现的幸福。

2021年，全国参加高考的考生1078万，清华、北大共招收新生近一万名，录取率不过1‰。985和211大学共招生50万名，录取率也不过5%。您孩子的高考成绩要多么拔尖，才能在同龄人当中占到前5%？这是不是对子女过于苛刻的要求？为了这个目标，孩子是不是也可能牺牲掉很多东西，他（她）的健康，他（她）的乐趣，他（她）的个性发展，甚至他（她）的生命。现在，在18-22岁的大学适龄人群中，中国已经有54.4%的人在大学学习，也就是说一半以上的人已经进入大学，这就是进入了国际评价的高等教育普及化阶段——过了50%就是普及化了。随着新出生的人口减少，少子化，今后上大学会变得越来越容易，就像今天在韩国、台湾地区看到的那样，不需要很高的考试分数都能上大学。在这种情况下，比学历更重要的是什么呢？过去说要追求能力，从知识本位到能力本位，追求卓越，追求成功，成功是比学历更重要的指标。但是现在，我们还可以往前大胆走一步，在"后普及教育"阶段、在互联网时代、在一个学习化的社会当中，一个人是否真正的成功，评价的是什么？是幸福，能够获得人生的幸福——这是教育的最高目标，也是教育的最终目的。

韩国已经从国家层面做出教育的重大改革，把教育发展目标由过去的"竞争教育"改为"幸福教育"。如果我们能够确立这样的价值观，把幸福作为我们追求的目标的话，我想我们今天的很多行为都会改善。也就是说，更大程度地尊重孩子、信任孩子，让孩子去开创一片属于自己的天地，去敢于冒险、敢于探索、敢于进入各个不同的领域，去经历他们自己的未来，在不同的领域、各自的岗位上做最好的自己，这种做法是更接近于幸福的目标。"幸福中国"的中国梦就能得以早日实现。

第二、培养孩子的理念要有科学性。跑跳笑乐教育提出的"认真原则""一致原则""实践原则""快乐原则"和"智慧原则"，是建立在认知心理学、行为心理学、大脑科学、生物科学、教育科学等诸多学科的科学理论基础上的，遵循这些教育原则实施家庭教育，可以让您的家庭教育少走弯路，别趟误区；跑跳笑乐教育提出的八大教育新思维，来源于系统科学理论，来源于教育实践，依然可以帮助您解决家庭教育的困惑和实际问题。

第三、培养孩子的方法要有灵活性。方法不是固定的，不是生搬硬套的。适合自己的，适合孩子的，就是最好的。在科学的教育理念指导下，父母自己创造发明的，能够帮助孩子解决心理问题、学习问题、成长问题，就是家庭教育最好的方法，最大的智慧。

最后，关于做有力量的父母，是指执行家规有力量，改变自己有力量，做孩子的榜样有力量三个方面。

家规不仅仅是为孩子制定的，是为家庭成员共同制定的。有父母大人要遵守的条款，有规范孩子日常行为要遵守的条款。"其身正，不令而行；其身不正，虽令不从。"执行家规，一不靠吼叫，二不靠打骂，靠父母的表率作用。父母落实到位了，孩子自然会落实，即使没有落实到位，再教育起来也就容易得多。

我们常听到这么一句有关家庭教育的口号，"要想改变孩子，首先改变自己。"改变孩子不难，改变自己确实比较难，这就需要父母的力量。孩子改变了多少，就看父母改变力量的大小。要想孩子将来超越父母，成为父母理想中的孩子，父母做出改变，是家庭投入最小，受益最大的投资。

榜样的力量是巨大的，父母永远是孩子人生道路上的榜样。此处再多说一句，就是赘言，因为我们听的最多的也就是这句话。

4、做一个有责任担当、有奋斗精神的父母

一个幸福家庭的建设，每个家庭成员都有各自的职责。履行各自的职责，就是责任担当；超越边界，胡作非为，就是对家庭的不负责；没有责任心的父母，就是对孩子的最大不负责。

心理学研究表明：人们在做决定时，倾向于选择熟悉的决定，而不是选择对自己有利的决定。我对这个"熟悉的决定"的理解，应该就是父母的一言一行。孩子在父母身边十多年，对父母的一言一行太熟悉不过了，在做人和做事过程中，需要作出选择的时候，条件反射般选择最"熟悉的决定"。

责任心教育是孩子道德教育的核心。对父母负责，就是孝心；对他人负责，就是爱心；对自己的一言一行负责，就是最好的爱自己。培养孩子的责任心，从孩子自己的事自己做开始，从家务劳动做起。一个从不整理自己书桌的人，从不整理自己房间的人，从不参与家务劳动的人，就不能说是有责任心的人，是很难对自己负责的，更不用说对自己

的学习负责，对自己的人生负责。"一屋不扫何以扫天下？"一个从小没有养成对家庭负责的人，怎么能担当社会之大任，国家之大任呢？

习总书记说："幸福是奋斗出来的。"父母大人为家庭谋幸福，所作出的辛勤劳动与付出，会深深地印刻在孩子心里。每一个家庭都应该把这种奋斗精神当做家风弘扬光大，并一代一代传承下去。孩子具有了这种奋斗精神，我们还担心孩子学习不上进，未来不幸福吗？

《易经·系辞》云："乾道成男，坤道成女，乾知大始，坤作成物。"父亲是"天"，高瞻远瞩，决定着家的高度；母亲是"地"，温柔包容，决定着家的温度。两者相辅相成，相得益彰，便是一个家最好的风水。

父亲是孩子通往外部世界的引路人。父亲的格局，就是孩子的"天"。同时，父亲的品质，也是孩子的底色。父亲高瞻远瞩，孩子自然目光长远；父亲胸怀宽阔，孩子必然从容豁达。

母亲是家庭的灵魂，母亲快乐则全家快乐，母亲焦虑则全家焦虑。母亲的情绪，往往是一个家的晴雨表。一个"气象台"式的母亲，只会给家庭的发展陡增压力。因此，一个幸福家庭的背后，往往都会站着一个"好情绪"的母亲。

《处世悬镜》里有一句话："家有戾气，必衰；家有和气，则昌。"夫妻不睦，再富也必衰颓；夫妇和睦，就是家庭幸福兴盛的至理箴言。

曾国藩说，家和则福自生。和谐的家庭氛围，滋养着每一个成员，家人之间相互信任、勠力同心，日子自然有奔头。

我特别喜欢这样一句话："如果说父亲是家庭中的太阳，光芒万丈给人指引，那么母亲则是月亮，清辉四洒抚慰人心。"父亲境界开阔，孩子越飞越高。母亲柔情似水，家中温暖如煦。

父亲有大格局，母亲有好情绪，是做幸福父母的秘诀，也是成就孩子的秘诀。

五、做幸福的孩子和学生

自从 2012 年开始，联合国每年都出台《全球幸福指数报告》。2022 年中国内地在联合国《全球幸福指数报告》排行榜中位居 72 名，在全球 146 个国家和地区中处于中等水平，与发达国家人民的幸福指数确实有一定的差距。一个 14 亿人口的经济强国，国民幸福指数的世界排名处在一个中游位置，不免有些尴尬。各国国情不同，社会制度不同，意识观念与价值取向不一样，每个个体所表达的幸福感千差万别。这个排名榜，虽然我们不太认可，但我国人民的整体幸福感不是很高，也是不争的事实。

幸福感是一个心理学名词，根据众多学者推崇的 Diener 的说法，幸福感是个人根据自定的标准对其生活质量做出的整体评价，包括生活满意度、积极情绪和消极情绪。因此，在心理学上，一般把幸福感称之为主观幸福感。

影响主观幸福感的因素太多，除物质因素外，更多的是家庭因素、社会因素、自然因素，还有自我认知与世界观、人生观、价值观等。因此，很难有一个公允的标准量表来测定一个人的幸福感指数。幸福就是一种主观感受，自己觉得幸福就幸福，自己觉得不幸，也许就是不幸。

那我们孩子们的幸福感到底怎样呢？

2012 年，首都经贸大学课题组做过北京市小学、初中、高中学生幸福感的问卷调查与分析，收到有效问卷 3550 份。第一个问题是调查学生的整体幸福感,回答"在日常生活中,你觉得幸福吗?"这个问题。结果是:选择"非常幸福"的有1100人,选择"比较幸福"的有1450人,两项共占总数的71.8%。选择"一般"的有658人,占总数的18.5%。选择"不够幸福"的有240人,选择"不幸福"的有102人,两项共占总数的9.7%。2011年中国社会科学院发布的全国294个城市幸福感排名榜,北京市位列第九名。虽然我们很难推断全国中小学生幸福感平均数,但可以看出绝大多数城市中小学生"不够幸福""不幸福"的比例都要大于10%。农村学生呢?山区的学生呢?西部欠发展地区的学生呢?恐怕是一个令人十分担忧的数据。[1]

近二十年来,随着"竞争教育"愈演愈烈,中小学生的学习生活基本上占据日常生活的全部。可以这么说,学习快乐,生活即快乐。整体幸福感基本上取决于学习幸福感。因此,专家、学者把"中小学生学习主观幸福感"作为研究课题不乏其人。

比如:马颖、刘电芝研究后指出:"中小学生学习主观幸福感处于低水平,影响学生对学习的热情。"这与甘雄、朱从书的研究结果一致,他们以529名初中生被试进行调查,发现:初中生的学习主观幸福感普遍较低,在希望学习成绩、学习体验、环境激励、现有成绩感受这四个维度的得分依次降低。陈洪岩以920名初中生作为被试对象,结果显示:初中学生学习主观幸福感平均得分总体上都较低,且各类学校由低到高依次为非重点高中、重点高中、非重点初中、重点初中。朱建荣把苏州市560名高中生作为调查研究对象,学习主观幸福感极低的占13%,较低的占48.2%。[2]

---

[1] 首都经贸大学 彭展《关于当代中小学生幸福感的调查分析》

[2] 福建师范大学 杜秀枝 《中小学生学习主观幸福感理论和实践研究》

　　总体来说，我国中小学生无论是整体幸福感，还是学习主观幸福感应该是偏低的，在"应试教育""竞争教育"大行其道的今天，没有多少学校学生幸福感是令人满意的。特别是某些应试教育"黑窝点"学校，学生学习负担太重，学校、老师为了学生的考试成绩，"比拼"、"压榨""威逼"等手段无所不用其极，学生苦不堪言，造成很大一部分学生从小就厌学。更令人恐怖的是每年都有学生跳楼等恶性事件的发生。学生的学习与生活时时刻刻都牵动着校长和老师一颗紧绷着的神经，教师喊苦，校长说难。许多学生家庭的正常生活，被补习班、特长班、强化班、训练营等彻底打乱，孩子叫苦不迭，家长焦虑、苦闷。这样的教育，老师、家长没有幸福感，学生还哪里有什么幸福感？

（一）幸福感的重要性

　　央视《百家讲坛》主讲人赵玉华老师曾经讲过这样一个十分有趣的案例：一只红羊和一只黑羊在一座一次只能通过一只羊的独木桥上相遇，它们谁也不相让，头顶着头，僵持在桥上。如果继续僵持，等到天黑后，双方都筋疲力尽了，就有可能双双掉下万丈深渊的谷底。要想解决这个问题，肯定需要一只羊后退，给对方让道。谁让呢？黑羊孤身一人，家境贫穷，而且身患绝症，只能活一个星期。红羊家境富裕，生活幸福，正准备娶妻生子。那到底该谁让呢？可想而知，应该是红羊主动让路。如果都不相让，双双掉到谷底摔死了，黑羊损失的只是一条即将终结的生命，而红羊损失的除了生命外，更有自己和一家人的幸福。

　　这就是赵玉华老师的"幸福让"理论——谁幸福，谁先让。在这个纷纷扰扰的大千世界，运用"幸福让"理论化解人与人之间的矛盾，和谐人与人之间的关系具有十分重要的意义。为什么越是幸福的人，越是懂得谦让，懂得宽容大度，人际关系也越来越好，就是"幸福让"的道理。

我们的家庭，我们的社区，我们的学校，我们的社会，幸福感越多，各种各样的矛盾就会越少，人与人之间的关系也就越和谐。因此，公民们的幸福感是社会和谐的基本保证。

对于我们的孩子来说，幸福感越强，孩子的诸多方面越优秀。由此可见，幸福感在孩子的人格健全、成绩提高、全面发展、人际关系和谐等方面发挥着重要作用。

1、幸福感是健全人格的催化剂

健全的人格形成，离不开良好的行为习惯养成和社会化实践这两条重要的途径。一个幸福感比较强的孩子，好奇心强，喜欢新生事物，很容易养成良好的行为习惯，也很容易走出小社会，融入大社会，对他（她）们健全人格的形成起着催化作用。

一个幸福的家庭，养育的是自我感觉"我很幸福"的孩子。这样的家庭里，父母孩子一定相互尊重，相互坦诚，没有谎言，没有颐指气使。孩子也就很容易形成尊重他人、诚实守信的性格；父母恩爱，亲子关系和谐，没有欺凌，没有霸道，孩子具有很高的安全感，也就很容易形成阳光自信、心态平和的性格；父母宽容，心地善良，友爱他人，受人尊重。孩子也一定有样学样，很容易形成善待他人、乐观活泼的性格；父母勤劳，不屈不挠，责任感强，每个家庭成员都在为建设幸福家庭不断努力。孩子从小就养成了自己的事自己做的好习惯，也就很容易形成独立自主、勤奋勇敢的性格。而那些当面一套，背后一套的两面性人格的孩子，大多是家庭的因素的影响，养成了喜欢撒谎的不良习惯。那些自私自利、欺凌弱小的"小霸王"往往都是没有很高的安全感养成的。

一所幸福的学校，培育着一群自我感觉"我很幸福"的学生。一所思想开放,办学民主并形成了良好校风的学校,促进学生讲文明,讲礼貌,讲友情,遵规则,守秩序,学生也就很容易形成博爱博学,积极向上,自主自律,充满活力的品质与性格;一个师生关系融洽,自由精神浓郁,鼓励学生全面发展并形成良好学风的班级,促进学生团结友爱,相互协作,学思结合,学生也就很容易形成热爱学习,善于协作,思维活跃和有强烈的集体荣誉感等良好品质和独特个性。

一个幸福感比较弱的孩子,自卑懦弱,胆小怕事,缺乏阳光和朝气,很难融入集体或小团体。社会化不够充分,出现社交障碍与人格偏差的几率是比较大的,出现严重的心理问题也都不足为奇。

2、幸福感是学习的内驱力

前面我说过:幸福感是促进孩子学习的内驱力,学习的内驱力促进学习的成功,学习的成功成就了孩子的幸福感。幸福感越强,学习内驱力就越足;内驱力越足,学习越成功;学习越成功,幸福感越强。幸福感和学习形成了一个积极的良性循环,是学习的第二大奥秘。(请您回读本章第三节,这里不再赘述)

3、幸福感是成就事业的助力器

一个人深层的幸福感,源自高级需要的满足。高级需要就是人自我价值的实现,在很大程度上,也可以说是个人事业的成功。事业的成功,一方面可以获得更多的物质财富,提高生活质量,另一方面可以获得精神财富,满足自己的精神需要,让自己更有价值感、成就感、幸福感。

因此,幸福感是成就事业的原动力。

当今时代,是大众创业的时代,人人都有出彩的机会。千万个出彩的机会只是留给早有准备的人,留给愿意吃苦奋斗的人。习总书记说过,"幸福是奋斗出来的"。奋斗就有收获,有收获就有幸福。奋斗多一点,幸福感也就多一点。任何事业的成功,都不是一蹴而就的,都是由若干次努力加奋斗拼出来的，由一点点的小成功累积起来的，也可以说是由一次次"小确幸"叠加起来的。一次次的幸福感在事业成功的道路上给予成功者无限的推动力。

人们常说"一个成功的男人背后站着一位伟大的女性"，这位伟大的女性，可以是自己的妻子，也可以是自己的母亲。乔布斯事业成功后，曾感言："我的事业成功都要感谢我的婚姻，我的妻子。"这就告诉了我们，幸福的家庭，幸福的婚姻是一个人幸福感的源泉，也是成就事业的助力器。

4、幸福感是促进人际关系和谐的润滑剂

儿童的个性形成和社会性发展是在社会化中实现的。所谓社会化就是个体在与社会环境相互作用中获得他（她）所处的社会的各种行为规范、价值观念和知识技能，成为独立的社会成员并逐步适应社会的过程。在社会化过程中，个体通过生理和心理两方面的发展而形成适应社会的人格，并掌握社会认可的行为方式。[①]在社会化过程中，儿童有时候会体验到个人愿望与社会要求不相适应，或有所矛盾与冲突，儿童就会逐渐学会采取理性的、社会群体认可的行为规范。社会化规范人的社会行为，培养人对身份、地位的认同，影响人的价值观和行为取向，在儿童的身心发展中起着重要作用。

人是群居动物，离不开人际交往。人际交往便成为儿童社会化最直接的方式，也成为完善儿童人格的最有效方法。因此，人际关系的好坏直接影响儿童的身心健康和人格健全与发展。优化亲子关系、师生关系、同学关系、玩伴关系，就成为儿童成长过程中十分重要的命题。

热情、阳光、自信、包容、大度等是一个具有幸福感的孩子的基

---

① 林崇德. 心理发展学. 北京：人民教育出版社，2003.9

本特征。幸福的孩子无论走到哪里，都会被人喜欢，被人接纳，深受欢迎。幸福感越强，孩子越阳光自信，越包容大度，也就越被人接纳，人际关系就越好。孩子的人际关系越好，为孩子相互学习社会技能、交往、合作和自我控制提供机会，为孩子体验情感和进行认识活动提供源泉，为以后的人际关系发展提供基础。孩子的人际关系越好，社会化程度越高，孩子的人格也会更加健全。

"宅男""宅女""宅童"通常都是只生活在自己的世界里，不喜欢人际交往，有被社会边缘化的可能性，是令众多父母十分头痛的问题。缺乏幸福感是他（她）们人际交往障碍的主要原因之一。

（二）提升学生幸福感的策略

"窥一斑而知全豹。"从本文开篇介绍的几位专家的调查研究报告中可以看出，我国中小学生的整体幸福感是偏低的（北京市调查报告为代表），尤其是高中生的学习幸福感，让我们十分的忧虑（苏州市调查报告为代表）。主要根源在于：一是来源于学习。在我国，考试成绩是衡量学生是否优秀的重要指标。学习成绩好的孩子，幸福感比较高，而成绩一般或暂时落后的孩子，幸福感很低。二是来源亲子关系、师生关系和生生关系。有的学生因为学习成绩问题，不良习惯问题等，亲子关系不够亲密融洽，有的甚至比较对立；有的学生或因表现不够好，受到老师的冷眼相待，或者批评过多，师生关系冷漠；有的学生因为不会处理同学之间的关系，或是因为自卑、焦虑、内向等心理因素，融入不了"朋友圈"，造成同学关系平淡或紧张。三是来源于自身成长的综合因素。随着年龄的增长，进入青春期的孩子，或因没有得到成人的及时疏导和解惑，可能造成内心恐慌、焦虑；或因自我认识不到位，审美视角发生偏差，生理缺陷、长相不如人意等，造成自卑、焦虑或郁闷；随着年级的升高，老师、家长的期望值越来越高，造成学生学习成绩、升学压力越来越重。四是教育为学生提供的通过自身努力获得幸福的途径较为单一。一个社会组织形态越先进，提供给大家可选择的内容也越丰富，提供给个体幸福的体验机会也越多。有的学校学生整天除了学习，还是学习，不能体验学校生活的丰富多彩，更不能体验成长道路上不断超越自我的美好与幸福。

提升学生幸福感，家庭和学校有很多有益的事情可以做。《跑跳笑乐教育》提出"让幸福走进教育，让教育充满幸福"的幸福教育思想，就是要全方位实施幸福教育，提升学生幸福感。建议采取如下策略：

1、从心理学角度塑造学生的阳光心理幸福感

孩子身心健康是人生幸福的充要条件。心态决定情绪，情绪是心态的反应。积极、乐观的阳光心态是孩子身心健康的主要特征。因此，消除消极情绪，培养阳光心态是学校心理健康教育的重要内容。

①正确处理消极情绪，培育乐观的人生态度。中小学生的消极情绪主要来源于：学习问题，学习成绩不理想时，学习问题不能及时解决；生活问题，家庭经济困难的学生在学校催交某些费用时，或想要同学们都有的玩具、电子产品时，住校生生活习惯不适应时；情感问题，留守儿童少年缺少依靠的人，情感孤独、寂寞时；压力问题，老师、父母给的期望值过高，达不到要求时等等。对于学生出现的消极情绪，父母、老师要善于观察，及时发现，一起找出问题的根源，想出解决问题的办法，正确处理，使学生能够积极面对一切，快乐地学习，幸福地生活。

首先，要建立良好的亲子关系和师生关系。一方面，顺畅的沟通是解决问题的首选方案，值得信任的亲子关系、师生关系是沟通的前提。只有学生自愿向你吐露心机了，问题也就迎刃而解了；另一方面，良好

的师生关系是学生充满幸福感的重要因素。① 在学生碰到困难时老师
能以朋友的身份真诚帮助，遇到迷惑、烦恼时给出意见和建议，是化解
一切问题的基础；其次，培养广泛的兴趣爱好。适当开展丰富多彩的活
动，培养学生广泛的兴趣爱好，让学生在繁重的学习之余得到身心的休
息，学习与生活中产生的负面情绪自然而然随着愉悦的活动得以消除。
心理学家研究发现：全身心投入到一项充满挑战的任务中，会给人带来
很大的快乐与幸福感。最后，帮助学生拥有乐观的生活态度。帮助学
生思考、规划、管理自己的生活，让学生生活充实且忙而不乱；帮助学
生掌握一些拥有乐观的生活态度和经验的人的事迹，模仿、激励甚至
改变他（她）们，如比尔盖茨、史蒂芬·霍金、韩美林、桑兰、张海迪
等，使学生树立正确的人生观、价值观和幸福观。

　　②传授减压技巧，诱发愉悦情绪。在生活、学习和其它压力存在
的情况下，乐观的人也会产生消极情绪。但是，他们会很快恢复愉悦
的心情。教师、父母要帮助学生学会自我减压，了解有关情绪的基本
常识，对照情绪的分类，整理自己的情绪特点。并和学生一起体验各种
情绪，让学生学会在某种情绪状态下诱发愉悦情绪的方法。如 24 小时
情绪记录法：第一步，"找"，24 小时内产生过哪些情绪？选择其中最
强烈的一个，写一写它是怎样产生的；第二步，"想"，那时你身体上有
什么反应？你内心有什么感觉？你的这些感觉和哪些想法连在一起？
你的这些感觉让你做了些什么或没有做什么？你的行为产生了什么后
果？第三步，"悟"，这个后果是建设性的（有益健康、学习、人际关
系），还是破坏性的（对你的健康、学习、人际关系有害）？ 24 小时情
绪记录法能够帮助学生有效地认识自己的情绪，消除不良情绪，诱发积

　　① 李悦．教师幸福感和学生幸福感的关系。前沿论坛．2009.9

极情绪。再如情绪分享法，就是父母、老师帮助学生恰当地表达情绪，引导学生把憋在内心的委屈和烦恼向父母、老师和值得信赖的伙伴倾诉，把快乐和幸福分享给别人，这样，积极情绪就会诱发幸福感，消极情绪也会得到缓解或消除。还有眼泪缓解法，运动发泄法，转移注意法等，都可以缓解压力，消除消极情绪，诱发愉悦情绪。

③采用"阳性强化法"，培养阳光心态。"阳性强化法"是心理学的一个重要概念，是对人的行为形成与矫正的一种重要方法。它的基本原理是以阳性强化为主，及时奖励正常行为，漠视或淡化异常行为。[①]对于一些心理问题的特殊群体可以积极运用。比如，强迫症状、人际关系敏感、焦虑、敌对、偏执、抑郁型等。当这类学生出现情绪失控、不良行为时，应鼓励他控制情绪、行为，每次控制成功后，给予奖励。譬如：有个孩子学习成绩很好，但她特别自私的性格使其人际交往屡屡出现麻烦，出现过焦虑和抑郁。老师发现问题后，和她促膝谈心，寻找根源，分析利弊，并制定了一个"君子协议"。每当她帮助一个有学习困难的同学解决一个学习问题后，就给她奖励一颗星星，等期末集齐10颗星后，老师极力推荐她为班上"最有爱心的学生"参加评选活动。老师通过奖励学生的"乐于助人"的正常行为，获得助人为乐的积极情绪，学生一定会收获被人接纳与喜欢的快乐，人际交往的障碍会逐渐消失。

2、打造幸福校园，让学生们拥有快乐学习幸福感

学习本身是快乐的，快乐地学习是幸福的，拥有快乐学习幸福感的孩子，学习一定是积极主动的。《跑跳笑乐教育》第二章开篇讲到"快乐原则"，从大脑科学层面介绍快乐学习与学习快乐的必然联系。本章第三节从心理科学层面介绍了学习幸福感和学习内驱力的关系。两者

---

① 郭念锋. 国家职业培训教程——心理咨询师. 北京. 民族出版社 2012. 111-112

从不同的层面阐述了快乐学习与学习高效、学习成功、学习幸福的因果循环，把"快乐学习"推崇到学习的最高境界位置。

幽静、优美的校园环境，积极向上的文化氛围，和谐友好的班级集体，自由开放的快乐课堂和赋有生命气息的特色课程，是构成幸福校园的五大支柱，也是学生学习的快乐之源。打造幸福校园，要以幸福教育思想为引领，深化人本教育，拓展生命教育，既能让孩子们享受当下的幸福教育生活，又能让孩子们获得终身学习的能力以及终身幸福的能力。（如何打造幸福校园，让学生们快乐学习、幸福成长，敬请读者阅读下一节）

3、开展丰富多彩的团队活动，提升学生的快乐生活幸福感

人的一生，大约有四分之一的有效生命长度是在校园生活中度过的。中小学生的校园生活处在人生成长的关键期，乐观的人生态度，积极的价值观、幸福观将成为人生幸福的"底色"。苏霍姆林斯基说过："要使孩子成为有教养的人，第一要有欢乐、幸福及对世界的乐观感受。"①中小学生科学幸福观的培育是学校德育工作的主要内容。然而，有的学校忽视了对学生的幸福观教育和幸福能力的培养，造成少数中小学生不正确的人生观。开展丰富多彩的团、队活动，让学生在体验中受教育，是培养学生幸福观、阳光心态的有效途径。

著名学者于光远说："人之初性本玩，人一辈子爱玩。"②学生在玩耍中学习，在学习中玩耍，才是最快乐、最幸福的。结合学校情况，每个月、每个节日都要组织专题团、队活动。学校各班级围绕学校制定的主题组织班会活动。这样，充分体现节日文化内涵，挖掘深化学生幸

---

① 黄尧．怎样培养学生的幸福感．安徽教育 2007.9

② 蔡林飞．玩的快乐，学的开心．小学教育参考．2009.3

福观的体验资源，组织学生真正动起来、乐起来。同时，学校要注重学生体质健康和课间娱乐，组织符合季节要求和学校特色的大课间活动。网红校长张鹏飞，带领学生在大课间活动中跳鬼步舞，得到学生们的热情参与，让幸福教育真正走进了校园。

学校教研组要结合各个学段教学要求组织"趣味竞赛"活动，如趣味作文、趣味数学、趣味英语、趣味历史故事、趣味地标等。在这些体验活动中，学生展开思维的翅膀，大胆想象和创造，展示个性特长，让每个学生都有"用武之地"，收获学校生活的喜悦，体验幸福的滋味。

4、改进评价机制，让学生在成长的过程中体验成功幸福感

①改进评价标准，进行个性化评价。素质教育要求面向全体学生，促进学生全面发展，这并不等同于"统一规格"和"平均发展"。各个孩子的潜能和天赋存在巨大差异，每个孩子都是宝藏。统一的考分评价，掩盖了个性，束缚了学生的灵性、悟性，学生所体验到的是枯燥、疲惫和高度的挫败感，不是积极、愉快地在求知过程中发现新知的巨大幸福感。老师对学生的评价不应只关注知识技能方面的指标，应该把评价重点放在自我发展的纵向比较上，关注学生的点滴进步，给予循序渐进的鼓励，让每个孩子都能感受到成长的乐趣，体验到成功的幸福。

②改进评价方式，采取灵活多样的形式进行评价。把评价视角引导到关注学生学习过程上来，改进评价方式，灵活多样地评价，从而提升学习幸福感指数。

方案一：建立网络班级，创建共评平台。每个班级都可以通过学校网站，把学生、家长"请"进来，共同参与班级管理，共同见证孩子的成长。在平台上，可以设计四个板块：我的事例、我的话、老师的话和家长的话。在日常教学中，老师把学生在课堂上的表现、个性思维、点滴进步以及遇到的困难，及时地记录在"我的事例"栏中，再写出评语反馈给学生和家长。家长将学生在家表现，和对学校、班级管理的建议反馈给老师。学生通过"老师的话""家长的话"了解自己，反思自己的行为，并在"我的话"中记录下来。通过这个平台，加强联系，增进了解，关注了学生的进步与变化，使学生的潜能得到最大限度的发展，并能体验到备受关注的快乐。

方案二：建立补考达标评价机制，让学生看得见自己的进步。期末考试过后，大部分学校都是一考定分数。对于那些有实力没有发挥好的学生和那些后进生都是无情地打击。在寒暑假的头两周时间内，孩子在家对照期末考试试卷，钻研错题，找薄弱点系统复习。老师再给家长网发一份范围相同，题型相近，难度一样的考卷，由家长组织孩子考试，家长和孩子共同评卷，以补考分数来评价孩子一个学期的学习情况。老师承认，学生认可。这样的考试评价方式，让孩子在短时间内看到自己的进步，会大大激发孩子的学习热情与动力，体验到考试和学习给自己带来的快乐。

方案三：建立成长记录册，在自评中成长。为学生设置成长记录册，由老师根据学生的年龄特点自主设计一些生动有趣的栏目，学生自主填写（一年级学生口述家长代写）。学生根据学习中的表现不定期的用自己喜欢的形式为自己评价。每一次填写都在不自觉中反思着他（她）们逐渐形成的价值观，对培养学生的自我认识能力也有很大地提高。

③改进评价主体，进行多元化参与评价。评价主体的多元化是指老师、家长、同学及学生本人作为评价者，综合运用教师评价、自评、互评、家长评价等方式，对学生的学习情况和教师的教学情况进行全面的考查。

老师评价主要是结合教学目标、内容和学生的学习环境、学生的个体差异等，设计出适合自己教学和学生学习的评价工具，制订切实可行的评价标准，关注学生发展的过程，实施过程性评价。主要任务就是对学生日常学习过程中的表现、所取得的成绩以及所反映出的情感、态度、价值观等方面的发展做出评价。

自评和互评是由老师设计的学生自我评价表和小组评价表，多用鼓励性语言，选择评议结果的形式进行评价。

家长除在网络平台中参与评价外，还要积极参与师生互动。定期给老师详细汇报孩子的学习情况、特长发展情况和行为习惯养成情况，并了解自己孩子的优势与不足，确定下一个阶段改进目标，更好地体现通过评价促进学生发展的作用。家长参与评价，对学业考试分数的重视程度有所减弱，不单纯以分数衡量孩子，用赏识的眼光看待孩子，在多角度的日常评价中去发现孩子的闪光点。

5、创建幸福家庭，让孩子时时刻刻体验家庭的温暖与和睦幸福感。

家庭是幸福生活的一种存在。和睦的家庭让家人身心愉悦，孩子更具有安全感和幸福感。无论家庭环境处在一个什么阶层，只要把夫妻关系摆在第一位，亲子关系摆在第二位，来处理家庭成员关系，创建幸福家庭，家庭一定是和睦的，一定是幸福的。（如何创建幸福家庭，下一节"打造幸福教育家园"进行详细解读）

（三）如何做一名幸福的孩子和学生

优秀学生不一定幸福，但幸福的学生一定是优秀的。多年来，名牌大学生自杀由偶发性事件演变成经常性事件，已成为不争的事实。人们常常戏说：北京大学学生自杀跳湖（因为校内有未名湖），清华大学学生自杀上吊（因为校内歪脖子树多），人大学生自杀跳楼（因为校内高楼多）。《中国大学生自杀意念检出率的 meta 分析》中的数据警告我们：每 10 万大学生中有 4.25 至 6.5 人发生自杀。大学生自杀意念检出率为 10.7%。自杀已成为当代大学生非正常死亡的首要因素。[①]

这些"天之骄子"们到底怎么了？《大学生自杀行为的扎根分析》中，介绍了大学生自杀行为的主要成因：一是大学生抑郁症发病率在不断攀升，大约 15% 的患者最终死于自杀；二是大学生群体中较为广泛存在的无聊状态，心理学专家发现这种大学生的"空心病"具有较高比例放弃生命的意图。[②] 抑郁症、"空心病"都属于心理和精神类疾病，追踪溯源，都能从少儿时期的成长环境和教育环境中找到病根。

奥地利心理学家阿德勒的"幸福的人用童年治愈一生，不幸的人用一生治愈童年。"这句话现在特别流行，不能不说幸福的童年生活对于人的一生成长、发展乃至命运的好坏都起着关键性作用。

我们的孩子，我们的学生，如何拥有幸福的童年，做一名幸福的孩子和学生呢？

1、做一名品行端正、志向远大的学生

成才先成人。做一名幸福的学生，应该把道德完善放在最重要的位置，力争做到真、善、美的和谐统一。其中，爱和同情心是品行端正的两个最重要表现。

爱心无价！无论做什么事都要有一颗爱心，其它的品质都是爱心的延伸。只要有爱，才能感受到生活的乐趣；只要有爱，才能创造和谐的人际关系；只要有爱，才能享受到人生的美好；只要有爱，才能感受到人类的伟大。天底下最辽阔的是天空和大海，而比天空和大海更辽

---

① 现代预防医学 . 2022. VOL. 49, NO. 7

② 柴颖 汪勇 . 高教探索 . 2022. 2

阔的是人的心灵。一个满怀爱心的人，是永远不会感到寂寞的。只有爱才能赢得爱。

孟子云："恻隐之心人皆有之。"没有同情心的孩子，一定是某个教育环节出了问题。一个没有同情心的学生在"冷酷"对待他人的同时，也会被社会所"孤立"。"老吾老以及人之老，幼吾幼以及人之幼。"优秀的学生应该学会乐于帮助身边学习上和生活上有困难的同学，帮助他们共同成长。同时，也收获快乐与幸福。

品行端正的另外一种表现是做事要有公正性。一个人做到完全没有私心是不可能的，但公正地处理各种问题是每个人都能够并且应该做到的。优秀的学生从小就应该养成一种做事公正的品质，走入社会，才会得到他人的尊重和仰慕。一切的自私自利、徇私舞弊等不良品行，都会给自己带来不良的后果。

此外，具有远大的志向和理想也是学生成功的重要前提之一。孔子曰："三军可夺帅也，匹夫不可夺志也。"王阳明甚至认为："志不立，天下无可成之事。虽百工技艺，未有不本于志者。"对于学生来说，从学生时代就树立远大的理想和人生目标，意义更是重大。

理想是学生腾飞的翅膀。一个学生如果没有明确而远大的理想，没有美好的希望和追求，他的行动就会失去方向和动力。反之，如果一个学生具有远大的理想和抱负，就会清醒地认识到自己该做什么，不该做什么，就会按照目的，自觉地调节自己的行动，不达目的决不罢休。

目标、梦想、理想是建立在幸福坐标系中纵轴上的基本要素。学习、工作、生活没有目标和理想的人，就像是"空心病"患者，生存在幸福坐标第三、四象限中的人，是没有幸福的人。为了理想而奋斗，再苦再累也是乐在其中。没有理想，也就意味着前进道路的终止，人生意义的终结。

2、做一名自信自强，在困难和挫折面前永不低头的学生

一个高度自信的孩子，在委屈面前不会抱怨自责，在困难面前不会自怨自艾，在挫折面前永不低头。一份信心，就是一份力量。这样的孩子，一定是内心无比强大的孩子，不会被不良情绪所左右，也不会被当下的困难所吓阻，更不会被挫折所击倒。他们永远是积极的，乐观的，幸福的。

自信心是一名优秀学生必备的基本素质之一。心理学研究表明，人的需要、期望是不断发展、永无止境的，但新的目标总是要以已有的目标为基础。一个人成功的经历越多，他的期望也就越高，自信心也就越强。

因此，在学习生活中，培养学生的自信心是一个十分重要的任务。孩子自信心，是从自己的事自己做开始，慢慢发展到承担家务劳动和家庭责任培养起来的。父母不给孩子贴无能的标签，经常性鼓励孩子做稍有点难度的事情。在学校里，老师要鼓励、支持学生自主学习、自主管理。要鼓励学生自我教育、自我超越。还要教育学生给自己的人生一个准确的定位，要善于从身边寻找人生榜样和奋斗目标，让学生自己追随着榜样不断进步，时时感受到激励作用。

坚忍不拔的意志和自强不息的精神也是当代学生必须具备的基本素质。意志是精神之统帅、性格之中枢。坚强的意志品质是学习和工作取得好成绩的重要保证，是获得事业成功的基础。"骐骥一跃，不能十步；驽马十驾，功在不舍；锲而舍之，朽木不折；锲而不舍，金石可镂。"这深深地揭示了凡事贵在持之以恒的道理。如果学生具备了这样的品质，那么他无论是处于顺境，还是处于逆境，都不会沉沦和泄气。如果学生具备这样的一种品质，那么在走入社会后，无论把他放在什么地方，他都会生根开花，茁壮成长。学生也只有具备这样的品质，才能

在未来的社会充满竞争力。

当然，坚强的意志不是天生的，也不是一蹴而就养成的。坚忍不拔的意志和自强不息的精神来自平时点点滴滴的日常小事的锻炼培养。每一次克服困难的过程，就是意志不断强化的过程。学生解出一道难题，努力学会做一件事，都是培养意志的过程。弹钢琴、踢足球、练武术、习书法等，如果能五年甚至十年如一日，一定会培养出一个意志力坚强的孩子。

拥有坚强意志的学生通常是一个乐观的人。生活中乐观的人视困难为常情。而悲观的人往往人为地夸大困难，被困难所吓倒。英国作家萨克雷在《名利场》中写道："生活好比一面镜子，你对它笑，它也对你笑；你对它哭，它也对你哭。"一名优秀的学生应该永远微笑着面对生活。学习和生活中的困难就宛如大海里的朵朵浪花，只有以正常的心态看待学习生活中的挫折和困难，才会使我们年轻的学生磨砺出坚强的意志，创造出未来美好幸福的生活。

3、做一名有丰富的精神生活、广泛的兴趣爱好和特长的学生

世界五彩斑斓，社会生活丰富，为我们的精神生活提供了非常好的环境与条件。在人们的眼里，那些不懂得欣赏音乐，没有文学修养，对体育运动一窍不通，对新潮不感兴趣的学生比喻为"书呆子"或"读书机器"。相对于那些拥有丰富的精神生活、广泛的兴趣爱好和一技之长的孩子来说，他们在世界上生活的意义、人生满意度、心理发展健康程度是大不一样的。一个孩子如果有了非常健康的生活情趣和一技之长，那么这样的孩子被幸福生活笼罩着，也就没有兴趣、时间和精力去从事不健康的活动。

人的需求是物质性和精神性的统一，当基本的物质需求得到满足之后，就会迫切追求精神世界的富有。学生正处在精力非常旺盛的时期,青春的躁动,诱惑的冲动,往往会使那些精神空虚、无事可做的孩子误入歧途。因此,对于一个学生来说,健康的具有积极意义的兴趣爱好就显得十分重要。

专长是个人印记最强的东西。什么东西都学,不等于全面发展,那是平均发展,最后导致全面平庸。素质不可能是所有素质门类的平均组合,也不可能要求一个人既有华罗庚的数学素质,还有钱钟书的文学修养。一个人良好素质的形成与发展,应该是具备了现代人应有的那些基本素质之后,根据自己的兴趣和爱好,并服从社会的需求,努力发展个人的特长。

"基本素质 + 特长"的培养模式应是学生素质发展的方向。学生要明确对自己提出挑战和要求。我的特长是什么?我长大以后凭什么在社会上立足和生存?凭什么给社会增添个人色彩?怎样让社会听到我的声音?我怎样才能在历史的长河中留下自己的脚印?这些都取决于个人特色。在自己擅长的领域做最好的自己,人生才会更精彩,也才会收获最大的幸福。

一个没有特长的人,可能很快就会被历史所遗忘。特长对于个人的发展、社会的进步都发挥作用。只有有特长、有个性的人才能为历史做出更大的贡献。

4、做一名善于与人合作、善于与人相处的学生

据美国学者统计,在诺贝尔奖设立的第一个 25 年中,合作研究获奖的人占总数的 41%;第二个 25 年中,这个比例为 65%;第三个 25 年中,这个比例上升到 79%。[①]我国诺贝尔奖获得者屠呦呦的研究成果,也是一个研究团队集体智慧的结晶。从宏观角度讲,未来社会更需要

---

①　朱永新．我的教育理想．漓江出版社．2019.10

大兵团作战，多学科合作，善于凝心聚力，团结众人的力量去努力和奋斗。从微观角度讲，善于合作也是心理健康和人格发展的基础。因为人生活在世界上，自身的感受常常取决于别人对他的感受，自身的快乐常常取决于周围的人是否快乐。善于合作，不仅能从工作中找到乐趣，而且也能从生活中找到乐趣。

生活的乐趣无处不在，无时不有。你在别人需要时给予帮助，关键时刻伸出援助之手，那么当你遇到困难时，别人也会来帮助你，从而大家都感受到人世间的温暖与乐趣。以一颗快乐的心对待别人的人，通常也会得到同样的快乐。那种自我封闭、孤芳自赏、不与人交往的人是享受不到与人相处的快乐的。因此，学生学会如何与人相处，学会如何与人合作是做一个幸福的人必要前提。

首先学会理解别人、谅解别人。古人讲："士为知己者死"，我们今天讲"理解万岁"，说明了理解的重要性。同学之间发生矛盾、分歧时，要学会换位思考，多站在对方的立场上去思考问题，就比较容易理解他人的所作所为了。

其次，善于发现他人的闪光点。孔子云："三人行，必有我师焉。"每个人都有他的长处，我们要学会赏识其他同学。"金无足赤，人无完人。"我们合作的目的就是扬长避短，学习别人的长处，相互接纳对方。

再次，在人际关系的交往中，应该保持适当的距离。人与人之间是有无形的距离的，达不到或超过这个距离，都会造成人际关系的不和谐。现实生活中，很多朋友关系闹僵都是走得太近的缘故。

《礼记》中云："独学而无友，则孤陋而寡闻。"良好的人际关系不仅有利于学生的健康成长，而且可以为学习创造一个互帮互学、相互促进、共同进步的和谐环境。

每一个优秀的学生都应该根据自己的性格特点，努力扩大自己的

"朋友圈"，利用自己的爱好和兴趣，主动和别人交往，形成活泼开朗，充满朝气，积极向上的性格特征。

5、做一个勤于思考、想象力丰富、善于学习的学生

这些年来，学校一直在倡导素质教育、创新教育，其目的在于促进学生各种能力的发展和提高。但不论什么能力的发展，其关键在于必须有扎实的基础知识作为铺垫。否则，能力的发展和提高也只是空中楼阁。因此，学生在学习中必须注重基础知识的牢固掌握，切不可舍本求木甚至于本末倒置。

爱因斯坦说："想象力比知识更重要，因为知识是有限的，而想象力概括着世界的一切，推动着进步，并且是知识进化的源泉。"想象力是智力的重要构成内容，既有先天的因素，更重要的是可以通过后天培养得到提高。读《西游记》，丰富我们的神话世界，读童话，丰富我们的生活世界，读科幻，丰富我们的物质世界。而博览群书一定会让孩子的想象力更丰富。

想象力是学生思维能力的重要维度，在学习中发挥重要的作用。一个没有想象力的人，是不可能具有不断探索的创造精神的。想象力能增强学习的主动性、预见性和创造性，能使学生在学习中找到意想不到的灵感和捷径。因此，学生在学习中要注重培养自己丰富的想象力。

掌握科学的学习方法，以最少的时间赢得最高的学习效率，这是学霸们成功的诀窍之一。会学习、能学习、爱学习是一个相互促进的良性循环，会学习是能学习、爱学习的基础。《跑跳笑乐教育》前两章就是介绍关于如何学习的问题，这里不再赘述。

会学习、能学习、爱学习的孩子，学习成绩好，老师喜欢，父母更喜欢，是当今教育环境下毋庸置疑的事实。其实，做这样的一个孩子，孩子们才是最幸福的。

六、打造幸福教育乐园

2012 年 4 月，联合国在不丹举行幸福指数讨论大会，并发布了《全球幸福指数报告》。根据报告，丹麦成为全球最幸福的国家。整份《全球幸福指数报告》长达 150 页，时间跨度从 2005 年至 2011 年，比较全球 156 个国家和地区人民的幸福程度。量表满分为 10 分，丹麦获得 8 分的最高分。全球最幸福的 10 个国家是：丹麦、芬兰、挪威、荷兰、加拿大、瑞士、瑞典、新西兰、澳大利亚和爱尔兰。中国香港排名第 67 位，得分为 5.5 分，中国内地则排名第 112 位。[①]

联合国从 2012 年开始，每年都发布《全球幸福指数报告》。2022 年，中国以 5.585 分位居榜单第 72 名，同比上年增长 12 位，处在全球幸福国家排行榜的中游位置。中国香港排在 81 位，同比上年下降 4 位。[②]

全球幸福热给中国提出了空前的挑战。尽管标准和排名都有商讨的极大空间，但中国作为世界大国，人口占全球总数的 17.5%，理所当然要高度重视在全球幸福指数排行榜中找到自己理想的位置。

中国是一个伟大的社会主义国家，为广大人民谋幸福是中国共产党的宗旨和奋斗目标。从 2011 年开始，各级地方政府的"两会"报告

---

① "全球最幸福的国家"排名。http://www.chinanews.com/gi/2010/7-16/2405480.shtml.

② 全球幸福指数排名榜" "https://www.maigoo.com/news/615766.html?page=3&tabnum=09

和政府发展规划,都把提升居民幸福指数列为各级政府未来五年执政的重中之重。中央政府"两会"把建设幸福中国作为政府未来的工作主题提出以来,全国兴起幸福热,各地纷纷出台幸福城市建设规划和举措。

2012年,中国城市竞争力研究会发布了中国最具幸福感城市排行榜,青岛、杭州、惠州、成都、长春、南京、哈尔滨、烟台、苏州、重庆位居前十名。[①]

2017年,中共十九大报告提出乡村振兴战略,决策部署全面建成小康社会,全面建设社会主义现代化国家,把提高广大人民的福祉列为主要发展目标。建设幸福国家、幸福城市、幸福乡村,提升广大人民的幸福指数已经成为各级人民政府工作的头等大事,并已经深入人心。

当前,把教育放在改善民生优先发展位置也成为时代共识,学校实施幸福教育则是奠基幸福大国的突破口,是"办人民满意教育"的重要举措,也是提高当代和下一代人民幸福指数的重要举措。

(一)幸福教育的意义

幸福是教育的目的与动力,而教育是幸福的手段、源泉与保障。幸福教育是以幸福作为最核心和最终极的价值理念的教育。教师、父母和学生在教育过程中,将幸福作为教育场域主体间的情感体验和共同追求。著名的教育学家乌申斯基说过:"教育的主要目的在于使受教育者收获幸福,不能为了其它利益而牺牲掉这种幸福。"中国科学院大学孟建伟教授说过:"所谓幸福教育,就是一种将幸福视为最核心和最

---

① 2012 中国最具幸福感城市排行榜【EB/OL】http://wen. ku. baidu.com/view/d684a0.

终极的价值理念的教育。"可见，幸福对于教育的重要性是无可替代的。实施幸福教育，对教育根本性目的的实现，以及缓解当下教育的主要问题和促进社会的美好和谐具有十分重大的意义。

1、幸福教育的目的意义

幸福教育的目的是什么？这是实施幸福教育首先要明晰的问题。教育的最终目的是让学生一生幸福。既让受教育者享有当下的幸福教育生活，又让受教育者拥有正确的人生观、幸福观，具备健全的人格和人文精神，具有生存、发展、创造人生幸福的能力。幸福教育的目的就是教育的最终目的，和教育的目的保持高度的一致性和统一性。

立德树人是社会主义教育的首要目标，同样也是幸福教育的重要目标。当代美国著名的哲学家、教育家、关怀伦理学奠基人诺丁斯认为，温暖的家、美好的德行、和谐的人际关系、民主的公共生活这些都是生活的每个细小环节，在这些细小的环节中蕴藏着无限的幸福。她还指出，"我们相信在善和幸福之间，存在着一种联系。"认为美德是获得幸福的跳板。也正如我国古人所说："爱人利人者，天必福之；恶人贼人者，天必祸之。"道德就是主体对于自身完美的追求，它创造了人生幸福的条件。因此，德行养成是幸福能力的基础。真善美是人性完美的显著特征。幸福教育追求的是人性完美，注重精神追求，重视情感教育，强调心灵的满足和充盈。"心灵的力量"就是美德，最美的心灵帮助人们收获幸福。[①] 道德教育是幸福教育的重要内容，幸福教育是落实道德教育的重要举措。

健全学生人格是教育的首要任务，同样也是幸福教育的核心内容。教育必须以指导学生成为"真正的人"为首要任务，以发展人性、培养

---

① 张钦．休谟伦理思想研究【M】北京．中国社会科学出版社．2008.120

人格、改善人生为根本目的，最大限度地促进学生人性完善、人格健全、人生幸福。这是教育的本质体现，也是教育的价值体现。南昌大学苗元江教授认为，幸福教育的目的就是生成健康的人格。健康的生理是幸福的物质基础，健康的心理是指人性的完善及精神的存在，而人性的完善与精神的存在是幸福教育的本质，是幸福的核心。因此，幸福教育的目的也可以说是促进学生幸福人格的良好形成，和教育的首要任务一脉相承。

　　培养学生的综合能力是教育的落脚点，同样也是幸福教育的基础工程。学习能力强的孩子，学习效率高，孩子有更多的时间做自己感兴趣的事情，孩子更幸福；解决问题能力强的孩子，不焦虑，不自卑，心理幸福感也强；创造能力强的孩子，不无聊，不寂寞，还能发现和创造出很多令自己感到幸福的东西。实际上，学生的综合能力，就是孩子获取幸福的能力。幸福能力的培养，也就是学生综合能力的培养。只不过幸福教育更注重学生各种能力的培养。

　　2、幸福教育的现实意义

　　当前，我国教育在"知识本位教育"和"功利主义教育"思想的影响下，现代教育迷失了方向。人性与幸福的缺失，成为当今中小学生人格缺陷的重要表征。学校教育、社会教育和家庭教育的主导教育思想与教育的本质和规律背道而驰。教育乱象和教育"内卷"也就不足为奇了。

　　①学校教育：分数高于一切

　　信息化的高速发展，带动着现代社会机器快速运转，社会需要大量的高素质人才、复合型人才、跨领域人才。社会要求学校培养出能够促进其发展的人。但这种需求在当代中国社会被畸形地理解为分数，理解为考试的结果。这样，考试就成为说明一切的最有效的教育手段，分数成为学生的最高荣誉和奖赏。学校以知识教育为目的，走入"应试教育"的怪圈。

人性，对于学校教育而言，与考试分数没有多少相关联的东西。于是，在分数面前，人性被无情地掩盖，为了分数可以不择手段。对于学生来说，分数才是一切。只有分数才是感受自我的方式，只有分数才是感受幸福的唯一渠道。当衡量学生唯分数为上时，教育出现的种种乱象也就不足为怪了。为了分数，可以丧失尊严和人格，也就不是特例了。

幸福教育，是充满人性的教育。在教育的过程中，倡导的是真善美；在学习的过程中，体验的是点滴的成功带来快乐的感觉；在成长的过程中，体验的是学习生活的幸福和人生意义。实施幸福教育，使分数不再是衡量学生成长的唯一凭证。使每个学生能够获得愉悦，体验心灵的惬意，感受人生的意义和生活的快乐。

②社会教育：金钱是衡量一切的筹码

教育始终和社会是紧密联系着的，教育就是社会的缩影，社会的产物，对受教育者产生着它所想要产生的影响。人的发展一旦脱离社会教育，发展也会变得畸形与荒谬。

然而，现代社会教育却恰恰是携带者"病毒"作用于受教育者。信息化时代，社会个体对物质财富的追逐和社会为个体提供的丰富的物质财富，使社会个体在现实生活中迷失了自我，私欲膨胀，物欲膨胀。根据康德的二律背反定律，当人的物质欲望获得必要满足时，人应该趋向于追求精神富足，或者说当社会的物质积累能够满足社会个体需求时，人应该趋向于追求道德和精神满足。当今社会，应该是由工业文明向伦理文明大步前进的时候了。可事实与之恰恰相反，物质财富的满足使得人们的精神领域出现了真空地带。私心、贪欲、冷漠等等伴随着横流的物欲，频繁地出现在人们视线里。当物质财富和金钱成为衡量人的价值标尺时，就会像"病毒"一样，传染给每一个社会个体，传染给教师和家长父母，传染给我们的下一代。

幸福教育，当它与社会有机结合时，当它以虔诚的态度投入社会怀抱，与社会教育合体时，我们所面对的将不再是金钱堆砌的人生，不再是物质财富构筑的人生，也不再是虚华财富掩饰下的空虚与痛苦。学生所获得的是对"自我"的真切感受和认识，对人生意义的美好诠释。

③家庭教育：只要学习好其它的都不重要

家庭是构筑人类社会的基石，是人成长的摇篮，是人生命的第一港湾，是人心灵的皈依。世界著名的精神分析心理学家佛洛依德凭着自己多年对精神病患者或心理疾病的人研究发现，这些患有心理疾病的人大多在早期童年生活，特别是家庭生活时期，受到各种各样的不良刺激，这些不良刺激经长年累月地作用于孩子的心灵，使他们的心灵日益扭曲，心理日趋变态。可见，家庭生活或家庭教育对未成年人成长有着极其重要的影响。

反观我们现代的家庭教育，财富和未来成为父母教育孩子的利器。功利主义教育思想左右父母的头脑，学习成为孩子的第一要务。只要学习成绩好，其它都不重要；只要未来考个好大学，奔个好前程，其它什么也不重要。分数和前程便成为孩子头上的"紧箍咒"，原本快乐的学习就成了孩子想逃避的事情。无法逃避的时候，只能带着与快乐相反的心情敷衍着学习。这样的家庭教育，孩子哪来的学习幸福感和生活幸福感呢？

幸福教育，当它与家庭教育恰当的相遇时，孩子能感受到爱的暖意，感受到成长的快乐。幸福教育理念下的家庭教育，孩子自由地享受学习与成长的快乐，尽情地感受人生的意义，感受自己灵魂的节奏与生命的律动。

3、幸福教育的战略意义

幸福是人类的共同追求和最终追求。2011年3月，中国"两会"提出了"告别 GDP 崇拜，缔造幸福中国"的战略构想，让人民更幸福成为中国政府未来工作的主题。2011 年 9 月，教育部举办的"开学第一课"主题聚焦幸福。2012 年，"两会"代表的意见、建议再一次汇聚成一个声音——伴随经济社会发展，要以更大力度保障和改善民生，注重人的全面发展，不断提高百姓的"幸福指数"。2012 年 4 月，联合国首次发布《全球幸福指数报告》，随之中国发布了中国最具幸福感城市排行榜。2012 年 11 月，中国共产党"十八大"号召全党全国各族人民"共同创造中国人民和中华民族更加幸福美好的未来"，将近年来国内外兴起的幸福热推向新的历史高度，这标志着我们进入了 PK 幸福感的时代，人类文明揭开了聚焦幸福的新篇章。[1]

优先发展教育是我国的基本战略国策，幸福中国，先让教育幸福起来。教育承载着人民群众对幸福生活的期盼，学校教育在整个国民教育体系中发挥着无法替代的主导作用。对于个体，学校肩负着塑造幸福人生的天职。对社会，学校承载着给幸福中国不仅培养有用之人，更重要的是培养幸福之人的使命。

幸福教育，可以树立正确的幸福观。真正的幸福是物质幸福与精神幸福的完美结合，是个人幸福与社会幸福的有机统一。个人幸福只有在社会中才能实现，而且只有为社会谋求幸福，才是最高意义的幸福。

幸福教育，可以培养人们创造幸福的能力和分享幸福的胸怀，促进儿童健康成长、家庭幸福美满、员工心情舒畅、公众称心如意。

幸福教育，可以增进社会成员的幸福感，提高工作和学习热情及效能，激发创造潜能，增进亲情和友谊，提高生活质量，促进身心健康，

---

① 孟万金 官群. 幸福教育实用指南. 北京.【CIP】教育科学出版社. 2013.1

保障社会和谐与长治久安。

总之，幸福教育可以塑造幸福人生，为中华民族伟大复兴增强动力，具有深远的战略意义。

（二）打造幸福教育校园

笔者是一名教龄快40年的中学教师，承担本校"推进家校并育，打造幸福教育乐园的实践与研究"的省级课题的主研工作。近些年来，本校研究团队紧紧围绕课题主旨，开展了系列幸福教育活动的实践与研究，课题研究成果在《湖南教育》期刊上发表或获奖。校园盛开着争奇斗艳的幸福教育之"花"，现采撷几朵鲜艳的以飨读者。

幸福花朵一：习惯养成之花

习惯是形成性格的基础，性格是健全人格的条件。"为学生的终身发展与幸福奠基"是我校的幸福教育理念，培养学生良好的行为习惯是我们学校教育的首要任务。

习惯靠训练。日复一日、年复一年的系统训练，才能达到良好习惯养成的目的。基本做法是这样的：

①培养学生的好习惯，学校是主战场，家庭是主阵地

过去，我们总认为，孩子的行为习惯培养应该在家庭内完成，把学生一切不好的行为习惯怪罪于父母身上，把没有养成良好的学习习惯怪罪在学生身上。我国著名的教育家叶圣陶先生说过："教育是什么？往简单方面说，只需一句话，就是要养成良好的学习习惯。"德育就是要养成良好的行为习惯，智育就是要养成良好的学习习惯，体育就是要养成良好的锻炼身体的习惯。习惯就是素质，而素质总会顽强地通过习惯表现出来。作为负责实施国民素质教育的主体——学校和老师，

是完全不能推卸责任的。

学校应该是打好良好习惯培养持久战，矫正不良习惯歼灭战的主战场。"司令部"设在主战场，起到发号施令的作用。制定 1-6 年级习惯训练系列目标，拿出实施的总体方案，分年级制定训练计划与安排。每三周布置一个训练任务，指令下达到所有老师和学生及家长。"司令部"还要组织各层级的会议，教师、家长的培训，以及一系列的展示、评比活动。

家庭应该是主阵地。父母是"指战员"，在阵地发挥动员、指导和督战作用。习惯的培养是一个持之以恒的训练过程，一个好习惯的养成需要一个醒悟—— 改变—— 反复—— 巩固—— 稳定的过程。在整个过程中，家长既要耐心引导，让孩子醒悟，发生改变，又要时刻监督，反复训练，达到巩固和稳定的目的。

学校和家庭，老师和父母在这场习惯训练的持久战中，只有发挥各自的作用，协同作战，才有可能打好学生习惯培养的漂亮仗。

②家校目的一致，目标明确，内容具体是培养学生好习惯的基础

教育就是培养好习惯，给学生打下全面发展和终身幸福的基础，这是学校、教师和家长已经达成的共识，教育目的是一致的。主战场和主阵地是一个整体，切不可各自为战，需要紧密配合，分工明确，协同作战。通过反复思考与研究，姑且认为家校结合的"面"应该在共同培养学生良好的行为习惯上，某一种习惯就是一个"点"。诸多的"点"构成了一个五彩斑斓的"面"，这个"面"就是学生的核心素养，从而就形成了学生绚丽多彩的人生。

在省市教育专家的指导下，发挥课题组成员集体智慧，采取去粗取精、分类组合的办法，将 90 个行为习惯，分品德、学习、生活、健康、交友五个大类，根据不同年级学生身心特点，提出不同的训练要

求，编制成学校"各年级行为习惯培养目标与要求"纲要。以三年级为例，品德习惯有"用文明语言和别人交谈，礼让他人"，"为班级做力所能及的事情"，"爱护公共设施、财物、和自然环境"，"孝敬父母及长辈"四个习惯训练点。学习习惯有"学会预习，暂存本记录疑问，提出一个问题"，"坚持写周记、日记"，"制作记忆卡片"，"大声朗诵课文，背诵指定的内容，主动阅读课外书"四个习惯训练点。还有生活、健康、交友三类也是一样，分别有三到四个习惯训练点。每一个习惯训练点都加注了"学校教育要求"和"家庭训练要求"，便于老师和家长操作。

通过一年的试行，修改完善后第二年施行，老师、家长们都对"纲要"了然于胸，熟练掌握。目标明确，内容具体，易于操作是本"纲要"的突出特点。90 个好习惯分布在整个小学六年各年级的教育任务中，和各科教学内容紧密相扣，训练要求逐年提高，也成为本"纲要"的显著特色。大家喜欢用一句俏皮的电视广告语"用过的都说好"来形容。如果没有这份"纲要"，学生的行为习惯培养还真是无从下手。

古语云："预则立，不预则废。"方案和计划是落实各项工作的前提。学校制定的总体实施方案，重在实施步骤和实施措施方面进行设计。每个年级组制定的计划，主要把"纲要"规定的五类 18 个习惯培养内容，根据年级特点，和各学科教学结合，进行合理搭配与组合，分 5 个训练小周期，安排在两个学期中。方案和计划都发在各班家长微信群，征求家长们的意见，修改完善后再发给家长，开始施行。

③家校互动，坚持不懈是培养学生好习惯的关键

学生良好的习惯培养也是一出戏，学校是导演，老师、家长和学生都是主角。过去，老师、家长和学生各唱各的"独角戏"，学生的习惯培养落实不到点子上。针对这一问题，课题组通过反复研究，做出了

一个大胆的决定，那就是"学习习惯的培养以教师为主，家长配合。其它行为习惯的培养以家长为主，教师配合"。譬如：在3、4、5周21天一个小周期内，根据年级组的统一部署，把五个类别的训练项目各提取1个训练内容，组合成这一阶段的习惯训练任务，明确告诉学生和家长。在学习习惯培养方面，教师把训练要求、步骤、方法教会学生，在课堂上实习，在家里训练。家长负责监督和信息反馈。在其它行为习惯培养方面，家长根据"纲要"给孩子提出训练要求，制定家规和规则，落实训练，并实施奖惩办法，训练结果记录上卡。在这个周期内，教师负责观察学生在校的行为表现，将情况及时通报给学生家长。

为了更好地落实习惯训练，家校有效互动，学校给每个学生制作了一份铜版纸印刷的习惯训练家校联系卡，使用时间为一年。把一学年的习惯培养项目、学校教育要求、家庭训练要求和每个训练周期的时间安排、教师评价、家长评价都编排在卡上。每个学期的第二周，各班召开家长会，分发联系卡，对照上面内容，统一部署，提出做法和要求。每个小周期结束后，家校信息反馈，在每个训练项目评价栏中填上"合格""待合格"标志。一个学期结束后，联系卡上交学校。班主任根据三个小周期的训练情况，给学生做出评价结论，并写上寄语。

学生良好行为习惯的培养，是一场持久战，日复一日，年复一年，小周期，大循环。也是一台全员参与的综合大戏，教师、学生、家长人人参与，各自演好自己的角色。只要坚持不懈，就能获得这场持久战的最终胜利。

④家校互评，活动激励是落实习惯训练目标的保证

除在家校联系卡上班主任和家长互评以外，学校还组织了若干多的评选活动，来激励学生热情参与，与不良的行为习惯做斗争。在学习习惯培养方面，学校以年级组为单位，组织了优秀作业本、日记本、暂

存本、错题本的评选和展示活动。为了培养学生课外阅读的习惯，各
年级组每学期都组织故事演讲赛、主题演讲赛。优秀铅笔字、钢笔字、
毛笔字月月有展览。在其它行为习惯培养方面，学校组织，家长自愿申
报，并提供图片和视频资料，评选出文明礼仪之星、孝亲敬老之星、热
爱家务之星、公益活动之星等。这些活动的组织，极大地激发了学生
和家长的参与热情，把学生良好行为习惯地养成落到了实处。

幸福花朵二：书香校园之花

我国现代著名的教育家朱永新说："一个人的精神发展史就是他的
阅读史。一个民族的精神境界，取决于这个民族的阅读水平。"孩子的
精神生命仅靠学科教育是成长不起来的。阅读是一条通往幸福之门的
重要通道，对个体的精神成长至关重要。没有阅读就不可能有个体的
心灵成长，不可能有个体精神的完整发育。每一个人的生命就是一颗
神奇的种子，童年蕴藏着不为人知的秘密，而阅读能够唤醒这种潜在的
美好与神奇。

精神发育最重要的通道就是阅读。苏霍姆林斯基也曾经讲过，一
所学校可以什么都没有，只要有了为教师和学生精神成长而提供的图
书，那就是教育。因此，打造书香校园就成为幸福教育的重要手段。

打造书香校园，建图书馆、阅读亭、阅读长廊，把图书柜搬进教
室或走廊，是创建书香校园的基础工程。但最重要的是让学生爱阅读、
会阅读。"三计"让学生喜欢上阅读，请读者不妨试一试。

①图书"漂流"计：按照教育部下发的中小学生课外阅读必读书
目，根据年龄和阅读特点，分年级编组发到各个班级，让每一组书籍在
班级传读结束后，再在其它班级"漂流"；发动家长给孩子购买喜爱的
书，自己的孩子阅读后，在全班或同年级学生手中"漂流"。这样做的
好处，一是解决了图书量和种类不足问题；二是很容易形成阅读风气。

大家都在阅读一本什么书，书中的典型人物和精彩事件会在同龄孩子中流传开来，好奇心会促使大家相互传阅，阅读兴趣也就起来了。要想图书真正"漂流"起来，师生共读是关键。老师快速浏览一本书，大约15分钟时间，每天和学生分享5分钟，极大地调动学生的阅读热情。

②夜读晨诵午省计："夜读"，就是孩子床边始终放着一本喜欢读的书，睡觉前读15分钟；"晨诵"，就是每天清晨用15分钟时间，大声朗诵自己喜欢的精彩文章片段，指定背诵的篇目或是其它优秀古诗文、现代诗歌散文等，开启孩子生命中新的一天；"午省"，就是每天中午饭后，或是午休后，用15分钟时间梳理、思考与反思自己一天的学习生活，并且用随笔、日记、读后感等形式记录下来。

"夜读"重在培养阅读习惯，形成优秀的学习品质。亲子共读是最好的培养方式，学校每年都评选一大批亲子共读的好父母。阅读习惯培养起来了，许多学生都自觉地开始远离电视、手机和网络游戏，整个精神面貌有了非常明显的改观，也改善了亲子关系。

"晨诵"重在培养学生汉语言文学的感受能力，提高学生的人文素养。住家的孩子安排在早餐前，住校的学生可以安排在早自习。教师领诵、学生领诵和自由朗诵均可，形式可以变化多样。通过诵读经典的诗歌，丰盈当下的生命，激发生活热情，在日积月累中丰富人文底蕴，帮助学生从容应对生活的诱惑与压力，营造出幸福、阳光的精神状态。

"午省"重在培养学生勤动笔、爱反思的学习习惯，提升学生的思维能力。在统一的时间内进行，不仅可以起到敦促作用，更重要的是可以师生间、同学间相互交流，共同批注，相互编织有意义的生活。用日记记录自己的成长，相互激励、抚慰，成为幸福的日常生活方式。

③戏剧表演计：师生共读绘本、童话、故事和经典名著，抓住关键情节，改编成剧本，进行表演。

　　低年级段的学生读绘本，中年级段学生读童话书、故事书，高年级以上学段学生读国内外经典名著。

　　登台表演是大多数孩子喜欢的活动，浓厚的兴趣形成一股强大的吸引力让学生们爱上阅读。特别是将戏剧表演升级成微电影后，阅读名著的氛围更加浓郁。人人都是演员，人人都有角色。加上编剧、导演、摄影等剧务人员，一个班的学生人人都参与。凡是参与者，都要认真读原著，编剧、导演、主演需要品读、研读，否则是很难担当如此重任的。上学期师生共读一本名著，下学期师生同演一台戏，成了我们学校一条不成文的规定。

　　戏剧表演或微电影，成了师生最喜欢的校园生活。不仅带动了经典阅读，还让人人都成为"艺术家"，都是创造者。这样的校园生活不是人人都需要和期盼着的吗？创造幸福生成了创新精神，达到了教育的目的。

幸福花朵三：幸福小主人之花

　　打造完美教室，创建幸福班级是我们学校实施幸福教育的又一主打项目。一个班级就是一个幸福的家，师生都是相亲相爱的一家人。老师是幸福"家长"，学生是幸福小主人。

　　班上除班委会、团队干部外，设立了若干组、队和管理岗位。有当班干部的，有当学习组长的，有当各种队长的，有当管理员的，每一名学生都有自己的岗位和职责。人人都是排头兵，人人都是管理者。

　　干部岗位靠综合实力竞争，其它岗位靠爱好、特长自荐或选举。每一个学生在自己的岗位上，尽力尽责，做最好的自己。小主人的角色体现出来了，"家庭"的责任担当发挥出来了，团结和睦、民主自由的班风浓郁了，班主任的工作负担减轻了，集体主义荣誉感上升了。共建、共创、共管的班级运行机制，成就了优秀班级，更成就了每一位自己。

　　每一个幸福教室都有一个与众不同的，能表达师生共同愿景的班名。每一个幸福班级都有自己的出操口号。美术特长生设计了班徽和班旗，音乐特长生创作了班歌，文学特长生创作了班诗，体育特长生组建了代表队。"做最好的自己"的校训，在学校组织的各项活动中都有很好的体现，在每一位老师和学生身上都得到最好的发挥。

　　在这个温暖的大家庭里，没有歧视，没有欺凌，有的只是团结合作的笑容绽放在每一位学生的脸上。

　　幸福花朵四：特色课程之花

　　打造幸福校园、幸福班级、幸福课堂、幸福家庭是实施幸福教育的主抓手。幸福课堂是实施幸福教育的主阵地，打造幸福课堂是我校始终如一的第一要务。

　　记忆和思维是学习的两个重要环节，也是打造幸福课堂的两个关键突破口，更是学习快乐、高效、有成的重要保证。学生只有熟练掌握了最适合自己的记忆方法，学习效果才好。有最适合学生自己的思维方式和方法，解决问题的能力才强。因此，学校选取这两个突破口，发动教师开发"快速记忆十法"和"思维导图制作"两门特色校本课程。

　　中年级教师开发的"快速记忆十法"课程，科学、实用，学生们特别感兴趣。譬如：PPT 制作记忆法，把所学习到的新字词、成语或英文单词，按照归类、对比、接龙等形式，制作成图文并茂的可以演示的PPT文件，边演示，边记忆。不同的学生，选择不同的内容，制作成不同的版本，可以在课堂上演示记忆，也可以在家里电脑上演示记忆。学生动手制作的过程，既是记忆过程，也是创作过程，并达到快速记忆的目的。既培养了学生的动手操作能力，网上搜集知识信息能力，还培养了学生的创新精神。

　　高年级教师开发"思维导图制作"课程，把每一个单元的所有知识点按照课本的知识结构体系，绘制成一棵"知识树"，或是一幅画，或是球形图，知识点、知识联系、知识重点、知识难点在一张思维导图上图文呈现出来，方便学生理清单元知识脉络，快速记忆。一本语文教材，8个单元就是8张思维导图，方便学生携带和快速复习，记忆高效，知识基础牢固。不仅减轻了学生的学习负担，让学生喜欢上该门学科的学习，更重要的是培养了学生逻辑思维、逆向思维和发散思维的能力。孩子到了初、高中，学科多，任务重，使用绘制思维导图学习法，效果特别好。我的亲侄女就是按照我辅导的这种学习方法，轻轻松松成"学霸"，上北大的。

"幸福学校国际联盟"主席孟万金教授的专著《幸福教育实用指南》，和现代教育家朱永新教授的专著《新教育实验》，为我们学校实施幸福教育提供了理论支撑和实践指导，打造幸福教育校园，"让幸福走进教育，让教育充满幸福"的教育思想成为我们学校深化教育改革的一句响亮的口号，幸福教育之花也会随之越开越鲜艳。

（三）打造幸福教育家园

中国当代的教育是"有病"的，这是一个不争的事实。当中国经济神话般地快速增长时，中国的教育没有同步发展。恰恰相反，经济的高速发展还给中国教育带来了许多新的前所未有的矛盾和问题。而这些矛盾和问题，又不可能在短时间内通过顶层设计和体制改良来解决。①

教育之"病"是全方位的。优质教育资源的短缺，造成恶性竞争教育之"病"；教育评价功能有限，造成应试教育之"病"；主流价值有

---

① 朱永新. 新教育实验：为中国教育探路. 北京. 中国人民大学出版社. 2017.9

误，导致功利主义教育之"病"。我相信，随着社会进一步发展，国力更加强大，人口大国办教育的压力会逐渐减轻，优质教育资源会不断壮大，恶性竞争教育会得到缓解。也随着教育改革进一步深入，教育评价体系会逐步完善，应试教育也会逐渐退出教育舞台。

看病找病因，治病治病根。功利主义教育才是"病根"之源。社会大流行的功利主义价值观，导致学校、家庭、社会教育中的"功利主义教育"大流行。只要有好分数，就能上名校。只要上名校，就有好前程。这种功利主义的逻辑思维，误解了教育的本质，忽略了人性，助推了"应试教育"，让恶性竞争教育肆虐横行，野蛮生长。

十年前，党和国家领导人高瞻远瞩，提出了社会主义核心价值观，推行"共同富裕，人民幸福"的治国理念，倡导"劳动幸福""创造幸福""奋斗幸福"的人生幸福观，为幸福教育思想应运而生提供了理论基础。2021年，国家"双减"政策的出台，给"功利主义教育"进行了外科手术式"治疗"。《中华人民共和国家庭教育促进法》施行，也是为医治功利主义教育之"病"提供法律保障。

幸福教育是医治功利主义教育之"病"最好的"药方"。让幸福教育走进学校，走进千家万户才有可能达到"药到病除"的效果。

打造幸福教育家园是我们学校围绕课题研究和实施幸福教育盛开的又一朵"幸福家庭之花"，培育它的过程是这样的：

①倡导幸福教育思想，下大力气培训教师和家长。

蒙台梭利曾经告诫我们："无知地对待儿童比无知地对待成人更可怕。"没有驾照不能开车，然而，做父母却不要任何培训，家庭教育道路上充满着无证驾驶的"司机"。可见，父母学习家庭教育和组织家庭教育培训是何等的重要，何等的紧迫。

如果没有弄懂幸福的真正涵义和它的目的与意义，就很容易走入幸福教育的误区。对于学生来说，健康、快乐，学习有成，享受幸福的教育生活，有目标、梦想和远大的理想，才称得上真正的幸福。幸福一定是快乐的，但快乐不一定就是幸福。感官上的快乐是短暂的，只有满足精神上的愉悦，快乐才会长久。不明白这个道理，就很容易认为快乐教育就是幸福教育。

学生以学为主，学生的学习状况在很大程度上决定着学生的生活质量，决定着学生的身心健康，决定着学生的幸福指数。幸福教育的重心和当务之急在于促进学生轻负高质、快乐高效地学习。幸福教育不是不要教学质量，不是不要学习成绩。强调的是学生要会学习、能学习、爱学习，这样才快乐高效学习。积极倡导的是学生要在有学习幸福感的前提下努力学习，勤奋学习，而不是顶着巨大的精神负担和压力苦学、累学。

《跑跳笑乐教育》实际上就是指导教师和家长如何解决学生会学、能学、爱学以及乐学的问题。

②创建示范性"幸福教育之家"，让幸福教育走进每一个学生家庭。

我们都知道，理论要联系实际，实践出真知。针对父母的家庭教育培训，讲理论，讲观点，讲方法，都不如帮助他们去实践，去行动。创建示范性"幸福教育之家"，就是在实践中去体验教育思想，去感悟教育观念，去创造教育方法。

在地方政府的大力支持下，由妇联牵头，带动社区或村委会，配合学校抓创建。通过网络和班级微信群，积极宣传和发动。在家长主动申请的前提下，由班主任推荐，全校优选了100名学生家长，参与创建活动。

根据幸福教育的基本要求，课题组制订出"家庭关系和谐"，"亲子关系和睦"，"家教观念正确"，"父母指导能力强"，"学习环境优"，"学习习惯好"，"父母树榜样"，"孝亲爱子氛围浓"，"家规科学执行好"，"家校并育配合好"十条标准，来创建示范性"幸福教育之家"。并向师生和家长详细解读了这十条标准和创建要求与具体做法。

譬如："学习环境好"，具体要求就是学生要有独立的学习室，环境安静，光线明亮，布置合理。配有书桌、书柜、电脑、护眼台灯等。特别要求的是要开辟一面墙壁作为"幸福墙"，亲子共建"幸福墙"。分"幸福一家人"，"我"，"勤"，"星星"四个区域张贴照片、复印件、打印件等，不断充实内容。"幸福一家人"要有全家福照片，家人的简介，特别注明生日日期；"我"要有我最崇拜的人，我最喜欢的人，我的"昨天""今天""明天"；"勤"是关于勤为主题的家规家训、学习要求、做人标准等；"星星"是作品和荣誉展示。

再如："亲子关系和谐"就明确要求父母和孩子要有一项经常一起锻炼的体育运动项目；"父母指导能力强"就明确要求亲子共读；"父母树榜样"就明确要求父母在孩子学习时段不准看电视、打牌等。

创建时间跨度为一年。在创建过程中，班主任要经常走访家庭，听取家长们的意见，适时提出意见和建议。学校定期组织推进会，边培训，边学习，边完善。按照创建方案和时间段要求，班主任要及时收集家长反馈的意见和资料。在家长自评得分为80分的前提下自主申报，申请验收。由妇联干部和教师代表组成的验收班子，随时申请，随即验收，验收合格的家庭当即挂牌。验收没有合格的家庭，干部、教师提出完善建议，争取下次验收合格挂牌。

创建示范性"幸福教育之家"活动，是幸福教育走进家庭最好的方式。不仅更新了教育观念，优化了家教手段和方法，更重要的是培育出一个个幸福家庭和幸福的孩子。

创建示范性"幸福教育之家"活动，为学校实施幸福教育起到示范和推广作用。在创建过程中，家长们相互交流，串家走户相互学习，一家带动一家，广泛地传播了幸福教育思想。

创建示范性"幸福教育之家"活动，为建设幸福社区、幸福乡村做出了贡献。不仅为学生家庭传播了幸福教育思想，还为社会传播了正能量，为广大民众追求家庭幸福树立样板。

③积极推进家校并育，办最有效的教育。

家校并育是通过家校互动、亲子共读、父母进课堂、父母志愿者、家长学校、家委会等形式，强化家校并育机制，建立新型的家校合作方式，让父母更多地参与学校生活，引领父母和孩子共同成长，使家庭教育和学校教育协同互补，相互促进，最终实现家庭、学校教育的协调发展。

打造幸福教育家园，是家校并育的重要举措。可以让家校教育目的达成一致，方式方法有效互补，在去功利化教育的道路上携手并进，共同为孩子创造幸福的一片蓝天。

跑跳笑乐教育的"158"架构

1 种教育新思想

让幸福走进教育 让教育充满幸福

5 个教育新原则

教育新原则一：认真原则

教育新原则二：一致原则

教育新原则三：快乐原则

教育新原则四：实践原则

教育新原则五：智慧原则

8 个教育新思维

教育新思维一：学习方法重于学习兴趣

教育新思维二：养成良好的学习习惯比掌握知识更重要

教育新思维三：快乐学习才是提高学习成绩的有效途径

教育新思维四：上好艺术课不会影响孩子的学习成绩

教育新思维五：给孩子十分压力，不如给孩子一分动力

教育新思维六：积极的价值观才是孩子奋发向上的永恒动力

教育新思维七：幸福感是孩子学习的内驱力

教育新思维八：做最好的自己是实现人生幸福的最佳途径

主要参考文献

1. 朱永新．新教育实验：为中国教育探路．北京：中国人民大学出版社，2017.9

2. 朱永新．我的教育理想．北京．中国人民大学出版社，2012．

3. 朱永新．致教师．武汉．长江文艺出版社，2015.8

4. 孟万金 官群．幸福教育实用指南．北京．教育科学出版社．，2017.4

5. 王长华．幸福教育的理论与实践．北京．知识产权出版社，2009.8

6. 苏霍姆林斯基．蔡汀（译）怎样培养真正的人．北京．教育科学出版社，1992.5

7. 袁爱民 谢天壬．发展孩子的天赋：幼儿多元智能教育。天地出版社，2002.9

8. 林文采 伍娜．心理营养．上海．上海社会科学院出版社，2015

9. 李中莹．李中莹亲子关系全面技巧．北京．北京联合出版公司出版，2017.2

10.【美】迈克尔·古里安 王冰（译）男孩女孩学习大不同．浙江人民出版社，2018.1

11. 尹建莉．好妈妈胜过好老师．北京．作家出版社，2009.1

12. 崔中红．超级记忆法．北京．中国纺织出版社，2016.8

13. 杨大宇．画出好成绩：通过思维导图提升分数．北京．电子工业出版社，2009.12.

14. 李兴福．让孩子重新喜欢学习．吉林．延边人民出版社．2011.5.

15. 郑委．从自然型父母向教练型家长转变．网络视频．

后 记

柏拉图说："教育实际上并不像某些人在自己的职业中所宣称的那样，把灵魂里原来没有的知识灌输到灵魂里去，好像他们能把视力放进瞎子的眼睛里去似的。真正的教育是促使灵魂的转向，其根本目的就是使心灵和谐达到完美的境地。"这段话告诉我们，真正的教育不是灌输，而是用教育智慧培育出一个心灵和谐的人，一个完整的人，从而实现人生的幸福。

2018年10月，我开始担任学校《农村学校创建幸福教育乐园的研究与实践》省级科研课题的主研任务，从此，"幸福"与"幸福教育"就成了整天萦绕我脑际的两个关键词。显然，研究"幸福"是哲学家们的事，研究"幸福教育"是教育家们的事，研究如何实施幸福教育就是我们基层教育工作者的职责。

本人反复研读了刘次林博士的《幸福教育论》，王长华校长的《幸福教育理论与实践》，孟万金教授的《幸福教育实用指南》，朱永新教授的《新教育实验——为中国教育探路》等专著，对基础教育阶段的幸福教育有了自己的认识。幸福教育观认为，一方面，教育的目的或结果是为了人的幸福，另一方面，教育的过程是人体验幸福的过程。换句话说，为了孩子的明天，教育是为孩子们未来的幸福生活奠基，为了孩子的今天，孩子们正在接受的教育过程本身应该是幸福的。

《跑跳笑乐教育》分学习、生活、内心和精神四个层面，既强调了孩子的幸福能力培养为未来的幸福生活奠基，又强调了孩子接受教育的过程就是体验幸福的过程。因此，孩子们的学习应该是高效快乐的，生活应该是充满阳光积极向上的，内心应该是积极的自我觉醒与独立的，精神应该是丰盈而强大的。全书倡导"让幸福走进教育，让教育充满幸福"的一种教育新思想，创新了五个教育新原则，开创了八个教育新思维，力图把学校教育、家庭教育和社会教育的目的统一到"为了人的一生幸福"这个终极目的上来。力求所有教育工作者、家长父母和社会广大人士摈弃功利主义思想，革新教育观、人才观、幸福观，让国家的"双减"政策落在实处，让孩子们享受一种幸福的教育生活。

　　值此《跑跳笑乐教育》出版之际，我要向下列人士或团体表达由衷的谢意。

　　首先，感谢我的终身老师、著名的心理学教授杨铮传先生，给我指明了学习与研究的方向，并一直关心我的进步与成长。感谢湘北心理咨询师协会的全体成员给予鼓励与支持。感谢澧县青少年活动中心杨军模主任为我搭建家长学校平台，从此走上为家庭教育服务的道路。

　　其次，感谢常德市教科院毛善新、肖焕之、廖学春、刘忠义教授多次来校莅临指导，为学校课题研究提出宝贵建议，并对我本人的写作以极大的指导。

　　再次，感谢周继志作家、覃文业同事为本书搭建框架，不仅给本人中肯的建议，还对本书进行了认真地修改。感谢中山大学黄涛教授为本书撰写序言，为本书增添了一抹亮丽的色彩。

　　最后，感谢曾凡铁、龚德海两位校长，为本课题的研究悉心指导。同时感谢课题组所有成员为本书撰写提供实证和案例。

　　本拙著的出版，凝结了很大一部分人的教育思想与智慧。由于水平有限，存在着很多这样和那样的问题，诚恳希望各位专家及读者批评指正，我会以此为契机，在今后的工作中，对幸福教育进行更深入的研究与实践。

皮远文

2023 年 9 月 1 日